现代航空物流管理系列教材
Aviation Logistics Management Series

总主编 / 姚红光

民航危险品运输
Civil Aviation Transport of Dangerous Goods

肖恢翚 姚红光 韦薇 ◆ 编著

北京·旅游教育出版社

策　　划：李红丽
责任编辑：巨瑛梅

图书在版编目（CIP）数据

民航危险品运输 / 肖恢翚，姚红光，韦薇编著. --北京：旅游教育出版社，2020.9（2023.8重印）
现代航空物流管理系列教材
ISBN 978-7-5637-4167-0

Ⅰ. ①民… Ⅱ. ①肖… ②姚… ③韦… Ⅲ. ①民用航空－危险货物运输－高等学校－教材 Ⅳ. ①F560.84

中国版本图书馆CIP数据核字(2020)第178779号

现代航空物流管理系列教材
民航危险品运输
肖恢翚　姚红光　韦薇　编著

出版单位	旅游教育出版社
地　　址	北京市朝阳区定福庄南里1号
邮　　编	100024
发行电话	（010）65778403　65728372　65767462（传真）
本社网址	www.tepcb.com
E - mail	tepfx@163.com
排版单位	北京旅教文化传播有限公司
印刷单位	北京市泰锐印刷有限责任公司
经销单位	新华书店
开　　本	710毫米 × 1000毫米　1/16
印　　张	17
字　　数	218 千字
版　　次	2020 年 9 月第 1 版
印　　次	2023 年 8 月第 2 次印刷
定　　价	45.00 元

（图书如有装订差错请与发行部联系）

总 序

近二十年来,"物流"从一个书本中的学术名词已经切实融入了人们的日常生活。随着我国经济发展进入新阶段,"电子商务""互联网+"等新兴产业形态的出现,人们的生活方式发生了深刻的改变,人们对于物流服务的需求开始转向"快速化""便捷化"和"一体化",航空物流随之得到了快速的发展。

我国航空物流的快速发展具有其历史必然性,主要表现在如下三个方面:

第一,市场需求不断增加。

随着我国经济增长方式的改变、产业结构的升级以及国民生活方式的改变,人们对物流服务的快捷性要求也越来越高,航空物流正好满足了这种需求。此外,随着未来鲜活易腐产品、医药保健产品及时效产品在流通货物中的比重进一步增加,航空物流的市场需求仍将持续扩大。

第二,基础设施不断升级。

近年来,我国一直在加快航空物流基础设施建设,机场数量不断增加,机场规模不断扩张。截至2019年底,中国大陆共有民用航空机场238个,其中定期航班航线5521条,定期航班国内通航城市234个。北京、上海和广州三大城市机场的枢纽作用已日益显现。2019年,北京、上海和广州的机场货邮吞吐量占比达到了46.5%;其中,上海浦东国际机场的货邮吞吐量已连续12年位居全球第三位。

第三,行业标准逐步完善。

近年来,我国在《中华人民共和国民用航空法》《中国民用航空货物国内运输规则》和《中国民用航空货物国际运输规则》的基础上,陆续出台了《艺术品及博物馆展(藏)品航空运输规范》《集运货物国内航空运输规范》《航空货运销售代理人服务规范》三项行业标准,以及《中国民用航空危险品运输管理规定》和《货物航空冷链运输规范》，进一步完善了与航空物流有关的规章和标准。

航空物流业的快速发展，对航空物流人才的数量和质量均提出了新的要求。然而，当前具有新思维、新视野的航空物流人才严重匮乏，人才问题已成为我国航空物流业进一步发展的"瓶颈"。因此，加速启动现代航空物流人才教育工程，加快、加紧培养适合我国航空物流行业发展需要的专门人才，已成为我国航空物流业发展的当务之急。

为满足航空物流人才培养的需要，我们应旅游教育出版社邀请，组织航空物流专业具有多年教学经验的骨干教师，在认真总结航空物流人才培养成功经验的基础上，精心编写了这套"现代航空物流管理系列教材"。其中包括：《航空物流导论》《航空货物运输》《航空货运代理》《航空货运市场营销》《民航配载平衡理论与实务》《集装箱与国际多式联运》《民航危险品运输》《航空快递》《航空物流法律法规》《航空物流案例分析》等。该系列教材既可作为高等院校民航运输大类航空物流等相关专业本专科学生的教材，也可作为航空物流从业人员的参考书籍。

本系列教材在编写过程中特别注重理论与实践相结合，充分结合我国航空物流发展的实践和我国航空物流企业的业务特点，具有重视基础性、注重系统性和体现应用性的特点。

在本系列教材编写过程中，我们参阅了大量中外文参考书和文献资料，也参考了目前航空物流企业的一些内部资料，并且吸收和借鉴了当前优秀教材的优点，在此对国内外相关作者和企业一并表示衷心的感谢。

由于航空物流尚未形成一个成熟的学科体系，航空物流专业开设的课程及每门课程的授课内容也尚未达成共识，特别是受编者水平和时间限制，书中内容难免有错误和不当之处，敬请读者提出宝贵意见，亦欢迎同行切磋探讨，共同推动我国航空物流专业的发展。

如有建议或疑问，欢迎发邮件至：wytep@126.com。

姚红光
于上海工程技术大学

前言 Foreword

民航危险品运输是航空运输的重要组成部分。随着我国民航危险品的运输需求越来越大，如何安全有效地组织危险品的运输生产已是航空经营管理中无法回避的重要问题。

民航危险品运输是包括航空经营管理人员在内的所有从事航空运输工作人员的必修课。危险品的特殊性，使其在运输组织和管理过程中具有很强的专业性。因此，要求有关人员掌握危险品的相关专业知识，是危险品运输的基本安全保障。

本书的内容主要包括与民航危险品运输相关的专业知识、法律法规、政策体系、行业现状、理论前沿和发展趋势等。本书适用于各类高等院校民航运输类专业的学生，同时也适用于与民航危险品运输相关的从业人员。

本书由肖恢翚、姚红光、韦薇编著。在编写过程中，得到了上海工程技术大学航空运输学院各级领导及专家的帮助与支持，在此表示衷心的感谢。

本书受上海工程技术大学教学建设项目专项资助，在此深表感谢。

编者

2020年8月于上海工程技术大学

目 录 Contents

第一章 民航危险品运输概论 / 1

第一节 民航危险品及其运输的必要性 / 1
一、危险品的定义及其分类 / 1
二、危险品航空运输的必要性 / 2

第二节 民航危险品运输的法律依据 / 3
一、国际法律法规 / 3
二、国内法律法规 / 5

第三节 民航危险品的培训 / 7
一、培训原则 / 7
二、需要接受培训的人员和类别 / 8
三、培训要求 / 8

第四节 民航危险品运输的责任划分 / 10
一、托运人责任 / 10
二、经营人责任 / 12

第五节 我国民航危险品运输概况 / 14
一、我国民航危险品运输发展史 / 14
二、我国民航危险品运输管理现状 / 15
三、我国民航危险品运输管理对策 / 17

第二章 民航危险品运输的限制 / 21

第一节 禁止运输的危险品 / 21
一、任何情况下禁止运输的危险品 / 21
二、除豁免外禁止运输的危险品 / 22

第二节 隐含的危险品 / 23

第三节 允许旅客或机组携带的危险品 / 28

第四节 航空邮件中的危险品 / 32

第五节 经营人资产中的危险品 / 33
一、豁免类危险品 / 33
二、飞机备件 / 34

第六节 例外数量的危险品 / 34
一、适用范围说明 / 34
二、允许以例外数量运输的危险品 / 35
三、例外数量运输的危险品识别 / 36
四、包装标记和文件 / 36

第七节 限制数量的危险品 / 37
一、允许以限制数量方式运输的危险品 / 37
二、不允许以限制数量方式运输的危险品 / 38
三、数量限制 / 38
四、包装要求 / 38

第八节 国家和经营人差异条款 / 39
一、国家差异条款 / 39
二、经营人差异条款 / 41

第三章 危险品的类别 / 43

第一节 危险品的分类及包装等级 / 43
一、危险品的分类 / 44
二、危险品的包装等级 / 45

目 录

第二节　第1类——爆炸品 / 45
 一、爆炸品的划定范围 / 45
 二、爆炸品的项别划分 / 46
 三、配装组 / 47

第三节　第2类——气体 / 48
 一、气体的定义及其物理状态 / 48
 二、第2类危险品的项别划分 / 49
 三、危险性主次顺序 / 50

第四节　第3类——易燃液体 / 50
 一、易燃液体的定义 / 50
 二、相关名词解释 / 50
 三、包装等级标准 / 51

第五节　第4类——易燃固体、易于自燃的
    物质、遇水释放易燃气体的物质 / 51
 一、4.1项易燃固体 / 52
 二、4.2项易于自燃的物质 / 53
 三、4.3项遇水释放易燃气体的物质 / 53

第六节　第5类——氧化性物质和有机过氧
    化物 / 54
 一、5.1项氧化性物质 / 54
 二、5.2项有机过氧化物 / 55

第七节　第6类——毒性物质与感染性物质 / 55
 一、6.1项毒性物质 / 56
 二、6.2项感染性物质 / 57

第八节　第7类——放射性物质 / 60

第九节　第8类——腐蚀性物质 / 62
 一、腐蚀性物质的定义 / 62
 二、包装等级的确定 / 62

第十节 第9类——杂项危险物质和物品 / 63

一、第9类危险品的定义 / 63

二、第9类危险品的划定范围 / 63

第十一节 多重危险性的物质和物品 / 65

一、危险性主次顺序表 / 65

二、例外情况 / 66

第四章 民航危险品的识别 / 68

第一节 危险品表的介绍 / 68

第二节 运输专用名称的选择 / 71

一、"危险品表"中列出名称的危险品 / 71

二、"危险品表"中未列入的危险品 / 75

三、确定含有一种危险品的混合物及溶液的运输专用名称 / 77

四、确定含有两种或多种危险性物质的混合物及溶液的运输专用名称 / 79

五、不受DGR限制的混合物及溶液 / 80

六、样品的运输 / 80

七、自反应物质与有机过氧化物的运输专用名称 / 81

第五章 民航危险品的包装 / 84

第一节 概述 / 84

一、危险品包装的作用 / 84

二、托运人职责 / 85

三、危险品包装等级的划分 / 85

四、危险品包装的基本要求 / 86

五、包装术语 / 86

第二节　危险品包装类型 / 87

　　一、UN 规格包装 / 87

　　二、限制数量包装 / 88

　　三、例外数量包装 / 89

　　四、其他包装 / 89

第三节　包装说明的使用 / 89

第四节　合成包装件 / 92

　　一、合成包装件的定义及分类 / 92

　　二、合成包装件须符合的要求 / 92

第五节　不同危险品装入同一外包装的相关
　　　　规定 / 93

　　一、UN 规格包装 / 93

　　二、限制数量包装 / 96

第六节　包装检查 / 96

第六章　危险品包装的标记与标签 / 103

第一节　标记 / 103

　　一、托运人的具体责任 / 103

　　二、标记的种类 / 104

　　三、标记的使用要求 / 113

第二节　标签 / 114

　　一、标签的种类及规格 / 114

　　二、危险性标签的使用 / 115

　　三、操作标签的使用 / 116

　　四、标签的粘贴方法 / 121

第三节　危险品包装件标记、标签示例 / 122

　　一、单一危险品包装件的标记和标签 / 122

　　二、合成包装件的标记和标签 / 123

第七章 危险品运输的主要文件 / 126

第一节 危险品申报单 / 126
一、填制申报单的一般要求 / 127
二、通用栏目填写说明 / 129
三、申报单填写示例 / 136

第二节 航空货运单 / 138
一、操作说明的填写 / 138
二、货运单填写示例 / 139

第三节 特种货物机长通知单 / 141
一、特种货物机长通知单各联的使用 / 141
二、特种货物机长通知单的填写 / 141
三、特种货物机长通知单样本 / 143

第八章 放射性物质的航空运输要求 / 151

第一节 放射性物质的基本知识 / 151
一、放射性物质的定义 / 151
二、放射性物质的危险性 / 154
三、放射性物质的度量单位 / 154
四、放射性物质的分类 / 156

第二节 放射性物质的识别 / 158

第三节 放射性物质的包装 / 161
一、包装的一般要求 / 162
二、包装类型 / 162
三、包装级别 / 167

第四节 放射性物质的标记标签 / 168
一、放射性物质的标记 / 168
二、放射性物质的标签 / 171

第五节　放射性物质的运输文件 / 174

一、危险品申报单的填制 / 175

二、申报单填写示例 / 177

三、货运单的填写 / 180

第九章　锂电池的航空运输要求 / 188

第一节　锂电池的基础知识 / 189

一、锂电池的相关知识 / 189

二、锂电池的危险性 / 190

三、锂电池的识别 / 190

四、锂电池的运输要求 / 191

第二节　锂电池的包装 / 193

第三节　锂电池的标记与标签 / 197

一、锂电池的标记 / 197

二、锂电池的标签 / 198

第四节　锂电池的运输文件 / 198

第十章　危险品的操作 / 201

第一节　操作的基本原则 / 201

一、预先检查原则 / 201

二、方向性原则 / 202

三、轻拿轻放原则 / 202

四、隔离原则 / 202

五、可接近性原则 / 204

六、固定原则 / 205

第二节　收运 / 205

一、收运相关的法律法规 / 205

二、货物收运的一般要求 / 206

　　三、收运危险品的特殊要求 / 206

　　四、收运检查单 / 209

第三节　存储 / 212

　　一、放射性物质的存储 / 212

　　二、有机过氧化物和自反应物质的存储 / 212

　　三、危险品仓库或存放区域 / 213

第四节　装载 / 214

　　一、装载的一般要求 / 214

　　二、各类货舱的装载限制 / 214

　　三、各类危险品的装载要求 / 217

第五节　与危险品有关的航空器应急处置
　　　　程序 / 226

　　一、应急处置的一般要求 / 226

　　二、不同区域危险品的处置程序 / 228

　　三、航空器应急响应操作方法 / 230

参考文献 / 239

附　录 / 240

　　附录1　收运检查单 / 240

　　附录2　飞行中客舱内危险品事故征候客舱机组
　　　　　检查单 / 249

第一章 民航危险品运输概论

学习要点

- 危险品的定义及其分类
- 民航危险品运输的国际、国内法律依据及其使用范围
- 各类相关人员的危险品培训要求
- 托运人及经营人的责任

航空危险品运输是航空运输的重要组成部分，与快递、大件设备运输并列，是我国物流三大盈利行业之一。随着我国航空危险品的运输需求越来越大，如何安全有效地组织危险品的运输生产已是航空经营管理中不可回避的重要问题。其中，不断完善科学有效的法律法规，加强相关从业人员的危险品运输管理培训，是实现危险品安全运输的基本保障。

第一节 民航危险品及其运输的必要性

一、危险品的定义及其分类

危险品是指会危害健康、危及安全、造成财产损失或环境污染，且在《危险品规则》（*Dangerous Goods Regulations*，简称 DGR）危险品表中列明，或依

据DGR分类的物品或物质。

其中，DGR是国际航空运输协会（International Air Transport Association，简称IATA）为向托运人和经营人在所有商业航空运输方面安全地空运具有危险性的物品和物质提供标准程序所颁布的一本便于使用的手册。

早在1953年，IATA会员航空公司已经意识到航空运输危险品的需求在不断增长，但若控制不当，这些物品和物质就会影响到乘客、机组及载运危险品的飞机的安全。其他运输方式的经验证明，只要正确包装这些物品或物质，并对每一包装件适当限量，大部分危险品是可以安全空运的。运用此经验及航空界航空运输的专业知识，IATA制定了航空运输危险品的第一部规则，作为IATA《危险品规则》的第一版，当时被称为《限制物品规则》（Restricted Articles Regulations），并于1956年出版。

依据DGR，航空运输活动中的危险品根据其种类大致可以分为以下九大类：①爆炸品；②气体；③易燃液体；④易燃固体、易于自燃的物质和遇水释放易燃气体的物质；⑤氧化性物质和有机过氧化物；⑥毒性物质和感染性物质；⑦放射性物质；⑧腐蚀性物质；⑨杂项危险物质和物品。根据危险品的危险程度不同，危险品则可以分为客货机均可载运的危险品、只限货机运输的危险品、正常情况下禁止运输但经有关国家特殊豁免可以载运的危险品，以及在任何情况下都禁止运输的危险品。

这些危险品中既有危险性显而易见的各类化工产品，也有日常生活中常见的公众容易忽视其危险性的物品，如香水、药品、汽车、电器，还有经过特殊手段保鲜的水产品，甚至某些动物、水果在特殊情况下也具有一定的危险性。

二、危险品航空运输的必要性

民航危险品运输具有高风险、事故危害大、安全责任重等特点，一旦发生危险品事故，极有可能直接危害到人身财产、国家财产安全，甚至威胁到人们赖以生存的生态环境。然而，即便如此，民航危险品运输仍具有它无可替代的作用与必要性。

1. 许多有商业需求的物品都是危险品

许多有商业需求的物品都是危险品，如医药中间体、油漆、电池、有时效性的医用同位素以及冷冻物品等。有时，航空运输也是这些物品的唯一选择。

2. 有些危险品是飞机满足适航和运营要求所必需的

如航空油料、航空电池、灭火器及救生器材等危险品都是飞机为满足适航和运营要求所必须配备的。

3. 若危险性能够被识别，危险品的航空运输是可以安全进行的

最重要的是，如果物品的危险性能够被识别，并采取合适的处理方法，严格控制并认真履行责任，危险品的航空运输是可以安全进行的。

第二节　民航危险品运输的法律依据

一、国际法律法规

（一）《关于危险货物运输的建议书规章范本》

联合国危险品运输专家委员会（UN TDG）制订了除放射性物质以外的各类危险品运输的推荐程序。这些程序适用于所有运输方式，并在《关于危险货物运输的建议书规章范本》（俗称橙皮书，以下简称《规章范本》）一书中公布。截至2019年，该《规章范本》已更新至第21修订版，基本每两年更新一次。

（二）《放射性物质安全运输规则》

国际原子能机构（International Atomic Energy Agency，简称IAEA）制订了放射性物质安全运输的推荐程序。该程序公布于《放射性物质安全运输规则》（IAEA SSR-6）。这些规则中与航空运输有关的要求见该规则的第十章。

（三）《国际民用航空公约》附件18

国际民用航空组织（International Civil Aviation Organization，简称ICAO）于1944年在芝加哥签署了一系列国际民用航空公约，其中有关航空危险品运输的规则是《国际民用航空公约》（又称《芝加哥公约》）附件18。该文件属于国际性公约，所有缔约国都必须执行，各缔约国家可以在此公约的基础上制

定适合本国情况的更加严格的法律法规。

（四）《危险品安全航空运输技术细则》

《危险品安全航空运输技术细则》（Technical Instructions for the Safe Transport of Dangerous Goods by Air，以下简称《技术细则》或 TI），是国际民用航空组织（ICAO）发布的 9284 号文件（Doc 9284-AN/905）。《技术细则》中有详细的技术资料，提供了一整套完备的国际规定，以支持附件 18 中的各项规定。经航空委员会危险品专家组提议，委员会也可对《技术细则》进行修改。附件 18 中规定了标准和建议措施，《技术细则》中列出了详细的安全空运说明。《技术细则》每两年更新发行一次。

（五）《危险品安全航空运输技术细则补编》

国际民用航空组织的《危险品安全航空运输技术细则补编》中提供的信息，主要是为了符合各国的特殊需要。某些通常禁运的危险品，经国家当局许可，可能得到特殊空运授权。补编为各国提供了处理许可和豁免事宜的信息。

（六）《与危险品有关的航空器事故征候应急响应指南》

国际民用航空组织的《与危险品有关的航空器事故征候应急响应指南》（俗称红皮书）中，包含了在确定航空器发生涉及危险品的事故征候的情况下应采取适当行动时所应考虑的问题，并附有带应急响应操作代号的危险品列表。

（七）《危险品规则》

国际航空运输协会（IATA）的《危险品规则》，是依据国际民航组织《技术细则》制定的一本便于使用的手册，但是它附加了更严格的操作要求。因此，执行 DGR 视同执行《技术细则》。DGR 为经营人安全有效地运输危险品提供了一种统一、和谐的秩序。DGR 每年更新发行一次，新版于每年 1 月 1 日生效。

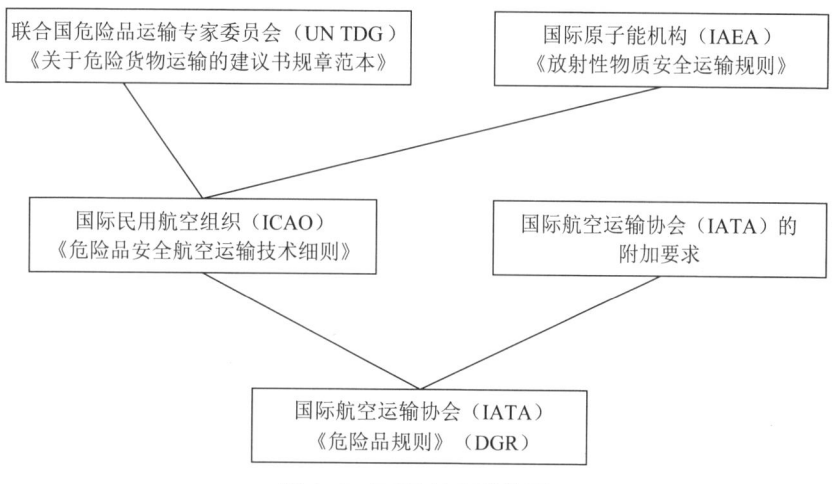

图 1-1　DGR 法规脉络图

DGR 的适用范围为：
——IATA 所有会员与准会员航空公司；
——所有与 IATA 会员、准会员签订货物联运协议的航空公司；
——所有向上述经营人交运危险货物的托运人及其代理人。

二、国内法律法规

（一）中国民用航空法

中国民用航空法的第一百零一、一百九十三、一百九十四、一百九十五条条款是关于危险品运输的。

（二）《民用航空危险品运输管理规定》以及三个配套管理文件

1.《民用航空危险品运输管理规定》简要介绍

《民用航空危险品运输管理规定》（交通运输部令 2016 年 42 号）于 2016 年 5 月 14 日实施。其要点如下：

（1）本规则适用于国内公共航空运输经营人、在外国和中国地点间进行定期航线经营或者不定期飞行的外国公共航空运输经营人以及与危险品航空运输活动有关的任何单位和个人。

（2）中国民用航空局依据职责对全国危险品航空运输活动实施监督管理，中国民用航空地区管理局依据职责对辖区内的危险品航空运输活动实施监督管理。

（3）一般规定。经营人从事危险品航空运输，应当取得危险品航空运输许可并根据许可内容实施。

（4）托运人。

①托运人应当确保所有办理托运手续和签署危险品运输文件的人员，已按本规定和《技术细则》要求接受相关危险品知识的培训并经考核合格。

②托运人将危险品的包装件或者合成包装件提交航空运输前，应当按照本规定和《技术细则》的规定，保证该危险品不是航空运输禁运的危险品，并正确地对即将托运的危险品进行分类、包装、加标记、贴标签以及提供真实准确的危险品运输相关文件。托运国家法律法规限制运输的危险品，应当符合相关法律法规的要求。

③禁止在普通货物中夹带危险品或者将危险品匿报、谎报为普通货物进行托运。

④凡将危险品提交航空运输的托运人，应当向经营人提供正确填写并签字的危险品运输文件，文件中应当包括《技术细则》所要求的内容，《技术细则》另有规定的除外。危险品运输文件中应当有经危险品托运人签字的声明，表明其已按运输专用名称对即将托运的危险品进行了完整、准确的描述并按照《技术细则》的规定进行了分类、包装、加标记和贴标签，托运危险品符合航空运输的条件。必要时，托运人应当提供物品安全数据说明书或者经营人认可的鉴定机构出具的符合航空运输条件的鉴定书。托运人应当确保危险品运输文件、物品安全数据说明书或者鉴定书所列货物与其实际托运的货物保持一致。

⑤在进行国际航空运输时，除始发国要求的文字外，危险品运输文件应当加用英文。

⑥托运人必须保留一份危险品运输相关文件至少24个月。上述文件包括危险品运输文件、航空货运单以及本规定和《技术细则》要求的补充资料和文件。

⑦托运人委托的代理机构人员应当按照本规定和《技术细则》的要求接受相关危险品知识的培训并经考核合格。

⑧托运人的代理人代表托运人从事危险品航空运输活动的，适用本规定有关托运人责任的规定。

2.《民用航空危险品运输管理规定》配套规范文件

（1）《地面服务代理人危险品航空运输备案管理办法（AC-276-TR-2016-04）》。

（2）《危险品航空运输培训管理办法（AC-276-TR-2016-02）》。

（3）《货物航空运输条件鉴定机构管理办法》（AC-276-TR-2016-03）。

（三）国家相关危险品法律法规

危险品航空运输还应遵守国家有关法律法规的要求，因为其他规章也可能对危险品运输有影响。可登录中国民用航空总局安全技术中心网站查询相关法规和文件。相关的法规和文件主要如下：

（1）《中华人民共和国安全生产法》。

（2）《中华人民共和国民用航空安全保卫条例》（制定依据为ICAO的附件17）。

（3）《中国民用航空安全检查规则》。

第三节　民航危险品的培训

一、培训原则

依据《民用航空危险品运输管理规定》第九十五条的要求，经营人无论是否持有危险品航空运输许可，都应当确保其相关人员按照本规定及《技术细则》的要求进行培训并合格。培训的目的之一是让相关人员树立危险品的意识，具备识别和防止误收运危险品的能力，以及能够在出现危险品事故/事故征候时采取适当的应急处置措施。

依据《民用航空危险品运输管理规定》第九十六条的要求，结合《技术细则》的要求，以下企业或者组织开展培训活动应当持有危险品培训大纲：①作为危险品航空运输托运人或者托运人代理人的企业或者其他组织；②国内

经营人；③货运销售代理人；④地面服务代理人；⑤从事民航安全检查工作的企业。

二、需要接受培训的人员和类别

所有参与危险品运输准备或运输的人员在上岗前必须接受培训，以便行使其职责。

需要接受培训的人员和类别具体如表1-1所示：

表1-1　培训人员和类别说明

类别	人　员	类别	人　员
1	托运人和承担托运人责任的人	7	公司及地面服务代理机构收运货物、邮件（非危险品）的员工
2	包装人	8	公司及地面服务代理机构从事货物、邮件和行李的搬运、存储和装载的员工
3	从事危险品收运工作的货运代理人员工	9	旅客服务人员
4	从事货物、邮件（非危险品）收运工作的货运代理人员工	10	飞行机组成员、监装监卸人员、配载人员和航班运行控制人员/签派员
5	从事货物、邮件操作、存储和装载工作的货运代理人员工	11	机组成员（飞行机组以外的成员）
6	公司及地面服务代理机构收运危险品的员工	12	从事旅客和机组及其行李和货物或邮件安检工作的保安人员（例如：屏检人员及其主管，以及从事保安程序的保安人员）

三、培训要求

（一）最低培训要求

根据国际民用航空组织（ICAO）和国际航空运输协会（IATA）的有关规定，从事危险品运输的不同岗位人员必须接受适合的培训，为此提出了各类人员危险品培训的最低要求，如表1-2所示。

第一章 民航危险品运输概论

表 1-2 培训课程的最低要求

空运危险品参训人员应熟悉的最低课程要求	参训人员分类											
	托运人及包装人		货物运输代理机构			经营人及其地面操作代理机构					安检人员	
	1	2	3	4	5	6	7	8	9	10	11	12
一般宗旨	×	×	×	×	×	×	×	×	×	×	×	×
限制条款	×		×			×						
托运人一般要求	×		×			×						
分类	×	×	×			×						×
危险品表	×		×			×				×		
包装要求	×		×			×						
包装说明	×		×			×						
标记与标签	×	×	×	×	×	×	×	×	×	×	×	×
危险品运输文件及其他有关文件	×		×	×		×						
收运程序						×						
未申报危险品的识别	×	×	×	×	×	×	×	×	×	×	×	×
存储与装载程序					×			×	×			
机长通知单							×		×			
旅客与空勤人员规定	×	×	×	×	×	×	×	×	×	×	×	×
紧急情况处理程序	×	×	×	×	×	×	×	×	×	×	×	×

注："×"表示该类人员需完成此课程。

（二）定期复训的要求

为保证知识更新，每种培训应在初始培训后的 24 个月内完成复训。但是，如果复训是在前一次培训的最后三个月有效期内完成的，则其有效期自复训完成之日起开始延长，直到前一次培训失效日起 24 个月为止。

例如：某人在 2014 年 6 月 15 日接受的危险品初训，应在 2016 年 6 月 15 日前完成复训；如果在 2016 年 3 月 15 日至 6 月 15 日之间完成的复训，则仍

被认为其完成复训时间是 2016 年 6 月 15 日。那么，其第二次复训应在 2018 年 6 月 15 日前完成。

第四节　民航危险品运输的责任划分

一、托运人责任

依据《民用航空危险品运输管理规定》（交通运输部令 2016 年 42 号）的规定，托运人应当确保所有办理托运手续和签署危险品航空运输文件的人员已按《民用航空危险品运输管理规定》相关规定和技术细则的要求接受相关危险品知识培训；保证所交运的危险品不是航空运输禁运的危险品，并正确地进行分类、包装、加标记、贴标签，以及提交真实正确的危险品运输相关文件。托运国家法律、法规限制运输的危险品，应当符合相关法律法规的要求。

禁止在普通货物中夹带危险品或者将危险品匿报或谎报为普通货物进行托运。托运人不得以非危险品品名托运危险品，如对货物中的危险品不如实申报或隐瞒不报，以及旅客在行李中夹带危险品，均应承担经济和法律责任。除对由此造成的一切经济损失负责赔偿外，还将受到政府主管部门依法给予的行政处罚，直至被移交司法机关。托运人因在货运单和危险品申报单上所填写的关于货物的说明和声明不符合规定、不正确或者不完全，给经营人或者经营人对之负责的其他人造成损失的，托运人应当承担赔偿责任。托运人必须遵守货物运输始发站、中转站和目的地国家的适用规定及承运人的有关规定。

（一）托运人必须履行的具体责任

托运人在交运任何要空运的危险品包装件或合成包装件之前，必须保证：

（1）向其雇员提供信息，使其能够履行与危险品航空运输有关的职责。

（2）交运物品不属于禁止空运的物品或物质。

（3）必须依据 DGR 的规定对运输的危险品正确进行识别、分类、包装、加标记、贴标签、备好文件，并符合航空运输的条件。

（4）在危险品交付空运之前，参与准备工作的所有相关人员必须按照要求接受过培训，以便履行其职责；如果托运人没有经过培训，则要请"有相应资质"的人员在货物准备过程中代表托运人履行职责，但所有这些人员必须是按照 DGR 的要求培训合格的。

（5）确保所交运的危险品包装完全符合空运要求。

（二）以集运方式托运危险品的责任

集运货物是指由多于一人发出的，并已分别与航空承运人以外的其他人签订空运合同的、由多个包装件组成的一票货物。合同条款可以与航空承运人对于本次运输适用的条款相同或不同。

集运方式运输危险品（Dangerous Goods in Consolidations）要满足以下条件：

（1）危险品可以与不受 DGR 限制的货物以集运方式运输。集运中的危险品要按照 DGR 的要求进行收运检查；由于危险品检查发现问题导致收运延误，可能造成整个集运货物的运输延误。

（2）集运中的危险品，必须依据 DGR 的要求，进行正确识别、分类、包装、加标记、贴标签、备好文件，无损坏或泄漏，符合航空运输的条件。

（3）内含危险品的包装件和合成包装件，必须与集运货物中不受 DGR 限制的其他货物分开交付给承运人。以集运方式运输的危险品，不能装载于任何货物集装箱/集装器内（除非 DGR 中另有规定）。

（4）集运货物中的每一种危险品，都需要随附托运人危险品申报单。

（5）集运货物中如果含有"仅限货机"的危险品，则必须用货机运输。

（6）将集运货物交给经营人运输之前，货运代理人（Freight Forwarder 或 Cargo Agent）必须确保：

- 危险品符合 DGR 的全部相关要求；
- 将集运货物中的危险品与不受规则限制的其他货物分开，并且分别交运；
- 确保危险品未装入集装设备（DGR 允许除外）；
- 对于所有托运货物，检查其运输文件和外包装是否有隐含危险品的迹象。

（三）托运人留存运输文件的责任

（1）托运人必须至少保存一份危险品运输文件的副本，保存期至少 3 个月。

所需留存的文件至少包括托运人危险品申报单和 DGR 要求的其他运输文件。

（2）如果文件是以电子文件方式或在计算机中留存，则托运人必须能将其制成书面文件。

二、经营人责任

（一）《民用航空危险品运输管理规定》要求经营人必须承担的责任

（1）制订措施防止行李、货物、邮件及供应品中隐含危险品。

（2）检查是否附有完整的危险品运输文件，按照《技术细则》的接收程序对包装件、合成包装件或者装有危险品的专用货箱进行检查，确认危险品运输文件由经培训合格的托运人签字。

（3）使用收运检查单。

（4）按照《技术细则》的规定，在航空器上装载装有危险品的包装件和合成包装件以及装有放射性物质的专用货箱。

（5）检查包装件、合成包装件或装有放射性物品专用货箱，确认在装机前没有破损和泄漏迹象；泄露或者破损的包装件、合成包装件或者装有危险品的专用货箱不得装上航空器。

（6）集装器未经检查并证实其内装的危险品无泄漏或者无破损迹象之前，不得装上航空器。

（7）装上航空器的任何危险品包装件出现破损或者泄漏，经营人应当将此包装件从航空器上卸下，或者安排由有关机构从航空器上卸下。在此之后应当保证该托运物的其余部分符合航空运输的条件，并保证其他包装件未受污染。

（8）装有危险品的包装件、合成包装件和装有放射性物质的专用货箱从航空器或者集装器卸下时，应当检查是否有破损或者泄漏的迹象。如发现有破损或者泄漏的迹象，则应当对航空器上装载危险品或者集装器的部位进行破损或者污染的检查。

（9）危险品不得装在航空器驾驶舱或者有旅客乘坐的航空器客舱内。

（10）在航空器上发现由于危险品泄漏或者破损造成任何有害污染的，应当立即进行清除。

（11）装有可能产生相互危险反应的危险品包装件，不得在航空器上相邻放置或者装在发生泄漏时包装件可产生相互作用的位置上。

（12）危险品装上航空器时，应当将这些物品在航空器内加以固定以免在飞行时出现任何移动而改变包装件的指定方向。对装有放射性物质的包装件，应当充分固定。

（13）贴有"仅限货机"标签的危险品包装件只能装载在货机上。

（14）确保所收运的危险品存储符合国家法律、法规的相关存储、分离与隔离要求。

（二）DGR 要求经营人必须承担的责任

DGR 要求经营人必须承担的责任如下：①收运；②存储；③装载；④检查；⑤提供信息（向机长、旅客、托运人及其代理人等），包括应急反应信息；⑥报告；⑦保存记录；⑧培训。

（三）经营人须向旅客提供禁止运输的危险品信息

经营人应确保将旅客禁止携带的危险品种类的相关信息在购票点展示给旅客；如此方法不可行，在旅客办理登机手续前可采用其他有效的方式。文字或图片形式的信息可以通过互联网提供。若旅客或其代表表明已经向其展示这些信息，且他们清楚行李中可携带危险品的限制，则可以完成购票过程。

（1）经营人或经营人的操作代理人必须保证已提供相关信息，告知旅客禁止携带的危险品种类。①在机场的下列位置每处都应有足够数量的醒目通告：售票点、值机柜台、登机口。②显著摆放在其他旅客办理登机手续的地方。③将足够数量的标识显著摆放在提取行李的地方。

（2）警示标识必须包括禁止携带的危险品图示样例。

（3）客机经营人应在其网站或其他信息途径提供符合 DGR 要求可携带的危险品信息，以便旅客办理登机手续前了解。

（4）如果规定允许远程办理登机手续，如网上办理登机手续，经营人必须确保告知旅客禁止携带的危险品种类。这些信息可通过文字或图片形式提供。若旅客或其代表表明已经向其展示这些信息，且他们明白行李中可携带危险品的限制，则可完成登机手续的办理。

（5）如果规定允许旅客自主办理登机手续，如自助设备办理登机手续，经

营人或机场经营人必须确保提供旅客禁止运输的危险品信息。这些信息应以图片形式提供。若旅客或其代表表明已经向其展示这些信息，且他们明白行李中可携带危险品的限制，则可完成登机手续的办理。

（6）除经营人以外的涉及旅客运输的任何组织或企业，如旅行社，必须向旅客提供禁止运输的危险品信息。这些信息应以最低数量的限制提供在任何与旅客接触的地方。

第五节 我国民航危险品运输概况

一、我国民航危险品运输发展史

危险品的航空运输几乎是与商业航空运营同时开始的。我国危险品的航空运输可以追溯到20世纪50年代。50年代我国民航主管部门先后制定了《危险品载运暂行规定》和《放射性物质运输的规定》。当时航空运输的危险品主要是农药和极少量的放射性同位素。1961年后，为确保航空运输的安全，国家规定民航客货班机一律不载运化工危险品和放射性同位素。

20世纪60年代初期，我国民航仅开通了与苏联、缅甸、越南、蒙古和朝鲜等周边国家的少数的国际航线，国际货物和国内货物的航空运输量都还十分有限。此后的十余年间，随着国民经济的发展和对外开放的不断深入，巴航、法航相继在中国开航，我国也陆续开辟了北京—莫斯科、北京—上海—大阪—东京、北京—卡拉奇—巴黎和北京—德黑兰—布加勒斯特—地拉那等多条国际航线。随着国际航线的增加，空运进口的化学危险品逐渐多了起来。外航承运到我国的危险品货物最终目的地通常为航班终点站以外的其他城市，如何把这些危险品转运到其最终目的地呢？同样，国内虽然明令禁止载运危险品，但随着越来越多的化学工业品走进了人们的生活，民航运输部门也需要面对"如何确定托运人所托运的货物是否属于危险品、是否可以收运"等问题。社会需求的增加促使政府考虑解除民航运输危险品禁令的可能性。

1974年4月，经我国民航主管部门批准，国际航线上可以运输危险品货物，国际到港的危险品货物需要国内航段联运的也可以运输，运输标准均参照国际航空运输协会（IATA）的统一规定。1976年1月，又恢复了国内航班对放射性同位素的运输，并制定了《航空运输放射性同位素的规定》。1979年9月，中国民航局下发施行《化学物品运输规定》，对化学物品的空运作了比较完整的规定。上述三条规定使得我国危险品航空运输有了基本的制度体系和技术标准体系。

二、我国民航危险品运输管理现状

（一）法律法规方面

我国民航危险品运输管理的法律法规体系包括以下三个层次。

第一个层次是现行有效的危险品运输国际公约和国际标准，包括联合国的《关于危险货物运输的建议书规章范本》、国际原子能机构（IAEA）的《放射性物质安全运输规则》、国际民用航空组织的《芝加哥公约》附件18之《危险品的安全航空运输》及其《危险品安全航空运输技术细则》。《危险品安全航空运输技术细则》（简称《技术细则》或TI）是法律性文件，必须强制执行，每两年更新发行一次。国际航空运输协会的《危险品规则》也是国际危险品航空运输业通行的技术标准。《危险品规则》的基本内容与国际民航组织的《技术细则》保持一致，又考虑了国际上各种新型化工产品和最新高科技产品的运输安全标准，在我国及全球危险品运输操作部门广泛使用，它每年更新发行一次，新版本于每年1月1日生效。

第二个层次是国家制定和颁布的一系列与危险品运输相关的国家法律法规，如《中华人民共和国民用航空法》《中华人民共和国安全生产法》《放射性污染防治法》《危险化学品安全管理条例》《放射性物质安全运输管理条例》《民用爆炸物品安全管理条例》等。

第三个层次是我国民航局制定的危险品规章。现行有效的是2016年5月14日起正式施行的《民用航空危险品运输管理规定》（交通运输部2016年42号令）。其中，部分管理思路采纳了美国、澳大利亚、加拿大等国家的先进管理制度和经验，同时也强调了我国危险品航空运输现状和发展方向，具有很强的针对性。该规定的宗旨是，确保我国的危险品航空运输管理在有序开展的基础上逐步与国际接轨，可行性与先进性并重。

为确保上述各层次法律法规和规章的贯彻执行，我国民航局又在《民用航空危险品运输管理规定》的基础上制定了《危险品监察员手册》。这本手册是危险品监察员开展工作的具体程序和方法指导。此外，我国民航局还制定了《危险品手册样本》和《危险品训练大纲样本》等，为航空经营人申请危险品运输许可和开展危险品运营提供指导。这些手册和样本等材料的编写，既吸取了国际上先进的管理手段，也充分考虑了我国国情和已有的实际工作经验，具有先进性和实用性的特点。

（二）监管方面

我国危险品航空运输的监管职责在民航局运输司，主要负责我国民航危险品运输规章和政策的制定、全国危险品航空运输的监管工作的统筹安排、危险品运输的国际国内技术交流，以及特殊危险品运输的批准和豁免等。全国各地区管理局和各地方安全监督管理局的运输处，按照职责划分负责本辖区内的危险品航空运输日常监管工作，包括受理和审批国际国内经营人的危险品运输许可等。中国民航科学技术研究院危险品运输管理室主要承担技术支持工作，协助运输司进行政策研究和技术咨询等。

民航局于2004年和2011年先后下发通知，要求各地区管理局和监管局运输处设立专职的危险品监察员，并配备兼职的危险品监察员，从人员上保障本地区危险品航空运输的监督和管理工作，这标志着我国民航危险品监察员制度的确立。

在管理工作中，民航局实施危险品运输许可制度和持续监督检查制度，以确保民航危险品运输的安全。持续监督检查的目的是，确保航空经营人根据《国际民用航空公约》附件18及《技术细则》的要求，按照经营人自己的《危险品运输手册》实施运行；确保各航空经营人及机场部门对有关危险品事故的处置程序、方案熟悉，人员训练到位。对于危险品航空运输中的违法事件，民航局还制定了事故调查与报告制度，监管部门均设立了事故报告电话并对外公布。与此同时，民航局实施的安全审计工作也有针对危险品运输管理方面的检查。

三、我国民航危险品运输管理对策

虽然我国目前在民航危险品运输方面的法律法规及监管制度日渐完善，但与发达国家相比，仍存在着一些差距。针对这些差距，可以采取以下对策提升危险品航空运输的安全水平。

（一）建立规范的民航运输危险品鉴定体系

目前民航各机场还没有条件全部建立起危险品鉴定部门。因此，规范危险品运输鉴定市场，依据机场货邮周转量大小，选择一些业务量大、接触危险货物运输较多的大中型机场，组建自己的危险品检测部门是确保航空安全的有效手段。一方面有利于航空公司提高对危险品的鉴别能力，避免托运人有意或无意地把危险品当作普通货物托运的情况；另一方面方便货主托运危险品，简化托运人从鉴定到交运的手续，既有助于提高运输安全可靠性，同时也有助于提高工作效率、效益和服务质量。

（二）加强对从业人员进行危险品运输规则的培训

航空危险品运输对于中国民航还是一个新生事物，它的发展也对民航货运从业人员的素质提出了更高的要求。危险品运输规则每年更新一次，因此，货运相关人员应每年复训一次，随时掌握最新的规则、要求以及国家差异，避免出错和造成不必要的损失。民航院校应加强对航空危险品运输理论与实践的教学，特别是应当围绕ICAO的危险品航空安全运输技术指南，强调对危险品规则的理解和运用，为企业输送高层次的管理人才。对于民航货运部门的工作人员，应实行行业准入制度，切实做到"持证上岗，定期复训"。持证上岗，是要求危险品运输各个环节的工作人员都应具备一定的专业水平；定期复训，是指各航空公司应广泛地开展职工的在职培训工作。

（三）加强宣传，普及危险品运输知识

国际民用航空组织在《危险品安全航空运输技术细则》中明确指出，托运人在交运货物时违反本规定即被视为违反国家法律，并将受到法律制裁。因此，避免危险品事故应从对托运人普及危险品运输知识做起。民航管理部门和

航空公司应当利用各种新闻媒体和手段,加强对航空危险品运输的有关知识、法规及典型事例的宣传学习,增强货主、代理人知法懂法和按章办事的意识,使货主、代理人能自觉地按危险品运输规则托运危险货物。

(四)强化危险品安全保卫系统,优化应急救援预案

建立危险品安全保卫系统是危险品安全运输的保障。机场应和航空公司等相关部门建立密切联系,通过安全保卫系统对危险品进行监控,以便能在第一时间处理危险品事故。为使安全保卫系统有效运行,机场可建立事故报告制度和监察员制度,及早发现、处理危险品事故,降低或消除危险品事故带来的损失。

应急救援预案或计划是危险品事故预警管理体系的重要组成部分之一。机场应负责制定现场应急救援预案,并且定期检验和评估现场应急救援预案。以机场为主体结合相关部门针对不同情况制定救援计划,明确行动方案,调动必需的可靠资源,保证事故现场救援工作的快速、有效。当发生危险品事故时,机场应立即按照应急救援预案采取行动。紧急救援工作不可能仅靠机场单独进行,需要各有关部门的协调和密切配合。

伴随着全球贸易的一体化发展,工业、商业、医疗卫生、科研等需要的大量危险品都需要航空运输,危险品航空运输年增长率在不断提高,随之而来的危险品安全运输管理难度也在增加。切实做好危险品航空运输管理工作,对于持续安全发展、推进建设民航强国事业具有非常重要的意义。

习题与思考

1. 《危险品安全航空运输技术细则》是哪个组织出版发行的文件?简称是什么?
2. 海运、陆运、空运危险品应该遵守的国际法规是什么?
3. IATA 是哪个组织的简称?对于危险品规定的文件是什么?
4. 目前我国航空危险品运输应遵循哪些法律法规?
5. DGR 的法律依据是什么?
6. 从事危险品运输人员经过初始培训后,复训必须在多长时间内完成?

7. 以下哪些文件具有法律约束性？

（1）附件18　　　　　　　　（2）《危险品安全航空运输技术细则》

（3）《危险品规则》　　　　　（4）2016年第42号令

案例与知识

波士顿空难之谜

1973年，美国泛美航空公司一架从纽约起飞的货物包机在空中起火，在波士顿机场迫降时飞机坠毁，3名机组人员全部遇难。经调查，此次空难的原因是，飞机上装有未申报的危险品硝酸发生了泄漏。

加利福尼亚一家电子厂将一批由零件、设备和化工产品组成的货物运往其在苏格兰的工厂，一部分从加利福尼亚运出，另一部分货物包括160只装有硝酸的木箱从新泽西运出。这两部分货物在纽约组成一票货物，称为"电子设备"，没有填写"危险品申报单"，也没有遇到任何质疑。

在拼板时，由于无法适合飞机的轮廓，于是拼板监管建议工人将一些包装件倒置而忽略了某些包装件上的向上放置标签。因为有些货物外包装上根本没有向上标签，并且外包装上也没有任何表明是危险品的标记，同时也没有"危险品申报单"，因此拼板监管没有理由不建议把它们倒置。拼板完成5小时后装上了飞机，没有发现有任何泄漏和不正常现象。

另有一些危险品填写了"危险品申报单"，但是机长通知单被卷在了一个手提箱的把手上，并放在了飞机的厨房里。机长并没有在上面签字。当然，他不知道飞机上有危险品。

飞机到达巡航高度不久，机组人员闻到了烟味，他们认为是飞机的电器设备发生了问题并试图去隔离它。同时机组决定返航，但此时的烟雾越来越大已无法返航。于是机组决定在波士顿机场紧急迫降。就在降落的时候，飞机撞到地面，3名机组人员全部遇难，飞机坠毁，货物抛撒在波士顿湾。

货主说知道应填写"危险品申报单"，于是他在一张空白单上签了字并把它交给了纽约的货运代理。化工厂用卡车将化学物品送到货运代理那里。由于化工厂不是将此货物运往苏格兰，所以没有被要求填写"危险品申报单"。

货运代理将此化学物品交给包装代理，包装代理不知道硝酸应怎样包装，但知道木屑可以作为酒精的吸附材料，所以认为用于硝酸也可以。于是每只木箱中装35升硝酸，并用木屑作为吸附材料。包装代理的一些员工没有在外包装上正确做标记和向上标签，且危险品的运输文件在整个过程中不知在什么地方丢失了。

实验结果表明，取一个装有硝酸的木箱，将硝酸的瓶口松开并放倒，8分钟后木箱开始冒出烟，16分钟后木箱被烧穿，22分钟时整个木箱爆燃，32分钟后整个木箱化为灰烬。本案例中，实际起火的木箱最多只有2个，但它导致了整架飞机的坠毁。

第二章 民航危险品运输的限制

学习要点

- 禁止运输与豁免批准的相关规定
- 隐含的危险品的种类
- 旅客及机组人员携带危险品的规定
- 航空邮件中的危险品
- 例外数量与限制数量危险品的运输规定
- 不同国家及经营人在危险品运输规定中的差异条款

一些危险品被认为危险性太大,因此在任何条件下都不允许进行航空运输;还有一些危险品在一般情况下被禁止,但在有关国家的特殊批准下可进行航空运输;另有一些危险品被限制在全货机上进行运输。然而,大多数危险品在符合一定要求的情况下,仍可以在客机上安全运输。

第一节 禁止运输的危险品

一、任何情况下禁止运输的危险品

某些危险品被认为危险性太大,因而在任何条件下都不允许进行航空运输

（详见 DGR 2.1.1）：在正常运输条件下，易爆炸、易发生危险性反应、易起火或易产生导致危险的热量及易散发危险性的毒性、腐蚀性或易燃性气体或蒸汽的任何物质，在任何情况下都禁止用航空器运输。

在 DGR 危险品表中，此类任何情况下禁止空运的危险品的识别名称以细体字表示，没有 UN/ID 编码，并且在 I、J、K、L 栏中注明"Forbidden（禁止）"。需要注意的是，不可能将所有的任何情况下禁止空运的危险品都列出来，因而要特别注意，确保不将此类物品交付运输。图 2-1 中所列物质就是任何情况下禁止空运的危险品，不得豁免。

UN/ID no. A	Proper Shipping Name/Description B	Class or Div. (Sub Risk) C	Hazard Label(s) D	PG E	EQ see 2.6 F	Passenger and Cargo Aircraft Ltd Qty		Passenger and Cargo Aircraft		Cargo Aircraft Only		S.P. see 4.4 M	ERG Code N
						Pkg Inst G	Max Net Qty/Pkg H	Pkg Inst I	Max Net Qty/Pkg J	Pkg Inst K	Max Net Qty/Pkg L		
	Copper selenate, see Selenates ★ (UN 2630)												
	Copper selenite, see Selenites ★ (UN 2630)												
	Copper tetramine nitrate							Forbidden	Forbidden	Forbidden			
1363	Copra †	4.2						Forbidden	Forbidden	Forbidden		A2	4L

图 2-1　DGR 危险品表节选

二、除豁免外禁止运输的危险品

以下危险品禁止在航空器上运输，除非根据 DGR 1.2.6.1 得到有关国家的豁免批准。禁止运输的危险品具体如下：

（1）放射性物质。

放射性物质具有下列性质：①连续排放气体的 B（M）型放射性物质包装件；②需要辅助冷却系统进行外部冷却的放射性物质包装件；③在运输过程中需要操作控制的放射性物质包装件；④爆炸物品；⑤可自燃的液体。

（2）除非另有规定，在危险品表中标明为禁止运输，但是具有 UN 编号的物品和物质［包括被注明"not otherwise specified（未另做规定的）"的类别］。

（3）受感染的活体动物。

（4）具有蒸汽吸入毒性，并且需要 I 级包装的液态危险品。

（5）交运温度等于或高于 100℃的液体或者温度等于或高于 240℃的固体。

（6）各国主管部门规定的禁止运输物品或物质。

第二节　隐含的危险品

以泛指品名申报的货物可能隐含某些危险品，在旅客的行李中也会隐含危险品。为了防止未申报的危险品装上航空器、旅客携带不允许其在行李中携带的危险品登机，货物收运人员和旅客接受人员，如值机人员等有关人员必须经过培训，应有能力辨别检查出以普通货物形式申报的隐含的危险品。

包装件上所粘贴的 GHS 菱形标签，可能预示着包装件中装有危险品。某些标签表明该物质仅在供给和使用环节具有危险；而另一些 GHS 菱形标签所含图形在很大程度上与运输所用危险品标签上的图形相一致，因此，可依据此将该物质划分为空运危险品。

经验表明，通常在以下货物或行李中隐含危险品：

1. AOG 航材（Aircraft on Ground Spares）

见飞机零件/飞机设备。

2. 飞机零件/飞机设备（Aircraft Spare Parts/Aircraft Equipment）

可能含爆炸品（照明弹或其他烟雾弹）、化学氧气发生器、不能使用的轮胎装置、压缩气筒（氧气、二氧化碳、氮气或灭火器）、油漆、黏合剂、气溶胶、救生用品、急救包、设备中的油料、湿或锂电池、火柴等。

3. 汽车、汽车零部件（Automobiles, Automobiles Parts）

轿车、机动车、摩托车等可能含有磁性物质，虽然它不符合磁性物质的规定，但由于对飞机的仪器有影响而需要特殊装载（参见 DGR3.9.2.2）。也可含发动机、化油器或含有或含过燃料的油箱、湿电池、轮胎充气装置中的压缩气、灭火器、含氮的震荡/撑杆、气袋冲压泵/气袋舱等，或用气体作为燃料的燃料电池、锂电池、易燃的油漆、胶黏剂、密封胶、溶剂等。

4. 电池驱动装置/设备（Battery-Powered Devices / Equipment）

可能含湿电池或锂电池。

5. 呼吸器（Breathing Apparatus）

可能含压缩气瓶或氧气瓶、化学氧气发生器或深冷液化氧气。

6. 野营用具（Camping Equipment）

可能有易燃气体（丁烷、丙烷等）、易燃液体（煤油、汽油等）、易燃固体（六胺、火柴等）或其他危险品。

7. 轿车、轿车零件（Car，Car Parts）

见"汽车"化学物品（Chemicals）。

可能含符合危险品所有标准的项目，尤其是易燃液体、易燃固体、氧化剂、有机过氧化物、有毒或腐蚀性物质。

8. 经营人物资（COMAT–Company Materials）

如飞机零件，可能含有内在的危险品。如旅客服务设施（PSU）中的化学氧气发生器、各种压缩气体如氧气、二氧化碳和氮气、气体打火机、气溶胶、灭火器、可燃性液体如燃油、油漆和黏合剂，以及腐蚀性物质如电池。其他物品，如照明弹、急救包、救生设备、火柴、磁化材料等。

9. 混装货物 [Consolidated Consignments（Groupages）]

可能含有任何类别/项别的危险品。

10. 低温液体（Cryogenic Liquid）

指制冷液化气体，如氩、氦、氖、氮等气体。

11. 钢瓶（Cylinders）

可能有压缩或液化气体。

12. 牙科器械（Dental Apparatus）

可能包含易燃树脂或溶剂、压缩或液化气体、汞或放射性材料。

13. 诊断标本（Diagnostic Specimens）

可能含有感染性物质。

14. 潜水设备（Diving Equipment）

可能含装有压缩气体（空气、氧气等）的钢瓶，如自携式潜水气缸、潜水装气瓶等；具有高照明度的潜水灯具（在空气中运转时可能产生极高的热量）。为安全运输，灯泡或电池必须保持断开。

15. 钻探及采矿设备（Drilling and Mining Equipment）

可能含爆炸物品和/或其他危险品。

16. 敞口液氮容器（Dry Shipper）

可能含有游离液氮。只有在包装以任何朝向放置液氮都不会流出的情况下，才不受本规则限制。

17. 电器设备（Electrical Equipment）

可能含有磁性物质，或在开关传动装置和电子管中可能含有汞，或可能含湿电池，或可能含有燃料的燃料电池或燃料罐。

18. 电动器械（Electrically Powered Apparatus）

如轮椅、割草机、高尔夫托车等，可能装有湿电池，或可能含有燃料的燃料电池或燃料罐。

19. 探险设备（Expeditionary Equipment）

可能含爆炸品（照明弹）、易燃液体（汽油）、易燃气体（丙烷、野营用气体）或其他危险品。

20. 摄制组或媒体设备（Film Crew or Media Equipment）

可能含爆炸性烟火装置、内燃机发生器、湿电池、燃料、热能发生器具、锂电池等。

21. 冷冻胚胎（Frozen Embryos）

可能含制冷液化气体或固态二氧化碳（干冰）。

22. 冷冻水果、蔬菜等（Frozen Fruit, Vegetables, etc.）

可能包装在固态二氧化碳（干冰）中。

23. 燃料（Fuels）

可能含有易燃液体、易燃固体或易燃气体。

24. 燃料控制器（Fuel Control Units）

可能含有易燃液体。

25. 热气球（Hot Air Balloon）

可能含装有易燃气体的钢瓶、灭火器、内燃机、电池等。

26. 家用物品（Household Goods）

可能含符合任一危险品标准的物品，包括易燃液体如溶剂型油漆、黏合剂、上光剂、气溶胶、漂白剂等（依据DGR2.3的规定，旅客禁止携带易燃液体），以及腐蚀性的烤箱或下水道清洁剂、弹药、火柴等。

27. 仪器（Instruments）

可能包括气压计、血压计、水银转换器、整流管、温度计等含有汞的物品。

28. 实验室/试验设备（Laboratory/Testing Equipment）

可能含符合任一危险品标准的物品，特别是易燃液体、易燃固体、氧化剂、有机过氧化物、毒性或腐蚀性物质、锂电池、气瓶或压缩气体。

29. 机械备件（Machinery Parts）

可能含黏合剂、油漆、密封胶、溶剂、湿或锂电池、汞、含压缩或液化气体的钢瓶等。

30. 磁铁或类似材料（Magnets and Other Items of Similar Material）

其单独或积累效应可能符合磁性物质定义（参见 DGR3.9.2.2）。

31. 医疗用品（Medical Supplies）

可能含符合任一危险品标准的物品，特别是易燃液体、易燃固体、氧化剂、有机过氧化物、毒性或腐蚀性物质、锂电池。

32. 金属建筑材料、金属栅栏、金属管材（Metal Construction Material, Metal Fencing, Metal Piping）

可能含有由于可能影响飞机仪器而需符合特殊装载要求的铁磁性物质。

33. 汽车（轿车、机动车、摩托车）配件（Parts of Automobile, e.g. Car, Motor, Motorcycle）

可能装有湿电池等。

34. 旅客行李（Passengers Baggage）

可能含符合任一危险品标准的物品。例如，烟花、家用易燃液体、腐蚀性的烤箱或下水道清洁剂、易燃气体或液态打火机填充剂、野营炉的气瓶、火柴、弹药、漂白粉，以及根据 DGR2.3 的规定不允许携带的气溶胶等。

35. 药品（Pharmaceuticals）

可能含符合任一危险品标准的物品，特别是放射性材料、易燃液体、易燃固体、氧化剂、有机过氧化物、毒性或腐蚀性物质。

36. 摄影器材/设备（Photographic Supplies / Equipment）

可能含符合任一危险品标准的物品，特别是热发生装置、易燃液体、易燃固体、氧化剂、有机过氧化物、毒性或腐蚀性物质。

37. 促销物品（Promotional Material）

见"34.旅客行李"。

38. 赛车或摩托赛车队设备（Racing Car or Motorcycle Team Equipment）

可能装有发动机、燃料电池引擎、化油器或含油料或残油的油箱、易燃气溶胶、压缩气缸、硝基甲烷，以及其他燃料添加剂或湿电池、锂电池等。

39. 电冰箱（Refrigerators）

可能含有液化气体或氨溶液。

40. 维修箱（Repair Kits）

可能含有机过氧化物和易燃黏合剂、溶剂型油漆、树脂等。

41. 试验样品（Samples for Testing）

可能含符合任一危险品标准的物品，特别是感染性物质、易燃液体、易燃固体、氧化剂、有机过氧化物、毒性或腐蚀性物质。

42. 精液（Semen）

可能用固态二氧化碳（干冰）或制冷液化气包装。参看前文"（16）敞口液氮容器"。

43. 船配件（Ship's Spares）

可能含爆炸物品（照明弹）、压缩气体（救生筏）、油漆、锂电池（紧急示位信标发射器）。

44. 演出、电影、舞台与特殊效果设备（Show, Motion Picture, Stage and Special Effects Equipment）

可能含易燃物质、爆炸品或其他危险品。

45. 运动物品和运动队设备（Sporting Goods/Sports Team Equipment）

可能含有压缩或液化气体、锂电池、急救箱、易燃胶黏剂、气溶胶、丙烷火炬等。

46. 泳池化学剂（Swimming Pool Chemicals）

可能含氧化或腐蚀性物质。

47. 电子设备或仪器开关（Switches in Electrical Equipment or Instruments）

可能含有汞。

48. 工具箱（Tool Boxes）

可能含爆炸物品（射钉枪）、压缩气体或气溶胶、易燃气体（丁烷气瓶或焊炬）、易燃黏合剂或油漆、腐蚀性液体、锂电池等。

49. 焊炬（Torches）

小型焊炬和通用点火器，可能含有易燃气体，并配有电打火器。较大的焊炬可能包含安装在可燃性气体容器或气瓶上的焊头（常带有自动点火开关）。

50. 旅客非随身携带行李/手提行李（Unaccompanied Passengers Baggage/Personal Effects）

可能含有符合任一危险品标准的物品。例如，烟花、家用的易燃液体、腐蚀性的烤箱或下水道清洁剂、易燃气体或液态打火机填充剂、野营炉的气瓶、火柴、漂白粉、气溶胶等。

51. 疫苗（Vaccines）

可能用固体二氧化碳（干冰）包装。

根据 DGR，不属于危险品的某些物品或物质，由于长时间的渗漏可能造成严重的清除问题或腐蚀铝制品，必须由经营人检查并至少确保其包装在运输过程中能够防止渗漏。这些物品可能包括盐水、粉状或液体染料及腌制食品等。

第三节 允许旅客或机组携带的危险品

根据相关规定，允许旅客或机组携带的危险品种类是非常有限的，因为即使携带的危险品数量很小，也很有可能会对飞机安全造成一定程度的威胁。因此，为了保证航空安全，航空公司通常会在售票处、行李托运处、候机大厅、安检处、行李提取处等张贴有关禁止携带危险品的宣传告示，如图 2-2 所示。

根据 DGR，旅客或机组携带危险品必须遵从相关规定。

除航空安全原因国家另有规定外，只允许旅客和机组携带表 2-1 中规定的危险品。这些危险品可以作为交运行李、手提行李等运输。除另有规定外，允许放入手提行李中的危险品也允许带在身上。

旅客或机组携带危险品主要划分为以下五种类型：①禁运物品；②经经营人批准，仅作为交运行李接收的物品；③经经营人批准，仅可作为手提行李接收的物品；④经经营人批准，可作为行李接收的物品；⑤无须经营人批准的可接收物品。

图 2-2　禁止携带危险品乘机的告示

表 2-1 旅客与机组人员携带危险品的规定

项目	需由经营人批准	允许在交运行李中或作为交运行李	允许在手提行李中或作为手提行李	必须通知机长装载位置
（1）酒精饮料：在零售包装内，体积浓度在24%以上，但不超过70%；盛于不超过5升的容器内；每人携带的总净数量不超过5升。	否	是	是	否
（2）安全包装的弹药（武器弹药、子弹夹）（仅限 UN0012 和 UN0014）：仅限本人自用，每人携带毛重不超过5千克。一人以上所携带的弹药不得合成一个或数个包装件。	是	是	否	否
（3）雪崩救援背包：每人允许携带一件含 2.2 项压缩气体的气瓶。也可装备有净重小于 200 毫克 1.4S 项物质的焰火引发装置。这种背包的包装方式必须保证不会意外开启，背包中的气囊必须安装减压阀。	是	是	是	否
（4）电池（备用／零散的），包括锂金属或锂离子电池芯或电池：便携式电子装置所用电池只允许旅客在手提行李中携带，这些电池必须单独保护以防短路。	否	否	是	否
（5）野营炉具和装有易燃液体的燃料罐：带有空燃料罐／或燃料容器，（详见 DGR2.3.2.5）。	是	是	否	否
（6）化学品监视设备：由禁止使用化学武器组织（OPCW）的官方人员公务旅行携带（详见 DGR2.3.4.4）。	是	是	否	否
（7）使人丧失行为能力的装置：含有刺激性和使人丧失行为能力的物质，如催泪瓦斯、胡椒喷雾剂等，禁止随身、放入交运行李和手提行李中携带。	禁止			
（8）干冰（固体二氧化碳）：用于不受本规则限制的鲜易腐食品保鲜的干冰，每位旅客携带不得超过 2.5 千克，可以作为手提或交运行李，但包装要留有排放二氧化碳气体的通气孔；交运行李必须标注"固体二氧化碳"或"干冰"及其净重，或注明干冰小于或等于 2.5 千克。	是	是	是	否
（9）电子香烟：含有电池的（包括电子雪茄、电子烟斗、其他私人用汽化器）必须单独保护以防意外启动。	否	否	是	否
（10）电击武器（如泰瑟枪）：含有诸如爆炸品、压缩气体、锂电池等危险品，禁止随身作为交运行李或放入手提行李或随身携带。	禁止			
（11）燃料电池及备用燃料罐：为便携式电子装置供电（如照相机、手机、笔记本电脑和小型摄像机等）。详见 DGR2.3.5.10。	否	是	是	否
（12）小型非易燃气体气瓶：安装在自动充气安全设备，如救生衣或背心上的装有二氧化碳或其他 2.2 项气体的小型气罐，每个设备携带不超过 2 气罐。每位旅客携带不超过 1 个设备和不超过 2 个备用小型气罐。不超过 4 个其他设备用的水容量最多 50 毫升的气罐。详见 DGR2.3.4.2。	是	是	是	否
（13）非易燃无毒气体气瓶：用于操作机械假肢的气瓶，以及为保证旅途中使用而携带的大小相仿的备用气瓶。	否	是	是	否
（14）含有烃类气体的卷发器：如果卷发器的加热器上装有严密的安全盖，则每名旅客或机组人员最多可带 1 个。这种卷发器任何时候都禁止在航空器上使用，其充气罐不准在手提行李或交运行李中携带。	否	是	是	否

续表

物品	必须通知机长装载位置	允许在手提行李中或作为手提行李	允许在交运行李中或作为交运行李	需由经营人批准
（15）产生热量的物品：如水下电筒（潜水灯），详见DGR2.3.4.6。	否	是	是	否
（16）含有冷冻液氮的隔热包装（液氮干装）：液氮被完全吸附于多孔物质中，内装物仅为非危险品。	否	是	是	否
（17）内燃机发动机或燃料发动机：必须符合DGR特殊规定A70（详见DGR2.3.5.15）。	否	是	否	否
（18）节能灯：个人或家庭使用的装在零售包装内的节能灯。	否	是	是	否
（19）锂电池：①装有锂电池的保安型设备（详见DGR2.3.2.6）。	是	是	否	否
②含有锂金属或锂离子电池芯或电池的便携式电子装置，包括医疗装置如旅客或机组人员携带的供个人使用的便携式集氧器（POC），以及消费电子产品如照相机、移动电话、笔记本电脑、平板电脑和移动电源（详见DGR2.3.5.9）。锂金属电池的锂含量不得超过2克，锂离子电池的额定瓦特小时不得超过100瓦特小时。	否	是	是	否
③备用/零散的锂电池，消费电子装置和轻便医用电子装置（PMED）使用的额定瓦特小时大于100瓦特小时但不大于160瓦特小时的锂离子电池，或仅便携医用电子装置（PMED）使用的锂含量超过2克但不超过8克的锂金属电池。仅限在手提行李中携带最多2个备用电池，且这些电池必须单独保护以防短路。	是	否	是	是
④锂电池供电的电子装置，便携电子装置（包括医用）使用的额定瓦特小时大于100瓦特小时但不大于160瓦特小时的锂离子电池。锂含量超过2克但不超过8克的仅医用电子装置专用锂金属电池。	是	是	是	否
（20）安全火柴（1小盒）或1个小型香烟打火机：个人使用带在身上的不含未被吸附的液体燃料且非液化气体的打火机。打火机燃料或燃料充装罐不允许随身携带，也不允许放入交运行李或手提行李中。 注："即擦式"火柴、"蓝焰"或"雪茄"打火机禁止运输。	否	带在身上	否	否
（21）助行器：①装有密封型湿电池或符合特殊规定A123或A199电池的电动轮椅或其他类似助行器（详见DGR2.3.2.2）。	是	是	否	否
②装有非密封型电池或锂电池的轮椅或其他类似电动助行器（详见DGR2.3.2.3和2.3.2.4）。	是	是	否	否
③装有锂离子电池（可拆卸的）的电动助行器，锂离子电池必须拆卸下来，且在客舱内携带（详见DGR2.3.2.4）。	是	否	是	否
（22）非放射性药品或化妆用品（包括气溶胶）：如发胶、香水、科隆香水以及含酒精的药品。	否	是	是	否
（23）2.2项非易燃无毒的气溶胶：无次要危险性，体育运动用或家用。 注：上述2条物品的总净数量不得超过2千克或2升，每单个物品的净数量不得超过0.5千克或0.5升。气溶胶阀门必须有盖子或用其他方法保护，以防止意外打开阀门释放内容物。	否	是	是	否
（24）氧气或空气气瓶：用于医学用途，气瓶的毛重不超过5千克。 注：液态氧装置禁止运输。	是	是	是	是

续表

	必须通知机长装载位置	允许在手提行李中或作为手提行李	允许在交运行李中或作为交运行李	需由经营人批准
（25）**渗透装置**：必须符合 DGR 特殊规定 A41（详见 DGR2.3.5.16）。	否	是	否	否
（26）**含有密封型电池的轻便电子装置**：电池必须符合 DGR 特殊规定 A67 且等于或小于 12 伏和等于或小于 100 瓦特小时。最多可携带 2 个备用电池。详见 DGR2.3.5.13。	否	是	否	否
（27）**放射性同位素心脏起搏器或其他装置**：包括那些植入体内或体外安装的以锂电池为动力的装置或作为治疗手段植入体内的放射性药剂。	否	带在身上	带在身上	否
（28）**保险型公文箱、现金箱、现金袋**：除 DGR 2.3.2.6 以外，装有锂电池和 / 或烟火材料等危险品，是完全禁运的。		禁止		
（29）**非感染性样本**：与少量易燃液体包装在一起，必须符合 DGR 特殊规定 A180（详见 DGR2.3.5.14）。	否	是	是	否
（30）**医疗或临床用温度计**：含汞，个人使用每人允许携带 1 支，放在保护盒内。	否	是	是	否
（31）**水银气压计或温度计**：由政府气象局或其他类似官方机构携带的（详见 DGR2.3.3.1）。	是	否	否	是

第四节 航空邮件中的危险品

除了下面列出的几类物品（详见 DGR2.4.2）以外，《万国邮政联盟公约》禁止航空邮寄其他的危险品。各国邮政部门应保证在航空邮件的运输中切实遵守《万国邮政联盟公约》中的有关要求。

这些例外的物品如下：

（1）患者标本。患者标本是指用于研究、诊断、调查、疾病治疗和预防等目的，而进行运输的直接采集自人体或动物的，包括但不限于排泄物、分泌物、血液和其成分、组织和组织液浸取物，以及身体部位等（详见 DGR3.6.2.1.4）。患者标本必须依据 DGR3.6.2.2.3.6 有关条款进行分类、包装和标记。

（2）感染性物质。仅限于按包装指南 650 包装的 B 类感染性物质（Category B，UN3373），以及作为这些感染性物质（UN3373）冷却剂的固态二氧化碳（干冰）。

（3）放射性物质。仅限 UN2910 和 UN2911 的放射性物质例外包装件，前提是该种放射性物质的活度不超过 DGR 表 10.3.C 中允许的十分之一，且必须无次要危险性。包装件必须标记托运人和收货人的姓名和地址，以及"radioactive material–quantities permitted for movement by post（允许以邮件方式寄送的放射性物质数量）"字样，粘贴放射性物质例外包装件标签（DGR Figure7.4.G / 10.7.8A）。有关文件的条款要求（DGR10.8）对此不适用。

（4）安装在设备中的锂离子电池（UN3481）。符合包装说明 967 第Ⅱ部分规定，单个包装中不得超过 4 个电池芯或 2 块电池。

（5）安装在设备中的锂金属电池（UN3091）。符合包装说明 970 第Ⅱ部分规定，单个包装中不得超过 4 个电池芯或 2 块电池。

指定邮政经营人将危险品装入航空邮件并进行航空运输的程序，必须获得邮件接收地所在国民航主管部门的审查和批准。

指定邮政经营人在邮件中接收上述（4）和（5）的锂电池前，必须获得民航主管部门颁发的许可。

指定邮政经营人的员工必须依据其职责完成 DGR1.5.C 规定的危险品培训。指定邮政经营人的危险品培训大纲必须由经营人所属国有关部门的审查和批准。

第五节　经营人资产中的危险品

一、豁免类危险品

经营人资产中的危险品有些是属于被豁免类的，它们在运输中可以不必遵照 DGR 中的有关要求。这些包括：

1. 航空器设备（DGR2.5.1.1）

航空器设备应归类为危险品，但按照有关适航要求和运行规定或民航局为满足特殊要求批准的装载于航空器内分类为危险品的物品或物质。例如，救生筏、救生衣、紧急滑梯等，它们都装有压缩气体瓶，有些还装有急救包和信号弹。

2. 消费品（DGR2.5.1.2）

指经营人用于飞行或连续飞行中使用或者销售的气溶胶、酒精饮料、香水、花露水、液化气打火机以及含锂离子或锂金属电池芯或电池的便携式电子设备。电池必须符合 DGR2.3.5.9 的规定。不包括不可充气的打火机和低压条件下易漏气的打火机。

3. 固态二氧化碳（干冰）（DGR2.5.1.3）

指用于食物和饮料保鲜冷冻的固体二氧化碳（干冰）。

4. 电池驱动的电子设备

指经营人为本次航班或续程航班携带和使用的，如锂金属或锂离子电池驱动的电子飞行包、机上娱乐设备、信用卡读卡器，以及这些设备的备用电池，在满足"属个人消费品的含有锂金属或锂离子电池的便携式电子设备，DGR2.3.5.9.1"条件下可以携带和使用。备用锂电池不用时，必须单独保管以防短路。电子设备和备用电池的携带和使用条件必须在航空公司运行手册或其他册中规定，以便飞行机组、客舱机组及其他雇员履行其职责。

二、飞机备件

除非经营人所属国家另有批准，否则作为飞机设备的备用件或者更换下来的飞机设备中危险品的运输，包括作为替换用的含锂电池电子设备或备用锂电池的运输，都必须遵照 DGR。唯一可以例外的是，经营人可以使用专门设计的容器运输上述物品，但该容器至少应符合 DGR 中关于此种物品包装的基本要求。

上述物品的替换品或备用品在进行运输时，也必须遵照危险品的运输规则要求，除非经营人所属国家另有批准。

第六节　例外数量的危险品

一、适用范围说明

某些类别的危险品在运输量很小的情况下，可以根据《危险品规则》中的条款,按照例外数量的危险品要求来运输。运输时,不必遵守危险品规则中的一些要求(标记、装载、文件等),但必须遵守以下几项规定:

(1)有关的培训要求(DGR1.5);

(2)航空邮件中的危险品(DGR2.4);

(3)分类和包装等级标准(DGR3);

(4)装载限制(DGR9.3.1);

(5)对危险品事故、事故征候以及其他情况的报告(DGR9.6.1与DGR9.6.2);

(6)对于放射性物质的例外数量要求(DGR10.5.9);

(7)相关的术语定义(DGR附录A)。

然而,不是所有种类的危险品都具有例外数量的运输形式。

由于例外数量的包装在运输环节上要求的关注程度不如其他危险品运输形式那样严格,因此能够以例外数量形式运输的危险品都有严格的数量限制,并且要求使用三层包装(内包装、中层包装、外包装),以及吸附材料的要求,以达到例外数量危险品的安全运输目的。

二、允许以例外数量运输的危险品

只有以下危险品可按例外数量危险品的规定进行运输:

(1)无次要危险性的2.2项的物质,但不包括UN1043、UN1044、UN1950、UN2037、UN2073、UN2857、UN3164、UN3500和UN3511。

(2)第3类物质,所有包装等级,不包括具有次要危险性的包装等级为Ⅰ级的物质,以及UN1204、UN2059和UN3473。

(3)第4类物质,包装等级Ⅱ级和Ⅲ级,但不包括所有自反应物质和UN2555、UN2556、UN2557、UN2907、UN3292与UN3476。

(4)5.1项的物质,包装等级Ⅱ级和Ⅲ级。

(5)仅限于装在化学品箱、急救箱或聚酯树脂箱中的5.2项物质。

(6)除了包装等级Ⅰ级具有吸入毒性的那些物质外,所有6.1项中的物质。

(7)第8类物质,包装等级Ⅱ级和Ⅲ级,但UN 1774、UN2794、UN2795、UN2800、UN2803、UN2809、UN3028、UN3477和UN3506除外。

(8)除固体二氧化碳、转基因生物、转基因微生物以外的第9类的物质,

不包括所有物品。

三、例外数量运输的危险品识别

在 DGR 的 2.6A 表（见表 2-2）中，分配了一个由 E0 到 E5 的"EQ"代码，以便于识别一种物质是否可以作为例外数量危险品进行运输，以及内包装和外包装允许的最大数量。"微量数量"危险品，即在危险品表 F 栏中为 E1、E2、E4 或 E5 的危险品，作为货物运输时不受本规则限制，但需满足以下条件：

（1）每一个内包装容器中的最大净数量，液体和气体不超过 1 毫升，固体不超过 1 克。

（2）满足 DGR2.6.5 包装要求，如果衬垫材料可以保证内包装安全地置于外包装中，在正常运输条件下不会破裂、被刺穿或泄漏内容物，液态危险品外包装中的吸附材料可以完全吸收内包装中的全部内装物，则不需要中层包装。

（3）满足 DGR2.6.6 的包装测试要求。

（4）每一个外包装中的危险品最大净数量，液体和气体不超过 100 毫升，或固体不超过 100 克。

表 2-2　例外数量危险品代码与内、外包装允许的最大数量

代码	每个内包装允许的最大数量	每个外包装允许的最大数量
E0	不允许作为例外数量危险品	
E1	30g/30ml	1kg/1l
E2	30g/30ml	500g/500ml
E3	30g/30ml	300g/300ml
E4	1g/1ml	500g/500ml
E5	1g/1ml	300g/300ml

四、包装标记和文件

例外数量的包装件标记、标签如图 2-3 所示。左图为非放射性物质例外数量标记，右图为放射性物质例外数量标签。其中，左图中的 × 处填写危险品类、项别，×× 处填写收发货人具体信息。

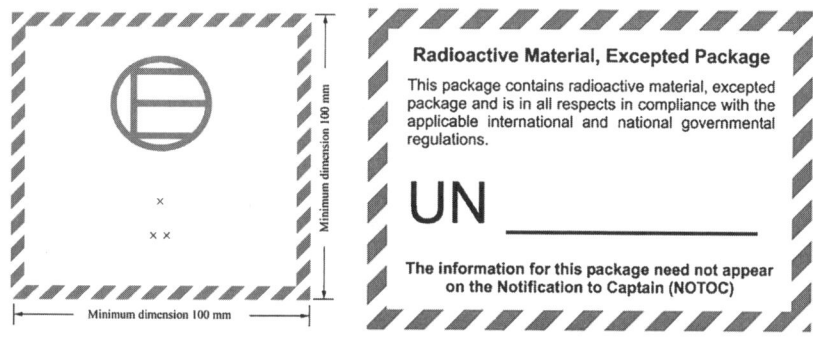

图 2-3　例外数量危险品标记与标签

另外，在航空货运单的"货物品名和数量（Nature and Quantity of Goods）"栏中，须注明"例外数量的危险品（Dangerous Goods in Excepted Quantity）"。

第七节　限制数量的危险品

对于用于危险品运输的包装件，有一系列的质量要求和测试标准。一般而言，许多危险品都可以使用符合特定要求的组合包装件来进行安全的航空运输，即使这些包装件并没有通过 UN 性能测试。然而，这类包装只能用以盛装限制数量的危险品，具体规定与要求如下。

一、允许以限制数量方式运输的危险品

只有能够装载到客机上，并且符合下列类别/项别和包装等级的危险品，才能以限制数量方式运输：

（1）第 2 类：仅属 2.1 和 2.2 项的 UN1950 和 UN2037，且无次要危险性，仅限 UN3478（燃料电池罐，含液化易燃气体）、UN3473（燃料电池罐，含金属氢化物中的氢）的燃料电池罐。

（2）第 3 类：Ⅱ级和Ⅲ级包装的易燃液体。

（3）第 4 类：4.1 项中属于Ⅱ级和Ⅲ级包装的易燃固体，自反应物质除外；4.3 项中属于Ⅱ级和Ⅲ级包装的物质，只限固体。

（4）第 5 类：5.1 项中属于Ⅱ级和Ⅲ级包装的氧化物，5.2 项中仅限包装在

化学物品箱或急救包中的有机过氧化物。

（5）第6类：6.1项中属于Ⅱ级和Ⅲ级包装的毒性物质。

（6）第8类：属于Ⅱ级和Ⅲ级包装的腐蚀性物质，但不包括UN2794、UN2795、UN2803、UN2809和UN3028。

（7）第9类：仅限于UN1941、UN1990、UN2071、UN3077、UN3082和UN3316。

二、不允许以限制数量方式运输的危险品

不允许以限制数量方式运输的危险品如下：

（1）任何情况下禁止运输的危险品。

（2）仅限货机运输的危险品。

（3）属于Ⅰ级包装的危险品。

（4）第1类：爆炸物品。

（5）第2类：2.1项和2.2项（除UN1950和UN2037以外），以及2.3项的毒性气体。

（6）第4类：4.1项中的自反应物质，4.2项或者具有4.2项次要危险性的危险品。

（7）第6类：6.2项感染性物质。

（8）第7类：放射性物质。

（9）第8类：腐蚀性物质UN2794、UN2795、UN2803、UN2809、UN3028。

（10）第9类：除UN1941、UN1990、UN2071、UN3077、UN3082、UN3316以外的杂项危险品。

三、数量限制

（1）每个包装件净数量不得超过该危险品在DGR4.2 H栏规定的数量限制（包装说明代码为相应的G栏）。

（2）限制数量包装件的毛重不得超过30千克。

四、包装要求

（1）包装总体满足DGR5.0.2至5.0.4的要求，除非有例外要求。

(2)必须按照DGR4.2 G栏注明的包装指南(为了与UN规格相区别,加前缀"Y")进行包装,并且数量上不得超过H栏的限制。

(3)必须使用组合包装,不得使用单一包装(包括复合包装)。

(4)内包装必须符合DGR6.1的要求,外包装必须严格设计制造以符合DGR6.2结构要求。

(5)包装性能测试:必须能够承受1.2米高的跌落试验和3米、24小时的堆压试验。

(6)限制数量包装件必须标有如图2-4所示的限制数量标记(最小尺寸:100毫米×100毫米)。

图2-4 限制数量危险品标记

第八节 国家和经营人差异条款

针对危险品运输,不同的国家或者经营人基于不同的条件或者不同的考虑,可以发布它们自己的一些特别的规定和要求,这些被称为差异条款。在交运危险品时,托运人需要遵守货物经过的国家、经营人的差异条款,经营人或者经营人的货物代理人以及货物接收人员应该确认有关的国家和经营人的差异条款均得到满足。任何国家或者经营人向国际航空运输协会(IATA)提交的差异条款都公布在DGR2.9.2和DGR2.9.4中。

一、国家差异条款

国家差异条款列于DGR2.9.2中。国家差异每组用三个字母表示,即国家两字代码,加 G("政府"的英文缩写)。字母后有按顺序排列的两位数字,编码以 01 开始。

例如,美国 USG-12 规定[①]:当货物进出美国或在美国境内运输或通过美国转运时,除磁性材料、不需要运输文件的危险品,以及 49CFR173.144 中所定义的其他受管制的物质外,其他所有的危险品都必须提供如下所述的应急反应资料:

电话号码:《危险品规则》所要求的运输文件必须包括应急电话号码(包括地区代码,美国以外地点的国际号码应包括可以从美国境内打通电话的国家和地区代码),以供在发生危险品事故征候时使用。该号码在危险品运输期间,包括运输当中的贮存过程中,必须始终有人接听。接听人应该:①熟知所运输危险品的危险性和特性;②掌握全面的关于危险品紧急反应及事故减灾方面的资料,或能立即找到具有这种知识和资料的人员。

这种电话号码必须写进文件,其意图必须明示,如"EMERGENCY CONTACT:×××(应急联系:×××)"。下面两种方式任意一种都可以采用:①紧挨着文件上所列的危险品的名称来写;②如仅有一个电话号码适用于运输文件上所列的每一种危险品,则该号码可写在明显的位置上,并说明这个号码为应急反应电话号码。

下列国家和地区已申报差异条款:

澳大利亚 AUG、巴林 BHG、比利时 BEG、巴西 BRG、文莱 BNG、柬埔寨 KHG、加拿大 CAG、中国 CNG、克罗地亚 HRG、朝鲜 KPG、丹麦 DKG、埃及 EGG、斐济 DQG、法国 FRG、德国 DEG、中国香港 HKG、印度 ING、伊朗 IRG、意大利 ITG、牙买加 JMG、日本 JPG、吉尔吉斯斯坦 KGG、卢森堡 LUG、中国澳门 MOG、马来西亚 MYG、荷兰 NLG、阿曼 OMG、巴基斯坦 PKG、秘鲁 PEG、波兰 PLG、罗马尼亚 ROG、俄罗斯联邦 RUG、沙特阿拉伯 SAG、新加坡 SGG、南非 ZAG、西班牙 ESG、斯里兰卡 VCG、瑞士 CHG、土耳其 TRG、乌克兰 UKG、阿拉伯联合酋长国 AEG、英国 GBG、美国 USG、瓦努阿图 VUG。

---

① 部分节选。

二、经营人差异条款

经营人差异条款列于 DGR2.8.4 中,编号为航空公司两字代码后跟具体条款编码。

例如,柏林航空公司 AB-02:在 AB 航班上,不允许装载仅限货机的或根据权限货机(CAO)包装说明准备的包装件。

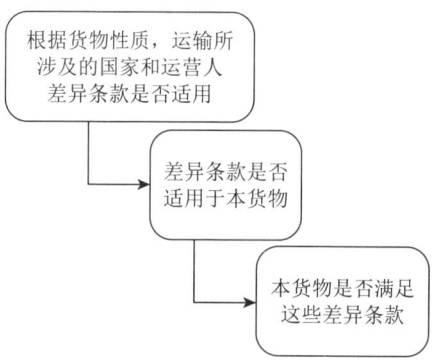

图 2-5 国家及经营人差异条款检查流程

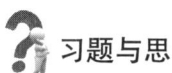 习题与思考

(一) 判断题

1. 运输装有非防漏型电池的轮椅或代步工具,必须通知机长轮椅或代步工具的装载位置或已包装电池的装载位置。（   ）

2. 携带一支置于盒内的个人用小型医疗和临床水银温度计,需要得到经营人的批准。（   ）

3. 液态氧装置禁止作为行李运输。（   ）

4. 在交运行李中携带的干冰总量不得超过 2 千克。（   ）

5. 两名运动员可交运一件 7 千克的装有 1.4S 项体育用弹药的行李。
（   ）

6. 野营炉具和已装过易燃液体的空容器既可作为手提行李,又可作为交运行李运输,但需确保该容器已经被彻底排空以消除危险。（   ）

（二）问答题

1. 在任何情况下都禁止航空运输的物质具有哪些特性？请写出DGR的章节号。

2. 潜水设备中可能隐含什么危险？

3. 旅客能否将手提电脑作为手提行李带进客舱？对于备用电池的包装和携带有什么要求？

4. 一名旅客乘坐飞机时，随身物品中有一瓶0.3升的香水和一罐0.7升的发胶。请问，旅客能否携带以上物品登机？如不能携带，请简述原因。

5. 一名旅客想在乘坐飞机时将其电动轮椅放在机上座椅旁，此种电动轮椅配有两个含电解质溶液的防漏型电池，是否可以？托运此电动轮椅应采取什么措施？

6. 用于外站飞机维修的危险品类航材（飞机备件）在进行运输时需要遵守DGR的规定吗？按照有关适航要求和运营需要，装载在航空器上的救生筏、救生衣、含锂电池的便携式机上娱乐设备，是否也需要遵守DGR的规定？

第三章 危险品的类别

学习要点

- 危险品的分类及基本性质
- 各类危险品的危险性标签
- 多重危险性物质的主要危险性
- 危险品包装等级的判断

依据《民用航空危险品运输管理规定》的要求，托运人将危险品的包装件或者合成包装件提交航空运输前，应当按照本规定和《技术细则》的规定，保证该危险品不是航空运输禁运的危险品，并正确地进行分类、包装、加标记、贴标签以及提供真实准确的危险品运输相关文件。不正确的分类可能会导致错误的包装、标签、装载及有关通知的一系列错误。

第一节 危险品的分类及包装等级

在联合国规定的九类危险品中，某物品如达到其中一类或者若干类的标准，并在某些情况下对应于三个 UN 包装等级之一，该物品则定为危险品。其中，危险品的编号仅是为了使用方便，与相应的危险等级无关，而包装等级则与各类危险品对应的危险性程度有关。

一、危险品的分类

危险品按性质的不同可分为九类,其中第1、2、4、5、6类因各自包括的范围比较广,又被细分为多个项。

第1类　爆炸品

1.1项　具有整体爆炸危险性的物质和物品

1.2项　具有抛射危险性,但无整体爆炸危险性的物质和物品

1.3项　具有起火危险性,较小的爆炸危险性或较小的抛射危险性,但无整体爆炸危险性的物质和物品

1.4项　不存在明显危险性的物质和物品

1.5项　具有整体爆炸危险性而敏感度极低的物质

1.6项　无整体爆炸危险性且敏感度极低的物品

第2类　气体

2.1项　易燃气体

2.2项　非易燃无毒气体

2.3项　毒性气体

第3类　易燃液体

第4类　易燃固体、易于自燃的物质、遇水释放易燃气体的物质

4.1项　易燃固体

4.2项　易于自燃的物质

4.3项　遇水释放易燃气体的物质

第5类　氧化性物质和有机过氧化物

5.1项　氧化性物质

5.2项　有机过氧化物

第6类　毒性物质和感染性物质

6.1项　毒性物质

6.2项　感染性物质

第7类　放射性物质

第8类　腐蚀性物质

第9类　杂项危险物质和物品,包括环境危害物质

二、危险品的包装等级

危险品按照其危险程度可划分为相应的包装等级，如下所示：
- Ⅰ级包装，较大的危险性，通常表示为 Packing Group Ⅰ，简称 PGⅠ。
- Ⅱ级包装，中等危险性，通常表示为 Packing Group Ⅱ，简称 PGⅡ。
- Ⅲ级包装，较小的危险性，通常表示为 Packing Group Ⅲ，简称 PGⅢ。

以上包装等级的划分仅适用于第 3、4、8、9 类和 5.1、6.1 项危险品。

对于未分配包装等级的物品，有关包装容器性能等级的任何特殊要求都须列明在适用的包装说明中。对于任何需要空运的危险品进行包装之前，托运人必须做到：①正确并全面地识别托运货物中所有满足危险品标准的物质和物品；②确定每一危险品的类别/项别，需要时确定其次要危险性；③需要时，在确定每一危险品的类别/项别后，还要划定其相应的包装等级。

第二节　第 1 类——爆炸品

一、爆炸品的划定范围

第 1 类爆炸品包括如下物质或物品：

1. 爆炸性物质

此类物质不包括以下两种：本身不是爆炸品，但能形成气体、蒸汽或粉尘爆炸的物质；危险性极大以致不能运输或根据物质或物品的主要危险性应归于其他类别的物质。

2. 爆炸性物品

此类物品不包括以下装置：其中含有爆炸品的物质，但由于其含量或性质的缘故，在运输过程中偶然或意外被点燃或引发后，该装置的外部不出现抛射、发火、冒烟、发热或巨响等情况。

3. 其他爆炸性物品

上述未提到的，为产生爆炸或烟火效果而制造的物质或物品，也定义为爆炸品。

其中，爆炸性物质是固体或液体（或混合物），其自身能够通过化学反应产生气体，并使温度、压力和速度高到能对周围造成破坏。烟火物质即使不产生气体，也包括在爆炸性物质中。

烟火物质是用来产生热、光、电、气或烟的效果的一种物质或物质的混合物。

二、爆炸品的项别划分

爆炸品按其危险程度的不同分为6个项，如表3-1所示。

表3-1 第1类危险品的标签、项别及描述等

危险性标签	项别/货运IMP代码	危险性描述	举例与注解
（1.1标签图）	1.1项 REX	具有整体爆炸危险性的物质和物品	标有这些标签的爆炸品一般情况下禁止空运
（1.2标签图）	1.2项 REX	具有抛射危险性而无整体爆炸危险性的物质和物品	
（1.3标签图）	1.3项 REX RCX RGX	具有起火危险性，较小的爆炸危险性或轻微的抛射危险性，但无整体爆炸危险性的物质和物品	部分1.3C、1.3G仅限货机运输
（1.4标签图）	1.4项 RXB　RXC RXD　RXE RXG　RXS	不存在明显危险性的物质和物品	1.4B、1.4C、1.4D、1.4E、1.4G仅限货机运输，1.4S可以选择客机或货机运输

续表

危险性标签	项别/货运 IMP 代码	危险性描述	举例与注解
1.5	1.5 项 REX	具有整体爆炸危险性的非常不敏感的物质	标有这些标签的爆炸品一般情况下禁止空运
1.6	1.6 项 REX	无整体爆炸危险性的极不敏感的物品	

注：货运 IMP（Interchange Message Procedures）代码，是指航空运输信息交换操作标准代码。

三、配装组

不同的爆炸品能否混装在一起安全运输，取决于它所属的配装组是否相同。爆炸品按所含成分的不同划分为 13 个配装组，每一项内的不同爆炸品均被指定在其中的一个配装组。属于同一个配装组的爆炸品，可放在一起运输；属于不同配装组的爆炸品，一般不可配装在一起。

爆炸品只能划归为 6 项中的一项和 13 个配装组中的一个。绝大多数爆炸品，例如，1.1 项、1.2 项、1.3 项（仅少量例外）、1.4F 项、1.5 项、1.6 项的爆炸品，通常禁止航空运输。注意，并非所有项别都包括全部的配装组。具体的爆炸品配装组的划分详见表 3-2 所示。在所有的配装组中，只有 S 配装组（1.4S）可以使用客机或货机装运，并且可以和任何配装组混装在一起运输。

S 类配装组的包装和设计满足以下条件：该爆炸品发生事故时，只要包装件未烧毁就可以把任何危险都限制在包装件内。这类爆炸品主要是一些手枪子弹、信号弹、安全导火索等，它的爆炸与抛射影响范围很小，不会严重妨碍或影响在附近采取消防措施或其他应急措施。

表 3-2　爆炸品配装组的划分

配装组	危险性项别	拟分类物品或物质的说明
A	1.1	初级爆炸性物质
B	1.1、1.2、1.4	含有初级爆炸性物质，而不含有两种或两种以上有效保护装置的物品。某些物品，如爆破用雷管、爆破和起爆用雷管组件及帽形起爆器等包括在内，即使这些物品不含有初级炸药
C	1.1、1.2、1.3、1.4	推进爆炸性物质或其他爆燃爆炸性物质或含有这类爆炸性物质的物品
D	1.1、1.2、1.4、1.5	次级起爆药或黑火药或含有次级起爆药的物品，无引发装置和发射药；或含有主要的爆炸性物质和两种或两种以上有效保护装置的物品
E	1.1、1.2、1.4	含有次级起爆药的物品，无引发装置，带有发射药（含有易燃液体或胶体或自燃液体的除外）
F	1.1、1.2、1.3、1.4	含有次级起爆药的物品，带有引发装置，带有发射药（含有易燃液体或胶体或自燃液体的除外）或不带有发射药
G	1.1、1.2、1.3、1.4	烟火物质或含有烟火物质的物品或既含有爆炸性物质又含有照明、燃烧、催泪或发烟物质的物品（水激活的物品或含有白磷、磷化物、发火物质、易燃液体或胶体或自燃液体的物品除外）
H	1.2、1.3	含有爆炸性物质和白磷的物品
J	1.1、1.2、1.3	含有爆炸性物质和易燃液体或胶体的物品
K	1.2、1.3	含有爆炸性物质和化学毒剂的物品
L	1.1、1.2、1.3	爆炸性物质或含有爆炸性物质并且具有特殊危险，如遇水活化或含有自燃液体、磷化物或发火物质，需要彼此隔离的物品
N	1.6	只含有极不敏感的物质的物品
S	1.4	物质或物品的包装与设计使其在偶然引发时，只要包装件未被烧毁就把任何危险都限制在包装之内。其爆炸和喷射的影响有限，不会妨碍在附近采取消防或其他应急措施

第三节　第 2 类——气体

一、气体的定义及其物理状态

气体是指具有下列性质的物质：在 50℃（122 ℉）下，蒸汽压高于 300 千帕（kPa）或在 20℃（68 ℉），标准大气压为 101.3 千帕下，完全处于气态。

根据不同的物理状态，气体在运输中可将其分为：
- 压缩气体：在 –50℃下，包装在高压容器内运输时，完全呈现气态的气体。
- 液化气体：在 –50℃下，在运输包装内部分呈现液态的气体。
- 冷冻液化气体：由于自身温度极低而在运输包装内部分呈液态的气体。
- 溶解气体：在运输包装内溶解于某种溶剂的气体。
- 吸附气体：在运输包装时被吸附到多孔固体材料中，致使容器内部压力在 20℃时小于 101.3 kPa、在 50℃时小于 300 kPa 的气体。

二、第 2 类危险品的项别划分

第 2 类危险品主要包括：压缩气体、液化气体、加压溶解气体和冷冻液化气体、气体混合物、一种或多种气体与一种或多种气体类别物质的蒸汽混合物、充气制品、六氟化碲和烟雾剂等。根据运输中不同气体所表现的主要危险性，将本类危险品分为三项，如表 3-3 所示。

表 3-3　第 2 类危险品的标签、名称、项别及描述等

危险性标签	名称/项别/货运 IMP 代码	危险性描述	举例与注解
	易燃气体 2.1 项 RFG	在某种浓度下与空气混合形成易燃混合物的任何气体	丁烷、氢气、丙烷、乙炔、打火机
	非易燃无毒气体 2.2 项 RNG	任何不燃烧、无毒气体或冷冻液化气体	二氧化碳、氦气、灭火器、液氮或液氦
	毒性气体 2.3 项 RPG	已知对人有毒或有腐蚀性以及对人的健康产生危害的气体	大多数有毒气体禁止空运；有些允许，如低毒性的气溶胶和催泪装置

另外，第 2 类危险品也包括气溶胶制品。气溶胶制品是指装有压缩气体、液化气体或加压溶解气体的一次性使用的金属、玻璃或塑料制成的容器。该容器具有可自动关闭的释放装置：当该装置开启时，可以喷出悬浮着固体或液体小颗粒的气体，或喷出泡沫、糊状物、粉末、液体或气体。

三、危险性主次顺序

含一个危险性项别以上的气体或气体混合物，其危险性的主次顺序为：2.3 项优先于其他项别，为主要危险性；2.1 项优先于 2.2 项。

第四节　第 3 类——易燃液体

一、易燃液体的定义

易燃液体是指在闭杯闪点试验中温度不超过 60℃，或者在开杯闪点试验中温度不超过 65.6℃时，放出易燃蒸汽的液体、液体混合物、固体的溶液或悬浊液。例如，油漆、清漆、磁漆等，但不包括主要危险性属于其他类的物质。

表 3-4　第 3 类危险品的标签、名称及描述等

危险性标签	名称/货运 IMP 代码	危险性描述	举例与注解
	易燃液体 RFL	闭杯闪点小于或等于 60℃的液体及减敏液态爆炸品	油漆、清漆、酒精、黏合剂、丙酮、汽油等

二、相关名词解释

对运输来说，易燃液体的主要危害有：液体燃烧引起火灾、爆炸（包括易燃液体的蒸汽爆炸或盛装易燃液体的容器炸裂），以及毒害和环境污染。衡量其危险程度的参数有闪点、沸点、燃点、爆炸极限、蒸汽压力等，其中最主要

的是闪点和沸点。

1. 闪点

当试验容器内的液体产生的易燃性蒸汽,在空气中达到某种浓度而遇到火源被点燃时的最低温度值。此温度并非指液体自燃的温度。

2. 初始沸点

初始沸点是指液体最初沸腾的温度。沸点低的液体很容易气化,因此其液面附近的蒸汽压和蒸汽浓度易达到爆炸极限的范围,与空气易形成爆炸混合物。沸点低的易燃液体,其闪点也低,反之亦然。联合国以沸点和闪点作为划分易燃液体危险包装等级的界限。

三、包装等级标准

表 3-5 第 3 类危险品包装等级的划分

包装等级	闪点(闭杯)	初始沸点
I	—	≤35℃
II	<23℃	>35℃
III	≥23℃且≤60℃	

易燃液体的包装等级依其闪点和沸点来划分,如表 3-5 所示。依据此表,可确定易燃液体的包装等级。包装等级划定后,不同的包装等级将对应不同的包装说明及每个包装件内的货物最大数量限制。

第五节 第 4 类——易燃固体、易于自燃的物质、遇水释放易燃气体的物质

第 4 类危险品分为三项,分别是 4.1 项易燃固体、4.2 项易于自燃的物质和 4.3 项遇水释放易燃气体的物质,具体见表 3-6 所示。

表 3-6　第 4 类危险品的标签、名称、项别及描述等

危险性标签	名称/项别/货运 IMP 代码	危险性描述	举例与注解
	易燃固体 4.1 项 RFS	任何易燃，或摩擦后容易引起燃烧的固体物质	按爆炸品处理，任何情况不可使用水灭火
	易于自燃的物质 4.2 项 RSC	易于自发放热或与空气接触后升温而起火	按爆炸品处理，任何情况不可使用水灭火
	遇水释放易燃气体的物质 4.3 项 RFW	该物质与水接触后会放出可燃气体，自发燃烧	按爆炸品处理，任何情况不可使用水灭火

一、4.1 项易燃固体

4.1 项易燃固体包括易燃固体、自反应物质和减敏爆炸品。

1. 易燃固体

易燃固体是指容易燃烧或摩擦起火的固体。易燃固体包括金属粉末，除金属粉末外的粉末、颗粒状或糊状物质，摩擦可能起火的固体。

2. 自反应物质

自反应物质是指即使在无氧气的情况下也易于发生强烈的分解反应的物质。但不包括：①符合第 1 类标准的爆炸品；②符合 5.1 项标准的氧化剂，含有大于或等于 5% 的可燃性有机物质的氧化剂混合物见 DGR3.4.1.2.2；③符合 5.2 项标准的有机过氧化物；④分解热小于 300 焦耳/克（J/g）；⑤50 千克包装件的自身分解温度大于 75℃ 的物质。

自反应物质是根据其危险程度进行分类的。按照 DGR 附录 C.1 的要求进行包装的自反应物质，可以航空运输。每一种允许运输的自反应物质，必须按照 DGR4.2 危险品表中相应的自反应物质的泛指名称条目进行运输（UN3221 至 UN3240）。DGR 附录 C.1 中未列出的自反应物质必须根据实验报告，由始发国主管部门进行分类、确定泛指名称条目并予以批准。批准书的内容必须包括类别和相应的运输条件。

注：自反应物质（详见 DGR 特殊规定 A20）在运输中必须避免阳光直射，远离热源，并且放置于通风良好的地方。

3. 减敏爆炸品

减敏爆炸品是指被水或醇类浸湿或被其他物质稀释而抑制其爆炸性的物质。这种物质不充分稀释就可能发生爆炸。

二、4.2 项易于自燃的物质

易于自燃的物质是指在正常运输条件下能自发热，或接触空气能够放热，并随后燃烧的物质。4.2 项易于自燃的物质包括自燃固体、自燃液体和自发放热物质。

1. 自燃物质

自燃物质是指即使数量极少与空气接触时仍可在 5 分钟内起火的物质，包括混合物和溶液（液体或固体）。

2. 自发放热物质

无外部能量供应的情况下，与空气接触可以放热的固体物质，称为自发放热物质。自发放热物质是因为与空气中的氧气反应而产生的热量，不能及时散发到空气中，而导致自燃的。当放热速度大于散热速度而达到自燃点温度时，就会发生自燃。它们只有在数量大、时间长的情况下才能燃烧。

三、4.3 项遇水释放易燃气体的物质

遇水释放易燃气体的物质是指与水反应自燃或产生足以构成危险数量的易燃气体的物质。这种物质与水接触可以释放出易燃气体，这些气体与空气能够形成爆炸性的混合物。最常见的 4.3 项是遇水释放极易燃烧的乙炔气体的碳化钙。

注：DGR 危险品表中未列出技术名称的遇水释放易燃气体的物质，被描述为"water-reactive（与水反应）"物质。

第六节　第5类——氧化性物质和有机过氧化物

第5类危险品分为两项：5.1项氧化性物质和5.2项有机过氧化物，具体见表3-7所示。

表3-7　第5类危险品的标签、名称、项别及描述等

危险性标签	名称/项别/货运IMP代码	危险性描述	举例与注解
Oxidizer 5.1	氧化性物质 5.1项 ROX	极易释放氧气，对其他材料起助燃作用的物质	硝酸铵肥料、氯酸钙、漂白粉、高锰酸钾、双氧水
5.2	有机过氧化物 5.2项 ROP	极易被外部火焰点燃并加速燃烧的有机物质（液体或固体）；某些有机过氧化物会与其他物质发生危险的反应	叔丁基过氧化氢、过氧化乙酸

一、5.1项氧化性物质

氧化性物质是指本身未必燃烧，但通常因放出氧气可能引起或促使其他物质燃烧的物质。

氧化性物质有如下危险性：

- 化学性质活泼，可与许多其他物质发生危险的化学反应。
- 氧化剂不稳定，受热易分解。
- 吸水性。有些氧化剂遇水或发生分解，特别是活泼金属的过氧化物，如过氧化钠，遇水后分解释放出原子态的氧，如遇有机物、易燃物品即可引起燃烧。
- 毒性和腐蚀性。氧化剂一般都具有不同程度的毒性，有的还有腐蚀性，

人吸入或接触可能会中毒、烧伤皮肤等。

二、5.2 项有机过氧化物

有机过氧化物是指含二价过氧基（-O-O-）结构的有机物或一个或两个氢原子被有机原子团取代的过氧化氢的衍生物。

有机过氧化物遇热不稳定，可以放热并因而加速自身的分解。此外，它们还可能具有下列中一种或多种特征：①易于爆炸分解；②速燃；③对碰撞和摩擦敏感；④与其他物质发生危险的反应；⑤损伤眼睛。

含有二价过氧基（-O-O-）的有机过氧化物具有强烈的氧化性，既具有 5.1 项氧化剂的特点，又是有机物，因此，有机过氧化物比无机氧化剂更危险。有机过氧化物绝大多数是可燃物质，有的甚至是易燃物质。有机过氧化物分解的氧气往往能引起自身燃烧。燃烧时放出的热量又加速分解，循环往复，难于扑救。

为使 5.2 项有机过氧化物安全运输，可添加有机液体或固体、无机固体或水进行减敏处理。通常，减敏处理要做到在泄漏或着火情况下，有机过氧化物不会浓缩到危险程度。

在运输过程中，需要温度控制的有机过氧化物（参见 DGR3.5.2.7），禁止航空运输，除非经豁免。

另外需注意：有机过氧化物（详见 DGR 特殊规定 A20）同 4.1 项的自反应物质一样，在运输中必须避免阳光直射，远离热源，并且放置于通风良好的地方。

第七节　第 6 类——毒性物质与感染性物质

第 6 类危险品分为两项：6.1 项毒性物质和 6.2 项感染性物质，具体见表 3-8 所示。

表 3-8　第 6 类危险品的标签、名称、项别及描述等

危险性标签	名称/项别/货运 IMP 代码	危险性描述	举例与注解
☠	毒性物质 6.1 项 RPB	吸入、吞食或皮肤接触后有害的液体或固体	砒霜、尼古丁、氰化钾、农药等有些完全禁止运输，如臭丙酮
☣	感染性物质 6.2 项 RIS	指已知或有理由认为含有病原体的物质。病原体指会使人类或动物感染疾病的微生物（包括细菌、病毒、寄生虫、真菌）或其他媒介物	病毒、病菌，如 HIV、AIDS、狂犬病毒、一些诊断标本和医疗及临床废弃物

一、6.1 项毒性物质

1. 毒性物质的定义

毒性物质是指在吞入、吸入或皮肤接触后，进入人体可导致死亡或危害健康的物质。符合 DGR 表 3.6.A 和 3.6.B 中所示Ⅲ级包装的物质，才称为毒性物质。

2. 毒性物质包装等级的划分标准

毒性物质包装等级标准的划分依据是，动物实验中得出的半数致死剂量（简称 LD_{50}）或半数致死浓度（简称 LC_{50}）的数据。其中，LD_{50} 值适用于入口、皮肤接触；LC_{50} 值适用于呼吸道吸入毒性。

LD_{50}——通过口服或与皮肤接触，14 天内致使实验动物半数死亡的一次性口服或皮肤接触的毒性物质的剂量（单位：mg/kg）。

LC_{50}——通过吸入有毒的粉尘、气雾或蒸汽，14 天内使实验动物半数死亡的吸入物质的浓度值（单位：mg/l 或 mg/m^3）。

表 3-9 列出了口服、皮肤接触及吸入尘/雾毒的有毒物质的包装等级划分标准。

表 3-9　6.1 项包装等级划分标准（1）

包装等级	口服毒性 LD_{50}（mg/kg）	皮肤接触毒性 LD_{50}（mg/kg）	吸入粉尘或气雾毒性 LC_{50}（mg/l）
Ⅰ	≤ 5	≤ 50	≤ 0.2
Ⅱ	> 5，但 ≤ 50	> 50，但 ≤ 200	> 0.2，但 ≤ 2
Ⅲ	> 5，但 ≤ 300	> 200，但 ≤ 1000	> 2，但 ≤ 4

吸入蒸汽可导致中毒的Ⅰ级包装的液体毒性物质，禁止用客机和货机运输，其包装等级划分标准如表 3-10 所示。

表 3-10　6.1 项包装等级划分标准（2）

包装等级	吸　入　物　毒　性
Ⅰ	LC_{50} ≤ 1000ml/m³，V ≥ 10 × LC_{50}
Ⅱ	LC_{50} ≤ 3000ml/m³，V ≥ LC_{50}，不符合Ⅰ级包装标准
Ⅲ	LC_{50} ≤ 5000ml/m³，V ≥ 0.2 × LC_{50}，不符合Ⅰ级和Ⅱ级包装标准

另外，催泪性气体物质，即使毒性数据为Ⅲ级包装，也必须划入Ⅱ级包装。符合第 8 类危险品标准的粉尘和气雾（LC_{50}），只有在口服或皮肤接触毒性至少是Ⅰ级或Ⅱ级包装时，才被认可划入 6.1 项；否则，酌情划入第 8 类腐蚀性物质。

二、6.2 项感染性物质

1. 感染性物质的定义

感染性物质是指那些已知含有或有理由认为含有病原体的物质。病原体指会使人类或动物感染疾病的微生物（包括细菌、病毒、立克次氏体、寄生虫、真菌）或其他媒介物。

2. 感染性物质的分类

感染性物质视情况划入 UN2814、UN2900、UN3291、UN3373。感染性物质可分为 A 类和 B 类：

（1）A 类（Category A）指在运输中与之接触对本来健康的人或动物造成永久性残废、危及生命或致命的感染性物质。符合这些标准的物质见 DGR 表 3.6D。

表 3–11　列入 A 类的感染性物质

联合国编号和 运输专用名称	微　生　物
UN2814 Infectious substance affecting humans 危害人的 感染性物质	Bacillus anthracis（cultures only）炭疽杆菌（仅培养菌） Brucella abortus（cultures only）流产布鲁氏菌（仅培养菌） Brucella melitensis（cultures only）牛羊布鲁氏菌（仅培养菌） Brucella suis（cultures only）布氏杆菌（仅培养菌） Burkholderia mallei-Pseudomonas mallei-Glanders（cultures only） 　　鼻疽伯克霍尔德氏菌（仅培养菌） Burkholderia pseudomallei-Pseudomonas pseudomallei（cultures only） 　　类鼻疽伯克霍尔德氏菌（仅培养菌） Chlamydia psittaci-avian strains（cultures only）鹦鹉热衣原体—鸟类（仅培养菌） Clostridium botulinum（cultures only）肉毒杆菌（仅培养菌） Coccidioides immitis（cultures only）厌酷球孢子菌（仅培养菌） Coxiella burnetii（cultures only）伯氏考克斯氏体（仅培养菌） Crimean-Congo hemorrhagic fever virus 克里米亚—刚果出血热病毒 Dengue virus（cultures only）登革热病毒（仅培养菌） Eastern equine encephalitis virus（cultures only）东方马脑炎病毒（仅培养菌） Escherichia coli，verotoxigenic（cultures only）埃希氏大肠杆菌（仅培养菌） Ebola virus 埃博拉病毒 Flexal virus 屈挠病毒 Francisella tularensis（cultures only）兔热病病原体（仅培养菌） Guanarito virus 委内瑞拉出血热病毒 Hantaan virus 汉坦病毒 Hantavirus causing hemorrhagic fever with renal syndrome 　　引起汉坦病毒肺综合征的汉坦病毒 Hendra virus 亨的拉病毒 Hepatitis B virus（cultures only）乙肝病毒（仅培养菌） Herpes B virus（cultures only）B 型疱疹病毒（仅培养菌） Human immunodeficiency virus（cultures only） 　　人类免疫缺陷病毒（艾滋病病毒）（仅培养菌） Highly pathogenic avian influenza virus（cultures only）高致病禽流感病毒（仅培养菌） Japanese encephalitis virus（cultures only）日本脑炎病毒（仅培养菌） Junin virus 胡宁病毒 Kyasanur forest disease virus 科萨努尔森林病病毒 Lassa virus 拉沙热病毒 Machupo virus 马丘皮病毒 Marburg virus 马尔堡病毒 Monkeypox virus 猴天花病毒 Mycobacterium tuberculosis（cultures only）结核分枝杆菌（仅培养菌） Nipah virus 尼帕病毒 Omsk hemorrhagic fever virus 鄂木斯克出血热病毒

续表

联合国编号和运输专用名称	微 生 物
UN2814 Infectious substance affecting humans 危害人的感染性物质	Poliovirus（cultures only）脊髓灰质炎病毒（仅培养菌） Rabies virus（cultures only）狂犬病毒（仅培养菌） Rickettsia prowazekii（cultures only）斑疹伤寒普氏立克次体（仅培养菌） Rickettsia rickettsii（cultures only）斑疹伤寒立氏立克次体（仅培养菌） Rift Valley fever virus（cultures only）裂谷热病毒（仅培养菌） Russian spring-summer encephalitis virus（cultures only） 　　俄罗斯春夏脑炎病毒（仅培养菌） Sabia virus 巴西出血热病毒 Shigella dysenteriae 1（cultures only）Ⅰ型痢疾志贺菌（仅培养菌） Tick-borne encephalitis virus（cultures only）蜱媒脑炎病毒（仅培养菌） Variola virus 天花病毒 Venezuelan equine encephalitis virus（cultures only）委内瑞拉马脑炎病毒 West Nile virus（cultures only）西尼罗河病毒（仅培养菌） Yellow fever virus（cultures only）黄热病病毒（仅培养菌） Yersinia pestis（cultures only）鼠疫杆菌（仅培养菌）
UN2900 Infectious substance affecting animals 只危害动物的感染性物质	African swine fever virus（cultures only）非洲猪热病毒（仅培养菌） Avian paramyxovirus Type 1–Velogenic Newcastle disease virus（cultures only） 　　Ⅰ型禽副伤寒病毒——新城疫病毒（仅培养菌） Classical swine fever virus（cultures only）典型猪瘟病毒（仅培养菌） Foot and mouth disease virus（cultures only）口蹄疫病毒（仅培养菌） Lumpy skin disease virus（cultures only）结节性皮炎病毒（仅培养菌） Mycoplasma mycoides–Contagious bovine pleuropneumonia（cultures only） 　　丝状支原体——传染性牛胸膜肺炎（仅培养菌） Peste des petits ruminants virus（cultures only）小反刍兽疫病毒（仅培养菌） Rinderpest virus（cultures only）牛疫病毒（仅培养菌） Sheep-pox virus（cultures only）绵羊痘病毒（仅培养菌） Goatpox virus（cultures only）山羊痘病毒（仅培养菌） Swine vesicular disease virus（cultures only）猪水疱病病毒（仅培养菌） Vesicular stomatitis virus（cultures only）水疱性口炎病毒（仅培养菌）

注：感染性物质泄漏是指感染性物质溢出保护性包装外，与人或动物发生身体接触。感染性物质使人感染或使人和动物都感染的必须划入UN2814，仅使动物感染的必须划入UN2900。

（2）B类（Category B）指不符合A类标准的感染性物质。B类的感染性物质除符合培养菌种定义的划归UN2814或UN2900之外，必须划入UN3373。

3. 生物制品

生物制品分为以下两种情况：

（1）根据国家政府卫生部门要求生产和包装并为了最后包装或分售而运输的生物制品，用于医疗专业人员或个人对人员健康的护理时，不受限制。

（2）不属以上情况且已知或有理由认为含有符合 A 类或 B 类标准的感染性物质，必须划入 UN2814、UN2900 或 UN3373。

注：某些得到许可的生物制品只在世界部分地区可能有生物公害。在这种情况下，主管部门可要求这种生物制品遵守感染性物质的要求或强制执行其他限制。

4. 转基因微生物和有机物

不符合感染性物质定义的转基因微生物必须划为第 9 类危险品中的 UN3245：Genetically modified micro-organisms（改变遗传特性的微生物）。

5. 医学或临床废弃物

含有 A 类感染性物质的医学或临床废弃物，应根据情况划入 UN2814 或 UN2900。含有 B 类感染性物质的医学或临床废弃物，必须划入 UN3291。有理由认为含有感染性物质概率较低的医疗或临床废弃物，必须划入 UN3291。

注：UN3291 的运输专用名称是 Clinical waste, unspecified, n.o.s.（生物医学废弃物，泛指）或（BIO）Medical waste, n.o.s.（医学废弃物，泛指）或 Regulated medical waste, n.o.s.（管制的医学废弃物，泛指）。

6. 受感染的活体动物

受感染的活体动物禁止空运，除非无其他运输方式且政府主管部门批准。

7. 病源标本

病源标本必须视情况划入 UN2814、UN2900 或 UN3373，除非满足例外条件。

第八节 第 7 类——放射性物质

放射性物质是指自发地和连续不断地放出电离辐射的物质或物品，此种辐射对人体和动物的健康有害并能作用于未显影的胶片。

表 3-12 第 7 类危险品的标签、名称及分类等

危险性标签	名称/分类/货运 IMP 代码	最大表面辐射水平 μSv/h（mrem/h）	注释或举例
RADIOACTIVE I	放射性物质 I级白色 RRW	≤ 5（0.5）	
RADIOACTIVE II	放射性物质 II级黄色 RRY	> 5（0.5）≤ 500（50） 0 < TI ≤ 1	医疗或工业用放射性核素或放射性同位素，如钴-60、铯-131、碘-132
RADIOACTIVE III	放射性物质 III级黄色 RRY	> 500（50）≤ 2000（200） 1 < TI ≤ 10	
FISSILE CRITICALITY SAFETY INDEX	放射性物质 裂变物质 临界安全指数	临界安全指数必须与对应的放射性标签放在一起，用于对含有裂变物质的包装件或合成包装件的聚集进行控制	裂变物质：铀-233、铀-235、钚-239、钚-241

　　射线一般不能被人体的任何器官察觉到，但可以通过特殊的仪器测量，如盖革计数器。放射性物质的所有规定可查阅 DGR10。

　　放射性物质的分类如表 3-12 所示。有关放射性物质的详细介绍见本书第八章。

　　各类放射性物质的危险性大小如下：
- I级白色，较小危险性。
- II级黄色，中等危险性。
- III级黄色，较大危险性。

　　减少放射性物质危害的三种方法为：屏蔽、加大距离、减少照射时间。

第九节 第8类——腐蚀性物质

一、腐蚀性物质的定义

如果发生泄漏情况，由于产生化学反应而能够严重损伤与之接触的皮肤组织，或严重损坏其他物质及运输工具的物质，被称为腐蚀性物质。

表 3-13 第 8 类危险品的标签、名称及描述等

危险性标签	名称/货运 IMP 代码	危险性描述	注释或举例
	腐蚀性物质 RCM	接触生物组织产生严重伤害或在泄漏时损毁其他货物或运输工具的固体或液体	电池电解液、硫酸、氢氧化钠、氢氧化钾、汞、金属镓

二、包装等级的确定

根据在动物皮肤、钢/铝上实验的结果，腐蚀性物质的包装等级确定如下：

（1）Ⅰ级包装：腐蚀性强。实验中，被测物质与动物皮肤接触时间不超过 3 分钟，观察时间为 60 分钟；在观察期间内，皮肤组织完全坏死，被测物质应定为Ⅰ级。

（2）Ⅱ级包装：腐蚀性中等。实验中，被测物质与动物皮肤接触时间超过 3 分钟但不超过 60 分钟，观察时间为 14 天；在观察期间内，皮肤组织完全坏死，被测物质应定为Ⅱ级。

（3）Ⅲ级包装：腐蚀性弱。可根据以下任一标准进行确定：①实验中，被测物质从与动物皮肤接触时间超过 60 分钟但不超过 4 小时，观察时间为 14 天；在观察期间内，皮肤组织完全坏死。②被测动物皮肤没有完全坏死，但在 55℃ 的实验温度下，被测物质在 1 年之内对钢或铝的腐蚀厚度可达 6.25 毫米以上，则被测物质应定为Ⅲ级。

表 3-14 第 8 类危险品包装等级的划分标准

包装等级	接触时间	观察时间	效 果
I	≤3 分钟	≤60 分钟	完整皮肤的全部坏死
II	>3 分钟≤60 分钟	≤14 天	完整皮肤的全部坏死
III	>60 分钟≤4 小时	≤14 天	完整皮肤的全部坏死
	—	—	在 55℃下,对钢/铝的腐蚀厚度每年>6.25 毫米

第十节 第 9 类——杂项危险物质和物品

一、第 9 类危险品的定义

对于航空运输而言,有些物质或物品虽不具备前面八类危险品的任一特性,但可能会危及航空运输安全。为此,联合国及国际民航组织在危险品运输规则中专门设立了第 9 类:杂项危险物质和物品,其中包括环境危害物质。它是指在空运过程中存在不属于其他类别危险性的危险物质和物品。

二、第 9 类危险品的划定范围

第 9 类杂项危险物质和物品,包括环境危害物质,主要包括以下物质或物品:

1. 航空限制的固体或液体

航空限制的固体或液体是指具有麻醉性、有毒、刺激性或其他性质的物质,泄漏时可造成机组人员极端烦躁或不适以致其不能正常履行职责。此类物质不符合第 1 至 8 类的定义。

2. 磁性物质

为航空运输而包装好的任何物质,距离其包装件外表面任一点 2.1 米（7 英尺）处的磁场强度足以造成磁罗盘偏转 2 度以上。造成磁罗盘偏转 2 度的磁场强度为 0.418 安倍/米（0.00525 高斯），即为磁性物质。

3. 环境危害物质

环境危害物质是指对水域环境有污染的液态或固体物质及其溶剂和混合物（包括制剂和废料）。环境危害物质划分为：①包装等级Ⅲ级，UN3077，固体，未另作规定的；②UN3082，液态，未另作规定的。

4. 转基因生物和转基因微生物

转基因生物或转基因微生物是指并非自然发生的，专门用于改变基因的生物或微生物。

5. 锂电池

任何形式含锂的电池芯和电池，包括安装在设备中的电池芯和电池，或者与设备包装在一起的电池芯和电池，都必须视情况归为 UN3090、UN3091、UN3480 或 UN 3481，并满足规定条件，方可运输。

6. 其他杂项危险品

例如，温石棉和闪石类石棉、干冰、消费品、化学药品和急救物品、救生设备、内燃发动机、机动车辆、聚合物颗粒、以电池为动力的设备或车辆等。

表3-15 第9类危险品的标签、名称及描述等

危险性标签	名称/货运 IMP代码	危险性描述	注释或举例
	杂项危险品 RMD	在航空运输中会产生危险，但不在前八类中。在航空运输中，可能会产生麻醉性、刺激性或其他性质而使旅客感到烦恼或不舒服	大蒜油、救生筏、内燃机、机动车辆
	颗粒状聚合物 RSB	充满易燃气体或液体，可能放出少量易燃气体	半成品聚合物材料，如聚氯乙烯颗粒
	固体二氧化碳（干冰）ICE	固体二氧化碳/干冰温度为 -79℃，其升华物比空气沉；在封闭的空间内大量的二氧化碳能造成窒息	冷冻蔬菜、冰盒等
操作标签	磁性物质 MAG	这些物质产生很强的磁场	磁电管、未屏蔽的永磁体、钕铁硼

第十一节 多重危险性的物质和物品

某物质或物品在 DGR 危险品表中未列出具体名称，并具有两重危险性，应按照 DGR3.10 确定其主要危险性。

一、危险性主次顺序表

详见表 3-16。

表 3-16 第 3、4、8 类及 5.1 项和 6.1 项主要危险性与包装等级主次顺序表

类或项	包装等级	4.2 II	4.2 III	4.3 I	4.3 II	4.3 III	5.1 I	5.1 II	5.1 III	6.1(d) I	6.1(o) I	6.1 II	6.1 III	8(l) I	8(s) I	8(l) II	8(s) II	8(l) III	8(s) III
3	I*			4.3, I	4.3, I	4.3, I	—	—	—	3, I	3, I	3, I	3, I	3, I	—	3, I	—	3, I	—
3	II*			4.3, I	4.3, II	4.3, II	—	—	—	3, I	3, I	3, II	3, II	8, I	—	3, II	—	3, II	—
3	III*			4.3, I	4.3, II	4.3, III	—	—	—	6.1, I	6.1, I	6.1, II	3, III**	8, I	—	8, II	—	3, III	—
4.1	II*	4.2, II	4.2, II	4.3, I	4.3, II	4.3, II	5.1, I	4.1, II	4.1, II	6.1, I	6.1, I	4.1, II	4.1, II	—	8, I	—	4.1, II	—	4.1, II
4.1	III*	4.2, II	4.2, III	4.3, I	4.3, II	4.3, III	5.1, I	4.1, II	4.1, III	6.1, I	6.1, I	6.1, II	4.1, III	—	8, I	—	8, II	—	4.1, III
4.2	II			4.3, I	4.3, II	4.3, II	5.1, I	4.2, II	4.2, II	6.1, I	6.1, I	4.2, II	4.2, II	8, I	8, I	4.2, II	4.2, II	4.2, II	4.2, II
4.2	III			4.3, I	4.3, II	4.3, III	5.1, I	4.2, II	4.2, III	6.1, I	6.1, I	6.1, II	4.2, III	8, I	8, I	8, II	8, II	4.2, III	4.2, III
4.3	I						5.1, I	4.3, I	4.3, I	6.1, I	4.3, I	4.3, I	4.3, I	4.3, I	4.3, I	4.3, I	4.3, I	4.3, I	4.3, I
4.3	II						5.1, I	4.3, II	4.3, II	6.1, I	6.1, I	4.3, II	4.3, II	8, I	8, I	4.3, II	4.3, II	4.3, II	4.3, II
4.3	III						5.1, I	5.1, II	4.3, III	6.1, I	6.1, I	6.1, II	4.3, III	8, I	8, I	8, II	8, II	4.3, III	4.3, III
5.1	I									5.1, I	5.1, I	5.1, I	5.1, I	5.1, I	5.1, I	5.1, I	5.1, I	5.1, I	5.1, I
5.1	II									6.1, I	5.1, II	5.1, II	5.1, II	8, I	5.1, II	5.1, II	5.1, II	5.1, II	5.1, II
5.1	III									6.1, I	6.1, I	6.1, II	5.1, III	8, I	8, I	8, II	8, II	5.1, III	5.1, III
6.1(d)	I													8, I	6.1, I	6.1, I	6.1, I	6.1, I	6.1, I
6.1(o)	I													8, I	6.1, I	6.1, I	6.1, I	6.1, I	6.1, I
6.1(Ⅰ)	II													8, I	6.1, II	6.1, II	6.1, II	6.1, II	6.1, II
6.1(d)	II													8, I	6.1, II	8, II	6.1, II	6.1, II	6.1, II
6.1(o)	II													8, I	6.1, II	8, II	6.1, II	6.1, II	6.1, II
6.1	III													8, I	8, I	8, II	8, II	8, III	8, III

当两种危险性出现第3、4、8类及5.1、6.1项时,必须使用表3-16(详见DGR3.10.A表)确定主次危险性。根据DGR3.10.A表分类的物品或物质,必须根据DGR4.1.A表确定最贴切的泛指名称条目作为运输专用名称。

二、例外情况

具有多重危险性的物质或物品,如果其中一种危险性符合下列类/项的标准时,则这些类/项永远作为主要危险性。

- 第1、2、7类;
- 第3类的减敏液态爆炸品;
- 5.2项、6.2项;
- 4.1项中的自反应物质及类似物质的减敏爆炸品;
- 4.2项的自燃物质;
- 6.1项中具有Ⅰ级吸入毒性的物质。

当放射性物质具有其他危险性时,必须总是以第7类作为主要危险性,同时也要显示次要危险性;但是,放射性物质例外包装件要以其他危险性为主要危险性。除了UN3507(六氟化铀,放射性物质,例外包装)以外,对于放射性物质例外包装件的主次危险性判断适用于DGR特殊规定A130。

具有其他危险性的感染性物质必须划入6.2项,并且应识别此物质的最明显的次要危险性。

符合磁性物质标准的物品,根据DGR进行识别。

☞ **例1**

某物质具有第3类Ⅱ级和6.1项Ⅱ级的双重危险性,判断其主次危险性及包装等级。

通过查表3-16可知,当同时具有第3类Ⅱ级和6.1项Ⅱ级的危险性时,表格中出现的是"3,Ⅱ",即主要危险性为第3类,次要危险性为6.1项,包装等级为Ⅱ。

☞ **例2**

汽油和四氯化碳的混合物有如下的危险性:

易燃性：闪点 22℃，初始沸点 85℃；毒性：入口 LD_{50} 值 100 毫克/千克。根据单个物质的特性，包装等级是：

汽油——第 3 类易燃液体，Ⅱ级包装（根据 DGR 表 3.3.A）；

四氯化碳——6.1 项毒性物质，Ⅲ级包装（根据 DGR 表 3.6.A）。

根据表 3-16 可知：汽油和四氯化碳的混合物主要危险性为第 3 类易燃液体，需要使用的包装等级为Ⅱ级，次要危险性为 6.1 项毒性物质。

 习题与思考

1. 指出下列物质的合适类别或项别：

（1）非易燃无毒气体；（2）易燃固体；（3）有毒物质；（4）易燃液体；

（5）氧化剂

2. 第 6 类危险品分为几项？有几个危险性标签？

3. 请举例说明属于 4.2 项的物品有哪些。

4. 根据下列危险品所具的性质，指出它们属于危险品分类中的哪一类/项？名称是什么？

（1）某液体，闭杯试验中 34℃时放出易燃气体；

（2）某固体，经过摩擦可以燃烧；

（3）某物质可产生氧气；

（4）获得试验批准的诊断标本。

5. 根据下列物质的性质，完成表格中的缺项。

性　质	类或项	名　称	包装等级
某物质与皮肤接触 2 分钟，在 35 分钟的观察时间内，皮肤完全被破坏，且深度达 100%			
某固体与水接触，每 1 千克该物质每 1 小时放出易燃气体 0.5 升			
某固体口服致死浓度为每 40 毫克/千克			
某液体闭杯试验中闪点为 25℃，沸点为 36℃			

第四章 民航危险品的识别

- 危险品表的使用方法
- 运输专用名称及 UN/ID 编号的确定
- 主要及次要危险性、包装等级、标签及装载量限制的确定

根据《民用航空危险品运输管理规定》第五章的要求：托运人应根据《技术细则》的规定对航空运输的危险品进行正确地分类、包装、加标记、贴标签，并提交真实准确的危险品航空运输文件。只有正确地分类、识别，才能确定如何对危险品进行包装、加标记、贴标签和正确地填制危险品航空运输文件，从而保证运输的各个环节都能完全地执行《民用航空危险品运输管理规定》和《技术细则》以及 DGR 等的有关规定。

第一节 危险品表的介绍

DGR4.2 表为"危险品表"，如图 4-1 所示。它是按危险品的运输专用名称的英文字母顺序排列的，表中列明了该危险品的 UN/ID 编号、类/项别、次要危险性、危险性标签、包装等级、包装说明代码及客/货机载运时每一包件的数量限制、特殊规定及应急措施代码等。

第四章 民航危险品的识别

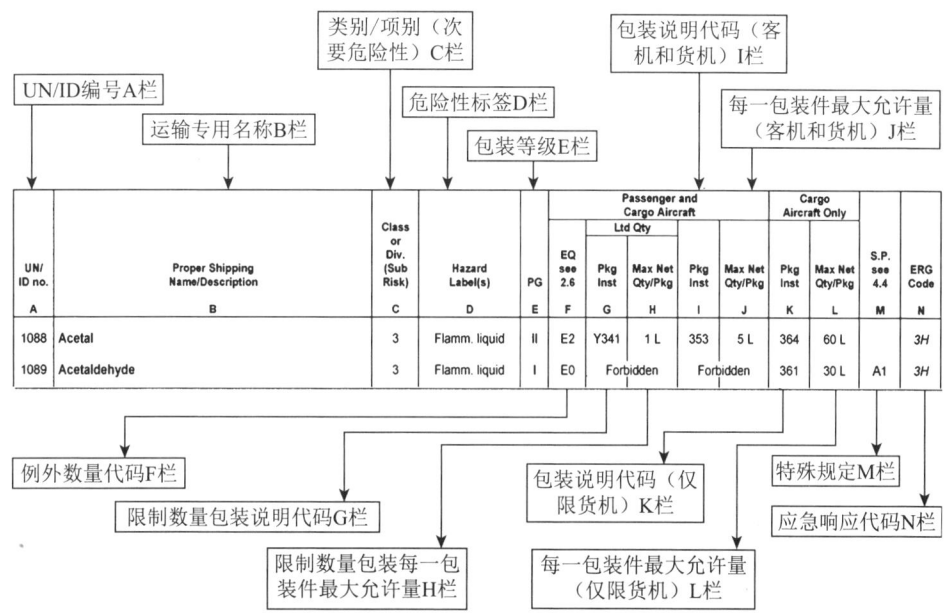

图 4-1 危险品表栏目说明图

DGR4.2 表 A~N 栏详细介绍如下：

A 栏：UN 或 ID 编号（UN/ID no.）。根据联合国危险品运输的分类进行编号的。在 0××× 至 3××× 编号前加上"UN"字样，如 A 栏中的 1950 表示为 UN1950；在 8××× 前加上"ID"字样，如 8000 表示为 ID8000。注意：不能表示为 1950 或 8000。

B 栏：运输专用名称与说明栏（Proper Shipping Name/Description）。本栏列出危险品和物质的运输专用名称与限制说明短文。粗体字（黑色）为运输专用名称，其他任何描述性的内容都以细体字表示。描述性文字不是运输专用名称的组成部分，但可以用于运输专用名称的补充。

危险品表严格按照英文字母顺序排列危险品的品名，但下列不作为排列依据：①数字；②单一字母，如：a-、b-、m-、N-、n-、O-、o-、p-；③前置字，如：alpha-、beta-、meta-、omega-、sec-、tert-；④术语"n.o.s."。

本栏中出现的下列符号，释义为：

★——要求附加技术名称。

†——在 DGR 附录 A 中可以找到补充说明。

符号"★"和"†"不是运输专用名称的一部分。

除非在危险品表的条目中有说明,在运输专用名称中,"溶液"一词,指一种或一种以上的已被命名的危险品溶解在不是危险品的溶液中。

C 栏:类别或项别(次要危险性)[Class or Div.(Subsidiary Risk)]。按照联合国的分类系统,确定危险品的类别或项别。对于第 1 类爆炸品,还显示配装组,如 1.4D、1.1D。次要危险性类别/项别,加括号显示在主要危险性类别/项别后面。

D 栏:危险性标签[Hazard Label(s)]。含主要和次要危险性标签。主要危险性标签在前,次要危险性标签在后。对于使用泛指名称、具有一种以上危险性的化学名称的物品或物质,其所有适用的次要危险性标签都不在此列出,而是必须遵守 DGR7.2.3.5、7.2.3.6 和 7.2.3.8 的规定。D 栏内还可能会列有三种操作标签,即"磁性物质""远离热源"和"冷冻液体"标签。

E 栏:包装等级(PG)。确定的联合国包装等级,如 I 级包装、II 级包装、III 级包装。

F 栏:例外数量代码(Excepted Quantity Code)。分配给该物质或物品的例外数量包装的代码。

G 栏:客机和货机运输的限制数量包装的物品或物质的包装说明代码(Pkg Inst)。例如,Y305、Y309 的"Y",表示限制数量包装。"Forbidden"表示禁止使用限制数量包装。

H 栏:客机和货机运输的限制数量包装的每个包装件的最大净数量(Max Net Qty/Pkg)。L 表示升,kg 表示千克。如果另外带有字母"G",如 kg G,则表示每个包装件内允许的最大毛重。如果栏目中出现"Forbidden(禁止)"字样,表示该物品不能以限制数量包装运输。

I 栏:客机和货机包装说明代码(Pkg Inst),即用客机或货机运输的危险品的包装说明代码。

J 栏:客机和货机运输的每个包装件内的最大净数量(Max Net Qty/Pkg),即用客机或货机运输的危险品,每个包装件内允许的最大净数量。只有在获得相关始发国和经营人所在国主管部门批准的情况下,才可以超过最大允许净数量运输。如果栏目中出现"Forbidden(禁止)"字样,表示该物品不能在客机上运输。

K 栏：仅限货机包装说明代码（Pkg Inst），即仅限货机运输的危险品的包装说明代码。

L 栏：仅限货机运输的每个包装件的最大净数量（Max Net Qty/Pkg），即仅限货机运输的危险品，每个包装件内允许的最大净数量。如果栏目中出现"Forbidden（禁止）"字样，表示该物品不能运输。

M 栏：特殊规定。一位、两位或三位阿拉伯数字前加上字母"A"，表示对应的危险品特殊规定。例如，A1、A2、A9、A70、A81、A154 等，详细规定参见 DGR4.4 特殊规定。应特别注意，特殊规定"A1""A2"，实际上是国家主管部门对原禁运危险品，在客机或货机上特许运输的"批准"。这些"批准"不属于 DGR2.6.1.1 中所述的"国家豁免"。

N 栏：ERG 码（ERG Code），即在国际民航组织文件《与危险品有关的航空器事故征候应急响应指南》（ICAO Doc.9481-AN/928）中规定的应急处置代码。代码由数字和字母组成，表示针对特定危险品所涉及的危险品事故/事故征候应采取的建议和应急措施。

第二节　运输专用名称的选择

运输专用名称是用来识别危险性物品或物质的标准名称，该名称必须出现在外包装上和托运人危险品运输申报单以及机长通知单中。

一、"危险品表"中列出名称的危险品

当危险品的运输专用名称列在 DGR4.2 表中时，可按如下方法查阅危险品表各栏：

第一步，查找 UN/ID 编号和运输专用名称。对应于 DGR4.2 表 A 和 B 栏。
第二步，确定危险品的类别/项别。对应于 DGR4.2 表 C 栏。
第三步，确定危险性标签。对应于 DGR4.2 表 D 栏。
第四步，确定包装等级。对应于 DGR4.2 表 E 栏。
第五步，确定包装说明代码和每一包装件允许的最大净数量。对应于

DGR4.2 表 G、H、I、J、K、L 栏。

第六步，检查是否有特殊规定。对应于 DGR4.2 表 M 栏，详见 DGR4.4。

为了方便查阅，一些属于禁止航空运输的危险品，参考 DGR2.1 相关内容。

第七步，查找 ERG 代码。对应于 DGR4.2 表 N 栏。经营人将此代码填写在特种货物机长通知单（NOTOC）上，供机组查询使用相应的机上应急措施。

1. 确定 UN/ID 编号和运输专用名称

在确定 UN/ID 编号和运输专用名称的过程中，会出现以下四种情况。

（1）一个 UN 编号对应一个运输专用名称

例如，表 4-1 中 UN2620 的运输专用名称为 Amyl butyrates、UN1107 的运输专用名称为 Amyl chloride、UN1108 的运输专用名称为 n-Amylene、ID8000 运输专用名称为 Consumer commodity。

表 4-1　危险品表示例 1

UN/ID no.	Proper Shipping Name/Description	Class or Div. (Sub Risk)	Hazard Label(s)	PG	EQ see 2.6	Passenger and Cargo Aircraft Ltd Qty		Passenger and Cargo Aircraft		Cargo Aircraft Only		S.P. see 4.4	ERG Code
						Pkg Inst	Max Net Qty/Pkg	Pkg Inst	Max Net Qty/Pkg	Pkg Inst	Max Net Qty/Pkg		
A	B	C	D	E	F	G	H	I	J	K	L	M	N
2620	Amyl butyrates	3	Flamm. liquid	III	E1	Y344	10 L	355	60 L	366	220 L		3L
1107	Amyl chloride	3	Flamm. liquid	II	E2	Y341	1 L	353	5 L	364	60 L		3L
1108	n-Amylene	3	Flamm. liquid	I	E3	Forbidden		351	1 L	361	30 L		3H

（2）一个 UN 编号对应两个或两个以上的运输专用名称

例如，表 4-2 中的 UN1203 对应 3 个运输专用名称：Gasoline、Motor spirit、Petrol。

表 4-2　危险品表示例 2

UN/ID no.	Proper Shipping Name/Description	Class or Div. (Sub Risk)	Hazard Label(s)	PG	EQ see 2.6	Passenger and Cargo Aircraft Ltd Qty		Passenger and Cargo Aircraft		Cargo Aircraft Only		S.P. see 4.4	ERG Code
						Pkg Inst	Max Net Qty/Pkg	Pkg Inst	Max Net Qty/Pkg	Pkg Inst	Max Net Qty/Pkg		
A	B	C	D	E	F	G	H	I	J	K	L	M	N
1203	Gasoline	3	Flamm. liquid	II	E2	Y341	1 L	353	5 L	364	60 L	A100	3H
1203	Gasoline, casinghead, see Motor spirit (UN 1203), Gasoline (UN 1203), Petrol (UN 1203) Motor spirit	3	Flamm. liquid	II	E2	Y341	1 L	353	5 L	364	60 L	A100	3H
1203	Muriatic acid, see Hydrochloric acid (UN 1789) Petrol	3	Flamm. liquid	II	E2	Y341	1 L	353	5 L	364	60 L	A100	3H

第四章 民航危险品的识别

（3）B栏中出现细体字的运输专用名称

当B栏中列出的名称用的是细体字时，它不是运输专用名称，可能是以下几种情况之一：

①对运输专用名称的补充说明。如表4-3所示，UN1950的运输专用名称为Aerosols，non-flammable，而括号内的细体字tear gas devices只是对运输专用名称Aerosols，non-flammable的补充说明。

表4-3 危险品表示例3

UN/ID no.	Proper Shipping Name/Description	Class or Div. (Sub Hazard)	Hazard Label(s)	PG	Passenger and Cargo Aircraft				Cargo Aircraft Only		S.P. see 4.4	ERG Code
					EQ see 2.6	Ltd Qty						
						Pkg Inst	Max Net Qty/Pkg	Pkg Inst	Max Net Qty/Pkg	Pkg Inst	Max Net Qty/Pkg		
A	B	C	D	E	F	G	H	I	J	K	L	M	N
1950	Aerosols, non-flammable (tear gas devices)	2.2 (6.1)	Non-flamm. gas & Toxic		E0	Forbidden		Forbidden		203	50 kg	A1 A145 A167 A802	2P

②参考提示信息。如表4-4所示，Filler，liquid后面提示要去参考Paint。Paint是运输专用名称，而Filler，liquid不是运输专用名称，只作为一个参考提示信息。

表4-4 危险品表示例4

UN/ID no.	Proper Shipping Name/Description	Class or Div. (Sub Hazard)	Hazard Label(s)	PG	Passenger and Cargo Aircraft				Cargo Aircraft Only		S.P. see 4.4	ERG Code
					EQ see 2.6	Ltd Qty						
						Pkg Inst	Max Net Qty/Pkg	Pkg Inst	Max Net Qty/Pkg	Pkg Inst	Max Net Qty/Pkg		
A	B	C	D	E	F	G	H	I	J	K	L	M	N
3360	Fibres vegetable, dry	4.1				Forbidden		Forbidden		Forbidden		A2	3L
	Filler, liquid, see **Paint** (UN 1263)												

③表示该物品在任何情况下均为航空禁止运输（在危险品表中没有运输专用名称，也没有UN编号）。如表4-5所示的Quebrachitol pentanitrate。

表4-5 危险品表示例5

UN/ID no.	Proper Shipping Name/Description	Class or Div. (Sub Hazard)	Hazard Label(s)	PG	Passenger and Cargo Aircraft				Cargo Aircraft Only		S.P. see 4.4	ERG Code
					EQ see 2.6	Ltd Qty						
						Pkg Inst	Max Net Qty/Pkg	Pkg Inst	Max Net Qty/Pkg	Pkg Inst	Max Net Qty/Pkg		
A	B	C	D	E	F	G	H	I	J	K	L	M	N
1922	**Pyrrolidine**	3 (8)	Flamm. liquid & Corrosive	II	E2	Y340	0.5 L	352	1 L	363	5 L		3C
	Quebrachitol pentanitrate					Forbidden		Forbidden		Forbidden			

④表示该物品在航空运输条件下,不受任何限制。如表4-6所示的R11,Trichlorofluoromethane。

表4-6 危险品表示例6

UN/ID no.	Proper Shipping Name/Description	Class or Div. (Sub Risk)	Hazard Label(s)	PG	EQ see 2.6	Passenger and Cargo Aircraft Ltd Qty		Passenger and Cargo Aircraft		Cargo Aircraft Only		S.P. see 4.4	ERG Code
						Pkg Inst	Max Net Qty/Pkg	Pkg Inst	Max Net Qty/Pkg	Pkg Inst	Max Net Qty/Pkg		
A	B	C	D	E	F	G	H	I	J	K	L	M	N
2656	Quinoline	6.1	Toxic	III	E1	Y642	2 L	655	60 L	663	220 L		6L
	Quinone, see Benzoquinone (UN 2587)												
	R114B2, Dibromotetrafluoromethane					Not Restricted		Not Restricted		Not Restricted			
	R11, Trichlorofluoromethane					Not Restricted		Not Restricted		Not Restricted			

(4)一个运输专用名称对应一个以上UN编号

当物质的一些性质如物理状态(固态、液态或气态)、浓度、纯度等发生改变时,虽然运输专用名称不会发生改变,但是可能会影响它的分类,从而使得UN/ID编号随之发生改变。例如,表4-7中的Arylsulphonic acids,liquid对应两个UN编号:UN2586、UN2584。

UN2586,Arylsulphonic acids,liquid with 5% or less free sulphuric acid(液态烷基磺酸类,含游离硫酸不大于5%)。

UN2584,Arylsulphonic acids,liquid with more than 5% free sulphuric acid(液态烷基磺酸类,含游离硫酸大于5%)。

表4-7 危险品表示例7

UN/ID no.	Proper Shipping Name/Description	Class or Div. (Sub Risk)	Hazard Label(s)	PG	EQ see 2.6	Passenger and Cargo Aircraft Ltd Qty		Passenger and Cargo Aircraft		Cargo Aircraft Only		S.P. see 4.4	ERG Code
						Pkg Inst	Max Net Qty/Pkg	Pkg Inst	Max Net Qty/Pkg	Pkg Inst	Max Net Qty/Pkg		
A	B	C	D	E	F	G	H	I	J	K	L	M	N
2586	Arylsulphonic acids, liquid with 5% or less free sulphuric acid	8	Corrosive	III	E1	Y841	1 L	852	5 L	856	60 L	A803	8L
2584	Arylsulphonic acids, liquid with more than 5% free sulphuric acid	8	Corrosive	II	E2	Y840	0.5 L	851	1 L	855	30 L		8L

2. 确定危险品的类别/项别

例如,表4-8中的UN2991主要危险性为6.1项毒性物质,次要危险性为第3类易燃液体。

表 4-8 危险品表示例 8

UN/ID no. A	Proper Shipping Name/Description B	Class or Div. (Sub Risk) C	Hazard Label(s) D	PG E	EQ see 2.6 F	Passenger and Cargo Aircraft Ltd Qty			Passenger and Cargo Aircraft			Cargo Aircraft Only		S.P. see 4.4 M	ERG Code N
						Pkg Inst G	Max Net Qty/Pkg H	Pkg Inst I	Max Net Qty/Pkg J	Pkg Inst K	Max Net Qty/Pkg L		
2991	Carbamate pesticide, liquid, toxic, flammable, ★ flash point 23°C or more	6.1 (3)	Toxic & Flamm. liquid	I II III	E5 E4 E1	Forbidden Y641 Y642	1 L 2 L	652 654 655	1 L 5 L 60 L	658 662 663	30 L 60 L 220 L	A3 A4	6F 6F 6F

3. 确定危险性标签

UN2991 危险性标签：主要危险性标签为毒性物质（Toxic），次要危险性标签为易燃液体（Flamm. Liquid）。

4. 确定包装等级

UN2991，对应三个包装等级Ⅰ、Ⅱ、Ⅲ级，代表不同危险程度。

5. 确定包装说明代码和每一包装件允许的最大净数量

UN2991，包装等级为Ⅱ级时，在客机和货机运输时，使用包装说明 Y641，每一包装件允许的最大净数量为 1 升；使用包装说明 654，每一包装件允许的最大净数量为 5 升。仅限货机运输时，使用包装说明 662，每一包装件允许的最大净数量为 60 升。

6. 检查是否有特殊规定

UN2991，特殊规定为 A3、A4。

7. 查找 ERG 代码

UN2991，ERG 代码为 6F。

二、"危险品表"中未列入的危险品

当某一混合物、新物质或物品未在"危险品表"中列明，但它又具有一定的危险性时，需要根据它的性质选择最确切的泛指品名或 n.o.s.（未另作规定）条目作为其运输专用名称。可以按照下列方法确定：

1. 确定物质的性质

可以通过性质实验、查阅文献等方法获得。

2. 确定是否属于航空禁运的危险品

3. 确定类别 / 项别

将该物质的特性与危险品的分类标准进行比较，确定其类别 / 项别。

对于具有一种以上危险性的物质，应根据DGR3.10.A表决定其主、次危险性。

4. 确定适宜的n.o.s.条目作为运输专用名称

托运人必须使用描述该危险品的最为准确的广义或泛指名称。泛指名称分为两种：一种是危险品的化学泛指名称（Specific entries）；一种是危险性泛指名称（Generic entries）。托运人必须优先使用化学泛指名称。例如，如果物质是醇、醛、烃、酮或石油馏出物，其分类为：

UN1987 Alcohols，n.o.s. ★

UN1989 Aldehydes，n.o.s. ★

UN3295 Hydrocarbons，liquid，n.o.s. ★

UN1224 Ketones，liquid，n.o.s. ★

UN1268 Petroleum，distillates，n.o.s. ★

如果某易燃液体在危险品表中找不到其他名称，而且物质也无其他危险性（次要危险性），其分类通常使用其危险性泛指名称的条目，如UN1993 Flammable liquid，n.o.s. ★

如果运输专用名称后标出"★"号，要求紧随该名称后注明该危险品的技术名称或化学组名，且必须用（ ）括起来。技术名称是指在技术与操作手册和学术刊物中所使用的并且符合国际理论化学与应用化学联合会所颁布的标准的名称，不得使用商业名称。此规定不适用于国家法律或国际公约禁止泄密的管制物品。例如，Freon14（氟利昂14）和Freon23（氟利昂23）的混合物，托运人申报的运输专用名称应为Refrigerant gas，n.o.s.（Tetrafluoromethane，Trifluoromethane）。Tetrafluoromethane是四氟甲烷，Trifluoromethane是三氟甲烷。托运人不得申报氟利昂14和氟利昂23，因为二者属于商业名称。

☞ **例1**

乙基环己烷（Ethyl cyclohexane），闪点为35℃，初始沸点131.8℃，该名称没有列入危险品表中。

（1）确定物质的性质。根据实验结果，该物质为闪点35℃，初始沸点131.8℃的液体。

（2）检查是否是航空禁运的危险品。根据DGR2.1.1和4.2表，该物质不属于禁运的危险品。

（3）确定类别/项别。此物质为第3类易燃液体，根据DGR3.3.A表，包装等级为Ⅲ级。

（4）确定适宜的n.o.s.条目作为运输专用名称。按照先使用化学泛指名称"Specific entries"，后使用危险性泛指名称（Generic entries）的顺序。

该危险品应使用化学泛指名称的运输专用名称：

Hydrocarbons, liquid, n.o.s.（Ethyl cyclohexane），"碳氢化合物，液体，未另作规定"，而不是危险性泛指名称：Flammable liquid, n.o.s.（Ethyl cyclohexane），"易燃液体，未另作规定"。

☞ **例2**

甲基正戊基甲醇（Methyl-n-amyl carbinol）是一种闪点为54℃的醇类，该名称没有列入危险品表。托运人必须使用最准确的名称申报，该名称是Alcohols, n.o.s.（Methyl-n-amyl carbinol）"醇类，未另作规定"，而不是Flammable liquid, n.o.s.（Methyl-n-amyl carbinol）。

☞ **例3**

一种混合物含有xylene（二甲苯）和acetone（丙酮），闪点为24℃且初始沸点高于35℃，托运人必须确定其危险性和适用性的运输专用名称。如果是作为脱漆剂，则使用化学泛指名称：Paint related material，UN1263。而如果它没有这样的功能，而是用于生产加工的媒介物，则应该使用危险性泛指名称：Flammable liquid, n.o.s.（xylene and acetone mixture）。

三、确定含有一种危险品的混合物及溶液的运输专用名称

一种混合物或溶液含有一种在"危险品表"中列明的物质和一种或几种不受DGR限制的物质时，以危险品表中的运输专用名称命名，必须加上"mixture（混合物）"或"solution（溶液）"以示区别。

☞ 例4

一种防冻产品由80%的甲醇（Methanol）和20%的水组成。此溶液的闪点为20℃，初始沸点高于70℃。因此，这种物质与甲醇具有相同的可燃性范围（UN1230，Ⅱ级包装）。由于危险性类别和包装等级均未改变，所以这种溶液可申报为：UN1230, Methanol solution 或 UN1230, Methanol 80% solution。

但也有例外情况：①危险品表中特别提到的混合物或溶液；②"危险品表"中表明该物质为纯净物；③混合物或溶液的危险类别、物理状态及包装等级与危险品表中列出的物质不同；④在紧急情况时，对某一混合物或溶液的测定结果与危险品表中列出的物质不同。

在上述任一种情况下，混合物或溶液必须使用最适用的泛指运输专用名称，并在其后的（ ）内附加物质的技术名称和适当的限定词，如"mixture（混合物）"或"solution（溶液）"或"containing（含有）"。

☞ 例5

一种液体混合物，由乙缩醛（Acetal）（UN1088，第3类，Ⅱ级包装）和一种无危险性的成分组成。经测试其闪点为20℃，初始沸点36℃。由于新物质的可燃性范围没有发生变化，所以其运输专用名称为：Acetal solution 或 Acetal 80% solution。（当 Acetal 的含量为80%时。）

☞ 例6

一种混合物，由2-氯丙烷（2-Chloropropane）（UN2356，第3类，Ⅰ级包装）和一种无危险性的成分组成。其闪点低于23℃，初始沸点高于35℃。由于包装等级由Ⅰ级变为Ⅱ级，发生了变化，此种物质应表示为：

UN1993, Flammable liquid, n.o.s.（2-Chloropropane solution）；或

UN1993, Flammable liquid, n.o.s.（2-Chloropropane mixture）；或

UN1993, Flammable liquid, n.o.s.（containing 2-Chloropropane）。

四、确定含有两种或多种危险性物质的混合物及溶液的运输专用名称

含有两种或多种危险物质的混合物或溶液的危险品，不管它是否列入 DGR4.2 表中，必须选用适当的泛指运输专用名称，其后的（ ）内应标明至少两种主要危险性成分的技术名称。如果需要使用次要危险性标签，则其技术名称中要注明对应的次要危险性标签的物质名称。如需要，要在适当的地方加入如"mixture（混合物）"或"solution（溶液）"或"containing（含有）"。

☞ **例7**

引擎清洗混合物在危险品表中未列出。但它被描述为汽油（gasoline）和四氯化碳（carbon tetrachloride）的混合物。其闪点低于23℃，初始沸点高于35℃。这种产品具有口服毒性，其 LD_{50} 值为 100 毫克/千克。

根据 DGR 表 3.10.A，该物质主要危险性属于第 3 类，次要危险性属于 6.1 项，因此该物质应归为：

UN1992 Flammable liquid, toxic, n.o.s. (Gasoline/Carbon tetrachloride mixture) 或

Flammable liquid, toxic, n.o.s. (Gasoline/Carbon tetrachloride solution) 或

Flammable liquid, toxic, n.o.s. (containing Gasoline/Carbon tetrachloride)。

为了进行分类，必须根据混合物或溶液的特性，而不是根据其每一成分的个别特征。

上例题的分析步骤如下：

第一步：根据其闪点低于23℃、初始沸点高于35℃，查 DGR3.3A 表，可判断其为第 3 类易燃液体，包装等级为 II 级。

第二步：根据口服毒性 LD_{50} 值为 100 毫克/千克，查 DGR3.6A 表，可判断其为 6.1 项毒性物质，包装等级为 III 级。

第三步：根据 DGR 表 3.10.A，确定主次危险性（注意，当其中之一未列于此表时，则未列于该表中的危险性作为主要危险性，包装等级取两者之中高者）。判断如下：主要危险性为第 3 类易燃液体，II 级包装；次要危险性为 6.1 项毒性物质。

第四步：根据 DGR 表 4.1.A，选择最合适的运输专用名称为：

UN1992 Flammable liquid, toxic, n.o.s. ★

第五步：将后面星号换成该物质的技术名称，即为该混合物的 UN 编号和运输专用名称。

UN1992 Flammable liquid, toxic, n.o.s. (Gasoline/Carbon tetrachloride mixture)

第六步：查阅 DGR4.2 表，得到有关信息。

五、不受 DGR 限制的混合物及溶液

如果一种混合物或加工制剂在危险品表中列有名称，但由于实际浓度不符合表中所列对应类别或项别的分类标准，即由于实际浓度太低已不再对航空运输构成威胁时，则可不受 DGR 限制，按照非限制性物品运输。

在航空货运单上标明"Not Restricted（不受限制物品）"字样，表明已经检查过。

☞ **例 8**

一种油漆，闭杯闪点为 68℃，沸点高于 234℃，且该产品不符合其他类或项的定义。油漆在危险品表中列为 UN1263 Paint，但由于该油漆闪点为 68℃，高于第 3 类危险品的闪点最高值（60℃），所以此物质不受 DGR 的限制。

六、样品的运输

不能确定其危险性类别的试验样品，必须符合 DGR4.1.2.2 规定。根据托运人对物品的了解，确定其危险性类别和 UN 编号，必须符合分类标准和 DGR3.10 危险性主次顺序。如果具有双重危险性，则应根据 DGR3.10.A 确定主次危险性。

运输专用名称后必须加"sample"字样。例如，Flammable liquid, toxic, n.o.s., sample。

某些物质符合分类标准中的已有的样品运输专用名称，可直接使用。如 UN3167 Gas sample, non-pressurized, flammable, n.o.s.。

当 n.o.s. 条目用来运输样品时，不需要后缀技术名称。

样品必须按照适用的暂定运输专用名称的规定和要求进行运输，且必须符合以下条件：①不属于 DGR2.1.1 禁运的危险品；②不属于第 1 类、6.2 项、第 7 类；③如果属于自反应物质或有机过氧化物，分别遵守 DGR3.4.1.2.5 和 DGR3.5.2.6 的规定；④使用组合包装，且净重不超过 2.5 千克；⑤样品不得与其他物品包装在一起。

七、自反应物质与有机过氧化物的运输专用名称

4.1 项中的自反应物质按照 DGR 附录 C.1、5.2 项有机过氧化物按照 DGR 附录 C.2，确定适当的 UN 编号，再根据 DGR4.2 表，确定运输专用名称。具体步骤如下：

第一步：在附录 C 中查找物质的名字；

第二步：选择物质正确的陈述（包括浓度、控制温度、应急温度）；

第三步：查找 UN 编号；

第四步：查 DGR4.3 表，找对应 UN 编号的运输专用名称在 DGR4.2 表中的页码；

第五步：在 DGR4.2 表中，查看运输专用名称的详述。

1. 确定 4.1 项中的自反应物质的运输专用名称和 UN 编号

☞ **例 9**

一种物质浓度为 100% 的二苯醚-4,4-磺酰肼（Diphenyloxide-4,4-Di-sulphonyl hydrazide），请确定其运输专用名称。

（1）在 DGR 附录 C.1 表中查找物质 Diphenyloxide-4,4-Di-sulphonyl hydrazide 的名称。

（2）浓度为 100% 的 Diphenyloxide-4,4-Di-sulphonyl hydrazide 对应的 UN 编号为 UN3226。

（3）查 DGR4.3 表，UN3226 对应的运输专用名称为 Self-reactive solid type D ★，在 DGR4.2 表中的页码为 348 页。

（4）在 DGR4.2 表中的 348 页，运输专用名称为 Self-reactive solid type D (Diphenyloxide-4, 4-Di-sulphonyl hydrazide)。如表 4-9 所示。

表 4-9 危险品表示例 9

UN/ID no.	Proper Shipping Name/Description	Class or Div. (Sub Risk)	Hazard Label(s)	PG	EQ see 2.6	Passenger and Cargo Aircraft Ltd Qty		Passenger and Cargo Aircraft		Cargo Aircraft Only		S.P. see 4.4	ERG Code 4.4
						Pkg Inst	Max Net Qty/Pkg	Pkg Inst	Max Net Qty/Pkg	Pkg Inst	Max Net Qty/Pkg		
A	B	C	D	E	F	G	H	I	J	K	L	M	N
3226	Self-reactive solid type D ★	4.1	Flamm. solid & Keep away from heat		E0	Forbidden		459	5 kg	459	10 kg	A20 A802	3L
3236	Self-reactive solid type D, temperature controlled ★	4.1				Forbidden		Forbidden		Forbidden			3S
3228	Self-reactive solid type E ★	4.1	Flamm. solid & Keep away from heat		E0	Forbidden		459	10 kg	459	25 kg	A20 A802	3L

2. 确定 5.2 项有机过氧化物的运输专用名称和 UN 编号

☞ **例 10**

请确定"过氧乙酸，D 型，稳定的"(Peroxyacetic acid, type D, stabilized)的运输专用名称，并说明需要粘贴的危险性标签。

（1）在 DGR 附录 C.2 中查找 Peroxyacetic acid, type D, stabilized 物质的名字。

（2）对应的限制条件——浓度≤43。

（3）对应的 UN 编号为 UN3105。

（4）查 DGR4.3 表，UN3105 对应的运输专用名称为 Organic peroxide, type D, liquid ★（有机过氧化物 D 型，液体），在 DGR4.2 表中的页码为 324 页。

（5）在 DGR4.2 表中的 324 页，运输专用名称为 Organic peroxide, type D, liquid (Peroxyacetic acid, type D, stabilized)。

需要粘贴的危险性标签：主要危险性标签为"有机过氧化物"，次要危险性标签为"腐蚀性"。

对于某一种危险品是否允许空运，或在何种条件下允许空运存在疑虑，托运人和承运人必须向国家有关部门咨询。

习题与思考

1. 品名表中 H、J 和 L 栏中量的限制是针对一架飞机、一个包装件还是一票货物？

2. 品名表中 H、J 和 L 栏中量的度量单位是什么？

第四章 民航危险品的识别

3. H、J 和 L 栏中出现大写字母"G"时，意味着什么？

4. 指出下列危险品的 UN 或 ID 编号：

（1）钠（Sodium）；（2）二氯硅烷（Dichlorosilane）

5. 给出下列物质的运输专用名称：

（1）过氧化钡（Barium superoxide）；（2）麦特拉明（Metramine）；

（3）打火石（Lighter flints）

6. 正丙氧基丙醇戊基（n-Propoxypropanol amyl）为闪点 58℃、初始沸点为 87℃ 的醇类。该危险品的运输专用名称、包装等级和 UN 编号是什么？

7. 某液体混合物含有苯（Benzene）及某种非危险品，其闪点为 23℃，初始沸点高于 35℃。

（1）液体混合物的运输专用名称是什么？包装等级是什么？

（2）客机装载包装说明代码是什么？

8. 某固体混合物含有砷（Arsenic）及某种非危险品，其口服毒性的半数致死剂量 LD_{50} 为 45 毫克/千克。

（1）固体混合物的运输专用名称及包装等级是什么？

（2）货机装载包装说明代码是什么？

9. 某液体混合物由 1-氯丙烷（1-Chloropropane）及某非危险品组成。其闪点为 18℃，初始沸点为 40℃。

（1）液体混合物的运输专用名称及包装等级是什么？

（2）货机装载包装说明代码是什么？

10. 某液体混合物由汽油（gasoline）和四氯化碳（carbon tetrachloride）组成。其闪点低于 23℃，初始沸点为 36℃，并且符合 6.1 项毒性物质（口服毒性）的要求。请问运输专用名称是什么？

第五章 民航危险品的包装

学习要点

- UN 规格包装、限制数量包装和其他包装方式
- 包装说明的查找和使用
- 主要及次要危险性、包装等级、标签及装载量限制的确定
- 不同危险品装于同一外包装中的相关规定
- 合成包装件的相关规定

在危险品安全空运中，包装是至关重要的环节。DGR 为所有可进行航空运输的危险品提供了包装说明，其中对于内包装、外包装和单一包装的使用提供了多种选择。在包装说明中，通常要求使用通过联合国性能测试的规格包装（UN 规格包装）；然而，当危险品符合使用限制数量"Y"包装的相关要求时，无须使用 UN 规格包装。在采用这些包装方式时，允许托运的危险品数量受到 DGR 的严格限制，从而将事故风险降低到最低程度。

第一节 概述

一、危险品包装的作用

（1）防止所包装的物品因接触雨雪、阳光、潮湿空气和杂质而发生变质，或发生剧烈化学反应。

（2）可减少货物在运输过程中所受到的碰撞、震动、摩擦和挤压，使其在包装的保护下处于相对稳定状态，从而保证安全运输。

（3）防止因货物撒漏、挥发以及与性质相互抵触的货物直接接触而发生事故或污染运输设备及其他的货物。

（4）便于装卸、搬运和保管，做到及时运输并使运输工具的载重量得到最大限度的利用，从而提高工作效率和运载效率。

二、托运人职责

《民用航空危险品运输管理规定》第六章第四十九条规定，托运人应当根据《技术细则》的规定对航空运输的危险品进行分类、识别、包装、标签和标记，提交正确填制的危险品运输文件。

1. 一般责任

托运人负责对危险品进行全面包装。

2. 具体职责

详见 DGR5.0.1.2。

准备每个包装件时，托运人必须：

（1）遵守与所选用的包装类型相应的一系列包装要求。

（2）选用的包装必须是危险品表包装说明中指定允许的包装。

（3）所有的包装都要根据危险品表中的要求，限制每个包装件内所装的物品总数量；而包装设计本身对此也有限制时，应采用两者之中较严格的限制。此外，组合包装中每一个内包装的盛装数量，不得超过相应包装说明中的规定。

（4）包装的所有组成部分必须完全按照规定的方式组装牢固。

（5）确保组装的包装件在运输前所造成的外表面污染已被清除。

（6）在交运前，托运人必须确认在包装方面已履行了职责。

三、危险品包装等级的划分

根据物质或物品的危险程度，DGR 将除第 1、2、7 类，5.2、6.2 项以外的危险品划分为三个包装等级，即Ⅰ级、Ⅱ级和Ⅲ级。

Ⅰ级——较高危险程度的物质。
Ⅱ级——中等危险程度的物质。
Ⅲ级——较低危险程度的物质。

第9类的某些物质和5.1项中的液体物质的包装等级，不是根据技术标准而是根据经验划分的。在危险品表中，可以查到上述物质的包装等级。各类项危险品包装等级的标准，已在第三章中说明。

四、危险品包装的基本要求

在《民用航空危险品运输管理规定》第五章第四十四条中，对航空运输的危险品所使用的包装物有以下要求：

（1）包装物应当构造严密，能够防止在正常运输条件下由于温度、湿度或者压力的变化，或者由于振动而引起的渗漏。

（2）包装物应当与内装物相适宜，直接与危险品接触的包装物不能与该危险品发生化学反应或者其他反应。

（3）包装物应当符合《技术细则》中有关材料和构造规格的要求。

（4）包装物应当按照《技术细则》的规定进行测试。

（5）用于盛装液体的包装物，应当能承受《技术细则》中所列明的压力而不渗漏。

（6）内包装应当以防止在正常航空运输条件下发生破损或者渗漏的方式进行包装、固定或者垫衬，以控制其在外包装物内的移动。垫衬和吸附材料不得与包装物的内装物发生危险反应。

（7）包装物应当在检查后证明其未受腐蚀或者其他损坏时，方可再次使用。再次使用包装物时，应当采取一切必要措施防止随后装入的物品受到污染。

（8）如果由于之前内装物的性质，未经彻底清洗的空包装物可能造成危害时，应当将其严密封闭，并按其构成危害的情况加以处理。

（9）包装件外部不得黏附构成危险数量的危险物质。

五、包装术语

DGR中常见的与包装有关的一些术语如下：

（1）Package（包装件）：物品经过包装后所形成的整体。

（2）Packing（包装作业）：将物品用适当材料包扎、固定或增加强度的工艺和操作。

（3）Single Packagings（单一包装）：无须任何内包装，仅由一个容器组成的包装。

（4）Combination Packagings（组合包装）：为了运输目的，将一个或几个内包装放入一个包装中，这些内、外包装总称为组合包装。

（5）Composite Packagings（复合包装）：由内、外两层不同材料制成的一个不可分割的整体包装，属于单一包装的一种特殊类型。

（6）Inner Packagings（内包装）：在运输中还需加外包装的包装。

（7）Outer Packagings（外包装）：组合包装和复合包装的外保护层，包括包容和保护内容器或内包装的吸附材料、衬垫及其他必要的外部保护用具。

第二节 危险品包装类型

危险品包装主要有以下几种类型：UN规格包装、限制数量包装、例外数量包装和其他包装。

一、UN规格包装

（一）组合包装

由木材、纤维板、金属或塑料制成的一层外包装内装有由金属、塑料、玻璃或陶瓷制成的内包装。根据不同需要，包装内还可装入吸附或衬垫材料。

根据联合国危险品包装标准，危险品的包装按照不同的规格给予不同的代码，称为UN规格代码。UN规格代码分为两个系列：第一个系列适用于外包装；第二个系列适用于内包装。

1. 内包装

除了气溶胶的内包装用三字代码或四字代码表示其制作材料、构造和性能测试标准以外，其他内包装都简单地用制作材料来区分，如：玻璃（glass）、塑料（plastic）、金属（metal）等。

2. 外包装

外包装用一个三字代码表示，用来标明包装类型，包括如下内容：

（1）一个阿拉伯数字用来表明其包装类型。例如：1表示圆桶，4表示箱等。

（2）大写英文字母用来标明材料的种类。例如：A表示钢，C表示天然木材等。

（3）如有必要，后面加一个阿拉伯数字用来表明包装类型中所属的形式。

例如：1A1——小口钢桶；4C2——防筛漏木箱。

（二）单一包装

在运输过程中，不需要任何内包装来完成其盛放功能的包装，一般由钢铁、铝、塑料或其他被许可的材料制成。

UN规格包装代码的单一包装与外包装的系列代码是一致的，而且大部分包装都要求符合包装性能测试的要求。此种测试的设计是为了保证货物包装可以适应各种正常的运输条件。测试的严格程度取决于在包装等级中说明的危险程度。

另外，复合包装（Composite Packagings）也属于一种特殊的单一包装。它通常用两个大写字母来表明材料的种类。第一个字母表明包装内层的材料，第二个字母表明包装外层的材料。例如：6HA1——铁塑桶。

二、限制数量包装

限制数量包装是针对数量较小的物品所采用的组合包装。其性能测试要求不同于UN规格包装，只需要满足DGR6.6中关于跌落试验和堆码试验的测试要求即可。这种包装不需要任何规格标记，但必须标记如图2-4所示的限制数量包装标记。

另外，需要注意的是，限制数量包装必须使用组合包装，不允许使用单一包装，且包装件的最大毛重为30千克。

三、例外数量包装

极少量的危险品可以作为例外数量危险品载运,并可以免受 DGR 关于危险品文件、危险性标签和装载隔离要求的限制。例外数量包装的要求详见本书第二章第六节。

四、其他包装

有些物品或物质可以采用除了前三种包装类型以外的包装方法,如包装说明 200、805、904 中所示。这些包装可以是单一包装也可以是组合包装,但必须满足 DGR5.0.2 的一般包装要求。

第三节 包装说明的使用

危险品表 G 栏(限制数量包装说明)、I 栏(客机和货机包装说明)和 K 栏(仅限货机包装说明)中,列出了所适用的包装说明代码。需要注意的是:包装说明代码中的第一个数字对应着所包装危险品的主要危险性的类别/项别号码。例如,包装说明代码 305,表示主要危险性为第 3 类易燃液体;限制数量包装说明代码 Y819,则表示主要危险性为第 8 类腐蚀性物质。

下面以 UN2588 Pesticide, solid, toxic, n.o.s.(固态杀虫剂,毒性,泛指)为例,详细阐述包装说明的使用。

此物质在 DGR4.2 危险品表中可查到对应的包装说明,如表 5-1 所示。

表 5-1 危险品表示例 1

UN/ID no.	Proper Shipping Name/Description	Class or Div. (Sub Risk)	Hazard Label(s)	PG	EQ see 2.6	Passenger and Cargo Aircraft Ltd Qty				Cargo Aircraft Only		S.P. see 4.4	ERG Code
						Pkg Inst	Max Net Qty/Pkg	Pkg Inst	Max Net Qty/Pkg	Pkg Inst	Max Net Qty/Pkg		
A	B	C	D	E	F	G	H	I	J	K	L	M	N
2588	Pesticide, solid, toxic, n.o.s. ★	6.1	Toxic	I	E5	Forbidden		666	5 kg	673	50 kg	A3	6L
				II	E4	Y644	1 kg	669	25 kg	676	100 kg	A5	6L
				III	E1	Y645	10 kg	670	100 kg	677	200 kg		6L
	Pesticide, toxic, under compressed gas, n.o.s., see Aerosols, flammable (UN 1950)												

根据此物质所属的包装等级,可以找到其包装说明代码。限量包装运输、

客货机运输及仅限货机运输每个包装件内所允许的最大净数量分别列在H、J、L栏中。例如，UN2588，包装等级Ⅱ，仅限货机运输时，采用包装说明代码为676。

在DGR中查找包装说明676，详细内容见图5-1。

包装说明分为以下几部分：

1. 适用的国家和经营人差异条款

例如，运输危险品涉及国家差异条款时，可查阅DGR2.8.2。如在本说明中列出的USG-04，可查阅DGR2.8.2的规定。

例如，运输危险品涉及经营人差异条款时，可查阅DGR2.8.4。如在本说明中经营人列出的JL-09，可查阅DGR2.8.4的规定。

2. 特殊条款

特殊条款是包装说明中列于国家及经营人差异条款下面的部分。这部分除了要求满足包装的一般要求DGR5.0.2外，还列出了该包装适用的危险品、相容性要求、封口要求、附加包装要求以及是否允许单一包装。

3. 组合包装

此部分主要阐述了对组合包装中内、外包装的要求。其中，内包装要求中列明了允许使用的各种内包装材料、每种内包装的最大允许净含量以及每个包装件的最大允许净含量。如图5-1所示的包装说明中，内包装可以使用六种材料，每种内包装均有最大数量限制。例如，金属内包装，每个内包装不能超过5千克。

外包装要求中则列明了允许使用的外包装类型与规格。如在包装说明676中，外包装可以使用桶、方形桶、箱三种类型；每种类型使用的材料也各有规定，对应有相应的UN规格代码。

4. 单一包装

此部分阐述了允许使用的单一包装类型及对应的UN规格代码。如图5-1所示的包装说明中，单一包装可以使用桶、方形桶、箱、复合、气瓶五种类型，每种类型使用的材料也有规定。

第五章 民航危险品的包装

包装说明 676

国家差异：USG-04

经营人差异：5X-02,EY-03,FX-02,JL-09,KZ-07,LA-06,NH-06,TG-02

本说明适用于仅限货机运输包装等级为Ⅱ级无次要危险的 6.1 固体。

必须满足 5.0.2 的一般包装要求。

相容性要求

- 物质必须按 5.0.2.6 的要求与它们的包装相容；

封口要求

- 封口必须满足 5.0.2.7 的要求；

附加包装要求

- 纤维、纤维板、木材和胶合板单一包装必须装有合适的衬套。

允许组合和单一包装。

组合包装		
内包装（见 6.1）	每个内包装的净量	每个包装件的总净量
纤维	2.5kg	100.0kg
玻璃	2.5kg	
金属	5.0kg	
纸袋	2.5kg	
塑料	5.0kg	
塑料袋	2.5kg	

外包装

类型	桶					方形桶			箱						
名称	钢	铝	胶合板	纤维	塑料	其他金属	钢	铝	塑料	钢	铝	木材	胶合板	合成木材	纤维板	塑料	其他金属
规格	1A1 1A2	1B1 1B2	1D	1G	1H1 1H2	1N1 1N2	3A1 3A2	3B1 3B2	3H1 3H2	4A	4B	4C1 4C2	4D	4F	4G	4H1 4H2	4N

单一包装

类型	桶						方形桶			箱							复合	气瓶
名称	钢	铝	胶合板	纤维	塑料	其他金属	钢	铝	塑料	钢	铝	木材	胶合板	合成木材	纤维板	其他金属	塑料	
规格	1A1 1A2	1B1 1B2	1D	1G	1H1 1H2	1N1 1N2	3A1 3A2	3B1 3B2	3H1 3H2	4A	4B	4C1 4C2	4D	4F	4G	4N	全部	如 5.0.6.6 允许的

图 5-1 包装说明 676

第四节 合成包装件

一、合成包装件的定义及分类

合成包装件（Overpack），是指为了运载方便，同一托运人将若干个符合危险品包装、标记、标签要求的包装件合成一个作业单元用于运输的包装件。

合成包装件可以分成"敞开型"和"封闭型"两种类型。其中，"敞开型"合成包装件是将组成合成包装件的每一个包装件捆绑在一起，从外部可以清晰地看到每一个包装件的标记、标签；"封闭型"合成包装件是将组成合成包装件的每一个包装件放于一个外包装中，从合成包装件外部看不到每一个包装件的情况。

二、合成包装件须符合的要求

（1）合成包装件中不能装入相互可能发生危险反应的不同物质的包装件或根据表5-2（详见DGR表9.3.A）需要相互隔离的危险品包装件。例如：UN1789（氢氯酸）和UN1823（固态氢氧化钠）不能装入同一个合成包装件内，因为两者相互之间会发生危险反应；UN1798（第8类危险品）和UN1500（5.1项危险品）不能装入同一个合成包装件内，因为根据表5-2这两种物质必须隔离。

表5-2 包装件的隔离

危险性标签	1 不包括 1.4S	2	3	4.2	4.3	5.1	5.2	8
1 不包括 1.4S	见 9.3.2.2.5	×	×	×	×	×	×	×
2	×	–	–	–	–	–	–	–
3	×	–	–	–	–	×	–	–
4.2	×	–	–	–	–	×	–	–
4.3	×	–	–	–	–	–	–	×
5.1	×	–	×	×	–	–	–	–

续表

危险性标签	1 不包括 1.4S	2	3	4.2	4.3	5.1	5.2	8
5.2	×	–	–	–	–	–	–	–
8	×	–	–	–	×	–	–	–

注：

a. 在行和列的交叉点注有"×"，表明装有这些类或项的危险品的包装件必须相互隔开。若在行和列的交叉点注有"–"，则表明装有这些类/项的危险品包装件无须隔开。

b. 表中不包含 1.4S、4.1 项及第 6、7 和 9 类，它们不需与其他类别的危险品隔开。

c. 具有同一 UN 编号的危险品包装件不需相互隔离。

d. 爆炸品是否可以码放在一起是由其相容性决定的，除了 1.4B 项的爆炸品不得与 1.4S 项以外的其他爆炸品装载在一起以外，不同配装组的爆炸品可装载在一起，不论其是否属于同一项别。当 1.4B 爆炸品与 1.4S 以外的其他爆炸品装载在同一飞机时，必须分别装载在不同的集装器内，装机时集装器之间必须由其他货物分隔开并保持最小距离 2 米；如不使用集装器装载，1.4B 必须与其他的爆炸品装载在不同的不相邻的位置且之间用其他货物隔离最小 2 米的距离。

（2）合成包装件中的每个包装件都必须经过正确的包装、做标记、贴标签，而且包装件不能有任何损坏及泄漏迹象，在各个方面都要按照 DGR 做好准备。

（3）每个危险品包装件的功能不能被合成包装件所破坏。

（4）合成包装件中可以含有非限制性物品。

第五节　不同危险品装入同一外包装的相关规定

不同危险品装入同一外包装的形式，与合成包装件是不同的：后者的每一个组成部分都可以作为独立包装件进行运输，而前者则不能。下面针对 UN 规格包装和限制数量包装两种主要包装类型，对不同危险品装入同一外包装的要求进行详细说明。

一、UN 规格包装

在 UN 规格包装下，同一外包装装入多种危险品的规定如下：

（1）相互之间会发生危险反应并导致如下后果的危险品，不得装入同一外包装：

- 燃烧和/或释放大量的热；
- 释放出易燃、有毒或窒息性气体；
- 生成腐蚀性气体；
- 生成不稳定物质。

例如：氰化钾（UN1680）为固体毒性物质，与硝酸钠（UN1500）接触后，会燃烧并放热，因此不能装入同一外包装；氰化钾（UN1680）与硫酸（UN1830）接触后，则会产生剧毒氰化物，因此也不能装入同一外包装。

（2）如果危险品之间不发生危险反应，还需满足以下条件，才可以装入同一外包装内：

- 根据 DGR 表 9.3.A 无须进行隔离，除非 DGR 另有规定；
- 包装内不得同时含有 6.2 项感染性物质和其他物质，包装说明 620 允许的，如冷冻剂或包装材料情况除外；
- 每种危险品的内包装及其所含的数量，应符合各自包装说明的有关规定；
- 所使用的外包装是每种危险品相应包装说明允许使用的外包装；
- 待运包装件应符合几种危险品中最严格的包装等级所对应的性能测试标准；
- 装入同一外包装的不同危险品应按照下式计算"Q"值，计算出的"Q"值必须小于或等于 1：

$$Q = \frac{n_1}{M_1} + \frac{n_2}{M_2} + \frac{n_3}{M_3} + \cdots$$

式中：n_1、n_2…表示第 1、2…种危险品的净数量；M_1，M_2…表示危险品表中第 1、2…种危险品在"客机和货机"或"仅限货机"运输的每个包装件最大允许净数量。"Q"值的结果需进位到小数点后一位数字。

（3）以下危险品，在计算"Q"值时可以忽略不计：

- 固体二氧化碳（干冰），UN1845；
- 在危险品表 H 及 J 栏中标明"无限制"的危险品；
- 具有相同的 UN 编号及包装等级，且净数量总计没有超过危险品表中最大允许净数量的危险品。

第五章　民航危险品的包装

下面以一示例详细说明 "Q" 值的计算。

☞ **例 1**

将 1 升 UN1203 的汽油、5 升 UN1223 的煤油及 0.2 升 UN1230 的甲醇装于一个符合 UN 包装检测标准的外包装内，用一架客机运输。请计算此包装件净数量的 "Q" 值。

题目中描述的几种危险品，可在危险品表中找到（详见表 5-3）。

表 5-3　危险品表示例 2

UN/ID no.	Proper Shipping Name/Description	Class or Div. (Sub Risk)	Hazard Label(s)	PG	EQ see 2.6	Passenger and Cargo Aircraft Ltd Qty				Cargo Aircraft Only		S.P. see 4.4	ERG Code
						Pkg Inst	Max Net Qty/Pkg	Pkg Inst	Max Net Qty/Pkg	Pkg Inst	Max Net Qty/Pkg		
A	B	C	D	E	F	G	H	I	J	K	L	M	N
1223	Kerosene	3	Flamm. liquid	III	E1	Y344	10 L	355	60 L	366	220 L	A324	3L
1230	Ketone oils, see Acetone oils (UN 1091) Methanol	3 (6.1)	Flamm. liquid	II	E2	Y341	1 L	352	1 L	364	60 L	A104 A113	3L
	Methazoic acid					Forbidden		Forbidden		Forbidden			
1203	2-Methoxyethyl acetate, see Ethylene glycol monomethyl ether acetate (UN 1189) Petrol	3	Flamm. liquid	II	E2	Y341	1 L	353	5 L	364	60 L	A100	3H
1203	Motor spirit	3	Flamm. liquid	II	E2	Y341	1 L	353	5 L	364	60 L	A100	3H
1203	Muriatic acid, see Hydrochloric acid (UN 1789) Gasoline	3	Flamm. liquid	II	E2	Y341	1 L	353	5 L	364	60 L	A100	3H
	Gasoline, casinghead, see Motor spirit (UN 1203), Gasoline (UN 1203), Petrol (UN 1203)												

查危险品表可得，客机运输时每个包装件内最大净数量分别为：
UN1203—5 升；UN1223—60 升；UN1230—1 升。

依据 Q 值的计算方法

$$Q = \frac{n_1}{M_1} + \frac{n_2}{M_2} + \frac{n_3}{M_3} + \cdots$$

可得：$Q = 1/5 + 5/60 + 0.2/1 \approx 0.48$

Q 值的结果进位到小数点后一位数字：$Q = 0.5 < 1$。因此，该包装件满足包装要求，可以通过客机运输。

二、限制数量包装

多种"限制数量"危险品装入同一个外包装内的包装要求，与 UN 包装有所不同。具体要求如下：

（1）除了第 2 类和第 9 类危险品外，其他类别危险品的每个包装件内总净数量的"Q"值不能超过 1。计算公式为：

$$Q = \frac{n_1}{M_1} + \frac{n_2}{M_2} + \frac{n_3}{M_3} + \cdots$$

式中：n_1、n_2…表示第 1、2…种危险品的净数量；M_1，M_2…表示危险品表中第 1、2…种危险品在"限制数量"运输（H 栏）的每个包装件最大允许净数量。"Q"值的结果进位到小数点后一位数字。

（2）对于第 2 类和第 9 类危险品的说明如下：

● 如果未与其他类别危险品混装时，每个包装件内的毛重不得超过 30 千克；

● 如果与其他类别危险品混装时，每个包装件内的毛重不得超过 30 千克，并且包装件内所装其他危险品（除第 2 类和第 9 类外）净数量的"Q"值不大于 1。

（3）固体二氧化碳（干冰），UN1845，可以和其他类别的危险品装入同一个外包装，条件是包装件毛重不超过 30 千克。计算 Q 值时可以不考虑干冰的净数量，但装有干冰的包装和外包装必须能够释放二氧化碳气体。

（4）如果包装件中危险品的 UN 代码和包装等级相同，不必计算"Q"值，但包装件总净数量不得超过对应危险品表中 H 栏每个包装件的最大允许净数量值。

第六节　包装检查

为了确保危险品货物包装符合运输要求，需要对其进行严格的包装检查。下面对包装检查步骤进行详细说明。

第一步：查阅 DGR 的危险品表。

● 查找运输专用名称和 UN/ID 编号；

第五章 民航危险品的包装

- 查看 UN 包装等级；
- 查看该危险品是否允许在客机和货机上运输，或者仅限货机运输；
- 查看包装说明代码；
- 查看每个包装件的最大允许净数量或最大毛重；
- 注意适用的特殊规定。

第二步：查阅相应的包装说明，并确定包装是否符合包装说明中的各项要求。

根据待运危险品货物的数量、可利用的包装等，托运人可自行决定采用包装说明所允许的包装类型，可以选择包装说明代码（3个数字）所允许的 UN 规格包装，或者选择限制数量包装说明代码（Y 字母 +3 个数字）所允许的限制数量包装，或者选择包装说明代码（3个数字）所允许的其他包装。

托运人在对货物进行包装时，必须确保包装能够：

- 满足一般包装要求（详见 DGR5.0.2）；
- 满足特殊包装要求、特殊规定、国家和经营人差异条款；
- 符合危险品表中每个包装件的数量限制和包装说明代码中单个内包装的数量限制。

第三步：确保符合 UN 规格包装 / 限制数量包装的相关限制要求。

查验包装上的 UN 规格标记 / 限制数量包装标记，确保包装等级、毛重等限制条件都得到满足。其中，包装等级必须符合危险品表中的等级要求，甚至在有些包装说明中可能会要求使用更严格的包装等级。

例如：Copper chloride（氯化铜），UN2802

该物质在危险品表中所规定的包装等级为Ⅲ级，但是在采用客机运输时所对应的 UN 包装说明代码为 860。如图 5-2 所示，在此包装说明中，明确要求所有包装必须满足Ⅱ级包装性能标准。此时，包装则必须满足更严格的包装等级要求，即应满足Ⅱ级包装要求。

需要注意：货运代理人、航空公司、海关官员等，通常不打开危险品的包装件检查包装是否符合要求，因为：

- 托运人对包装是否符合要求负责；
- 外包装的完整性可能会被破坏，以致不再能够通过包装测试；
- 对人员安全构成潜在的危险；

●如果需要开包检查，必须由具备资质的危险品包装人员再将其恢复成满足 DGR 规定的样子。

包装说明 860

经营人差异：5X-02、AA-01、AM-08、AS-02、BW-01、BY-01、FX-02、KE-07、UX-04
本说明适用于客机运输包装等级为Ⅲ级的第 8 类固体。
必须满足 5.0.2 的一般包装要求。

相容性要求
● 物质必须按 5.0.2.6 的要求与它们的包装相容；
● 金属包装必须耐腐蚀或具有防腐蚀措施；
● 只有在第 8 类物质无氢氟酸时，才允许该物质装在玻璃或陶瓷的内包装内。

封口要求
● 封口必须满足 5.0.2.7 的要求。

附加包装要求
● 所有包装必须满足Ⅱ级包装性能标准。

不允许单一包装。

组合包装		
内包装（见 6.1）	每个内包装的净量	每个包装件的总净量
玻璃	2.5kg	25.0kg
金属	5.0kg	25.0kg
塑料	2.5kg	25.0kg
塑料袋	2.5kg	25.0kg

外包装													
类型	桶					方形桶			箱				
名称	钢	铝	胶合板	纤维	塑料	其他金属	钢	铝	塑料	钢	铝	木材	胶合板	合成木材	纤维板	塑料	其他金属
规格	1A1 1A2	1B1 1B2	1D	1G	1H1 1H2	1N1 1N2	3A1 3A2	3B1 3B2	3H1 3H2	4A	4B	4C1 4C2	4D	4F	4G	4H1 4H2	4N

图 5-2　包装说明 860

下面对包装检查进行举例说明。

☞**例 2**

危险品 Copper chlorate（氯酸酮）使用 1 个 UN 规格的组合包装：

内包装：4 个玻璃瓶（1P1），每个装 1 千克

外包装：1 个 UN 规格的木箱（4C2）

包装等级：Ⅱ

包装件总重量：5 千克

请问该包装件是否可使用客机运输？

第一步：查危险品表可知，运输专用名称：Copper chlorate（氯酸酮）；UN 编号：UN2721；包装等级：Ⅱ；包装说明代码：558；每一包装件最大允许净数量：5 千克；特殊规定：无。

第二步：参照每一危险品的包装说明，确保：

（1）内包装符合要求：由包装说明可知，Copper chlorate（氯酸铜）可装于玻璃制内容器中，每瓶最大净含量为 1 千克，本例未超过限制。

（2）外包装符合要求：根据包装说明 558 可知，每个包装件的最大净重量为 5 千克，本例未超过限制；同时，本例中使用的外包装规格为 4C2 的木箱是允许使用的。

（3）满足包装说明中的特殊条款：该包装说明还表明不允许使用单一包装，本例中包装采用的是组合包装，也符合要求。

第三步：确保符合 UN 规格包装的相关限制要求。

本例中包装等级为Ⅱ级，包装件总重量为 5 千克，均未超过限制。（UN 规格包装标记将在本书第六章中介绍，假定本例在标记方面的要求已满足。）

结论：该包装件可使用客机运输。

例 3

下列物品准备由客机运输：

外包装：采用 UN 规格包装纤维板箱，包装等级为Ⅰ级；

内包装 A：3 个玻璃瓶（1P1），每瓶含 Phenylhydrazine（苯肼）0.5 升；

内包装 B：1 个玻璃瓶（1P1），含 Pentanes（戊烷液体）0.5 升，包装等级Ⅰ。

请检查包装是否符合要求。

第一步：查阅每一种危险品在危险品表中的具体要求（UN2572、UN1265），如表 5-4 所示。

第二步：参照每一危险品的包装说明，确保：

（1）内包装符合要求：根据表 5-4 可知，包装说明代码分别为 654 和 351，根据包装说明可知，玻璃瓶内包装的最大允许净数量分别为 1.0 升、0.5 升，而本例中两种危险品在每一玻璃瓶中只装 0.5 升，故未超限制。

表 5-4 危险品表示例 3

UN/ID no.	Proper Shipping Name/Description	Class or Div. (Sub Hazard)	Hazard Label(s)	PG	EQ see 2.6	Passenger and Cargo Aircraft Ltd Qty				Cargo Aircraft Only		S.P. see 4.4	ERG Code
								Pkg Inst	Max Net Qty/Pkg	Pkg Inst	Max Net Qty/Pkg		
A	B	C	D	E	F	G	H	I	J	K	L	M	N
1265	Pentanes liquid	3	Flamm. liquid	I	E3	Forbidden		351	1 L	361	30 L		3H
				II	E2	Y341	1 L	353	5 L	364	60 L		3H
2572	Phenylhydrazine	6.1	Toxic	II	E4	Y641	1 L	654	5 L	662	60 L		6L

（2）外包装符合要求：通过查阅包装说明代码 654 和 351，均允许使用纤维板箱（4G）作为外包装，因此本例符合要求。

（3）符合不同危险品装入同一外包装的要求：

①查包装件的隔离表 5-2 可知，UN2527 属于 6.1 项危险品，无须隔离，故这两种危险品可放于同一个外包装中。

②确保危险品中不含感染性物质。

本例中不含感染性物质。

③计算 Q 值：

危险品 A：总净量 $n_1=0.5\times 3=1.5$ 升　　最大允许量 $M_1=5$ 升

危险品 B：总净量 $n_2=0.5$ 升　　最大允许量 $M_2=1$ 升

$$Q=\frac{n_1}{M_1}+\frac{n_2}{M_2}=0.5\times 3/5+0.5/1=0.8<1，满足要求。$$

第三步：确保符合 UN 规格包装的相关限制要求。

参照危险品表和每一包装说明，确定适用于整个包装件最严格的包装等级。将盛装两种危险品的包装进行比较，可得最严格的包装等级为 I 级包装。本次运输的外包装已是 I 级包装，符合要求。

结论：该包装件可由客机运输。

习题与思考

1. 危险品：五氯酚（Pentachlorophenol）

净重：50 千克；内包装：塑料瓶，每瓶装 2.5 千克；

外包装：UN 规格包装钢桶（1A2）；只有客机可利用。

请回答以下问题：

（1）UN 编号为 _____；类/项为 _____；包装等级为 _____；包装代码为 _____；每一包装的最大允许净含量为 _____。

（2）需要几个外包装？需要几个内包装？

（3）是否可使用单一包装？

2. 危险品：异丙醇（Isopropanol）

净数量：20 升，使用一个单一包装。

请回答以下问题：

（1）UN 编号是什么？

（2）是否可用客机装载？

（3）包装说明代码是什么？

（4）可使用哪种铝制单一包装？

3. 一个 UN 规格的包装件

外包装：采用 4G 纤维板箱，包装等级为Ⅲ级；

内包装 A：环烷酸钴粉末（Cobalt Naphthenates, Power）装于两个塑料瓶中，每瓶装 10 千克；

内包装 B：硝酸铯（Caesium nitrate）2 千克装在 1 个塑料瓶中；

包装件毛重：27 千克。

请回答以下问题：

（1）该包装件是否可由客机载运？若不能，请说明理由。

（2）计算 Q 值。

（3）若该包装件中有 10 千克干冰，Q 值是否会有影响？

4. 以下包装件是否可由客机装载？

外包装：一个适用于限制数量危险品的纤维板箱；

毛重：25.9 千克；

内包装 A：丙酮（Acetone）装于 1 个塑料瓶中，每瓶装 0.25 升；

内包装 B：乙酰溴（Acetyl bromide）装于 1 个塑料瓶中，每瓶装 0.1 升；

内包装 C：含易燃液体黏合剂（Adhesives）装于 1 个塑料瓶中，每瓶装 1 升。

5. 危险品：固体点火器（Firelighters，solid）

净数量：30千克；

内包装：6个塑料袋，每袋5千克；

外包装：UN规格木箱（4C1）。

准备使用客机运输，请回答以下问题：

（1）UN编号是什么？

（2）包装说明代码是多少？

（3）包装等级是几级？

（4）最少需要几个外包装？

6. 危险品：含碱性电解液的飞机蓄电池（Aircraft Batteries, wet, filled with alkali）

净数量：60千克；

外包装：UN规格木箱（4C1）；

运至目的地只能使用客机运输。

请回答以下问题：

（1）UN编号是什么？

（2）类别/项别是什么？

（3）包装说明代码是什么？

（4）包装等级是几级？

第六章 危险品包装的标记与标签

- 危险品包装标记与标签的粘贴
- 危险品包装标记与标签的检查
- 合成包装件标记与标签的相关要求与检查
- UN 包装规格标记的相关规定与应用

危险品包装上的标记和标签是危险品航空运输中的一个非常重要的部分。正确做好标记和标签,便于让相关人员对包装件进行正确地鉴别和操作。托运人有责任使装有危险品的每个包装件或合成包装件上的标记和标签符合《技术细则》和 DGR 的要求。

第一节 标记

一、托运人的具体责任

对于需要做标记的危险品包装件或合成包装件,托运人必须按照下列各项要求办理:

(1)检查所有有关标记是否已标注在包装件或合成包装件的正确位置上,

并符合 DGR 所示的具体要求。

（2）去除包装件或合成包装件上所有无关标记。

（3）确保用来盛装危险品的每一外包装或单一包装上，按 DGR 第五章的要求进行规格包装，并按照 DGR6.0.4 的规定做标记。

（4）任何适用的新标记都应标在正确位置，且保证经久耐用、规格正确。

（5）当危险品的包装件或合成包装件交给经营人待运时，托运人必须确保其标记的职责已履行完毕。

二、标记的种类

危险品的包装标记分为两类：一类为用以识别包装设计/规格的标记，即 UN 规格包装标记；另一类为包装使用标记，即用以识别运输货物所用的包装标记。

（一）UN 规格包装标记

当使用 UN 规格包装标记时，说明此种设计类型的包装已成功地通过试验，其标记和包装制造有关而与使用无关，因而，此标记并不能进一步指明此类包装可以用来盛装某种特定的物质。另外，UN 规格包装的标记必须以压印或模压的方式标在包装件上，不能采用手写的方式。

1. UN 规格包装标记的组成

UN 规格包装标记必须包括：

（1）联合国包装符号，如图 6-1 所示：

图 6-1　UN 规格符号

注：对于冲压金属包装，符号可用大写字母"UN"代替。

（2）表示包装类型的代码，如 1A1。

（3）表示包装等级的字母 X、Y 和 Z，详见表 6-1 所示。

表 6-1　UN 规格包装等级

标记中的字母	包装等级	可使用的包装等级
X	I	I、II、III
Y	II	II、III
Z	III	只限 III

（4）对于准备盛放液体的单一包装来说，包装等级后标的数字表示相对密度，该数字精确到小数点后一位小数，例如 1.4。如果相对密度小于 1.2，则可省去不写。密度后面需标明其液压试验的压力，单位：千帕（kPa），精确到十位，例如：150 表示试验压力为 150 千帕。

（5）对于准备盛放固体或内包装的包装，包装等级后的数字则表示最大毛重，单位为千克，例如：25 表示最大毛重为 25 千克。

（6）字母 S 表示内装固体或内包装。

（7）最后两个数字表示包装制造年份，例如：97 表示 1997 年制造。对于 1H1、1H2、3H1 及 3H2 型塑料包装来说，还要标注其制造月份。这一标记可以印刷在包装的空白处，箭头所指为制造月份，如图 6-2 所示。同时，制造年份的最后两位数字，也可以显示在图中的星号位置；打印批准标记的两位数字和内圈的显示必须始终保持一致。

图 6-2　UN 规格塑料包装标记

（8）国家授权标记资源分配代码，以"国际机动车辆注册代码"表示国家名称的识别标记；此代码可在 DGR 附录 D 中找到。例如：中国用 PRC 来表示，美国用 USA 来表示。

(9)制造厂商或国家主管部门规定的其他识别代码。

下面对常规的 UN 规格包装标记进行举例说明。

☞ **例1**

包装件内为固体或有内包装的标记

ⓤ 4G/X30/S/02/NL/VL823

ⓤ——联合国包装符号

4G——包装类型代码,为纤维板箱

X——包装等级为Ⅰ级(可用于Ⅰ级、Ⅱ级、Ⅲ级包装的物品或物质)

30——最大允许毛重30千克

S——可盛装固体或内包装

02——制造年份为2002年

NL——授权国家为荷兰

VL823——制造厂商名称或荷兰主管部门授权的识别代码

☞ **例2**

盛装液体的单一包装件标记

ⓤ 1A1/Y1.4/150/02/NL/VL823

ⓤ——联合国包装符号

1A1——包装类型代码,为小口钢桶

Y——包装等级为Ⅱ级(可用于Ⅱ级、Ⅲ级包装的物品或物质)

1.4——液体最大相对密度值为1.4

150——最大试验压力为150千帕(kPa)

02——制造年份为2002年

NL——授权国家为荷兰

VL823——制造厂商名称或荷兰主管部门授权的识别代码

☞ **例3**

UN 规格塑料包装标记

⦿ 1H2/Y1.4/150/16/USA/abc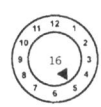

⦿——联合国包装符号

1H2——包装类型代码,为顶端可拆卸的塑料桶

Y——包装等级为Ⅱ级(可用于Ⅱ级、Ⅲ级包装的物品或物质)

1.4——液体最大相对密度值为 1.4

150——最大试验压力为 150 千帕(kPa)

16——制造年份为 2016 年

USA——授权国家为美国

abc——制造厂商名称或美国主管部门授权的识别代码

——制造时间为 2016 年 5 月份

2. 修复的 UN 规格包装标记

经过修复的 UN 规格包装标记,除了原有的 UN 规格包装标记外,还需附加以下内容:

①修复标记所在国,例如:D 代表德国。

②修复厂名称或国家主管部门授权的识别代码。

③修复时间,例如:97 代表 1997 年。

④附加字母 R 代表已修复;如果此包装通过了防漏测试,则再附加字母 L。具体如例 4 所示。

☞ **例4**

经修复的 UN 规格包装标记

⦿ 1A1/Y1.4/150/06/NL/RB/15RL

⦿——联合国包装符号

1A1——包装类型代码,为小口钢桶

Y——包装等级为Ⅱ级(可用于Ⅱ级、Ⅲ级包装的物品或物质)

1.4——液体最大相对密度值为1.4

150——最大试验压力为150千帕(kPa)

06——制造年份为2006年

NL——修复标记所在国为荷兰

RB——修复厂商名称或荷兰主管部门授权的识别代码

15——修复年份为2015年

RL——已修复并已通过了防漏测试

3. 补救的 UN 规格包装标记

经过补救的 UN 规格包装,只需在原有的 UN 规格包装标记上附加一个补救包装标记"T",具体如例5所示。

☞ 例5

经补救的 UN 规格包装标记

 1A2T/Y300/S/16/USA/abc

——联合国包装符号

1A2——包装类型代码,为大口钢桶

T——补救包装标记

Y——包装等级为Ⅱ级(可用于Ⅱ级、Ⅲ级包装的物品或物质)

300——最大允许毛重为300千克

S——可盛装固体或内包装

16——制造年份为2016年

USA——授权国家为美国

abc——厂商名称或美国主管部门授权的识别代码

4. 盛装感染性物质的 UN 规格包装标记

盛装感染性物质的 UN 规格包装标记主要包括以下几个组成部分:联合国

包装符号、包装类型代码、"Class6.2"字样（感染性物质标记）、包装制造年份的后两位数字、国家授权标记资源分配代码、生产制造商或国家主管部门规定的其他识别代码。具体如例6所示。

☞ **例6**

感染性物质包装的标记

Ⓤ 4G/Class6.2/16/DK/SP-9989-ERIKSSON

Ⓤ——联合国包装符号

4G——包装类型代码，为纤维板箱

Class6.2——用来盛装感染性物质

16——制造年份为2016年

DK——授权国家为丹麦

SP-9989-ERIKSSON——制造厂商名称或荷兰主管部门授权的识别代码

（二）包装使用标记

包装使用标记主要分为基本标记与附加标记两种类型。

1. 基本标记

基本标记作为使用标记的最基本要求，必须要清晰地标在包装件上。其主要内容包括：

- 运输专用名称（如有需要，应加上技术名称）；
- UN或ID编号（包括前缀字母UN或ID）；
- 托运人及收货人的名称和地址。

如果包装件尺寸允许，此项标记应与运输专用名称相邻，并标注在包装件的同一表面。

包装件上的基本标记如图6-3所示。

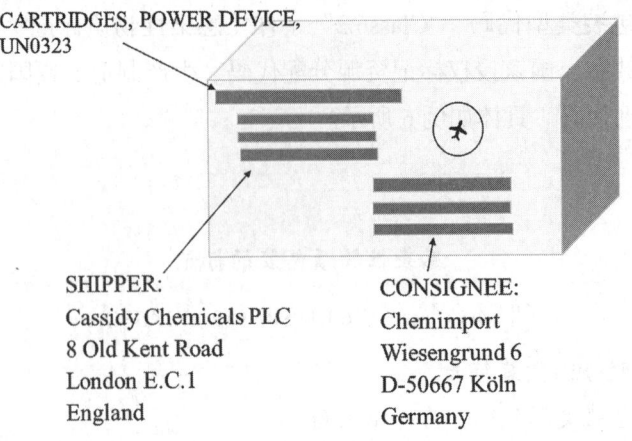

图 6-3 基本标记示例

2. 附加标记

除了标注上述的基本标记以外,某些特定的危险品包装件还需做相应的附加标记,具体要求如下。

(1)每个包装件上须标注所含危险品的净数量。当危险品表 H、J、L 栏的最大净数量为毛重(kg G)时,必须注明包装件的毛重并在计量单位后标注"G"。该项标记应标注在与 UN 编号和运输专用名称相邻的位置。但这一要求不适用于以下情况:

- 托运的危险品仅有一个包装件;
- 托运多个相同的危险品包装件,即每个包装件的 UN 编号、运输专用名称、包装等级、数量均相同;
- ID8000 消费品和放射性物质(第 7 类)。

(2)UN1845(干冰):必须标记每一包装件内固体二氧化碳(干冰)的净重。

(3)6.2 项感染性物质:必须标记负责人的姓名和电话号码。该负责人应具备处理该感染性物质所引发的突发事件的能力。

(4)2.2 项深冷液化气体:至少须在包装件相对的垂直侧面上粘贴或印制两个"包装件方向"标签,用以标记包装件的向上位置;在包装件的每个侧面或环绕桶形包装件每隔 120°的侧面,须标记"KEEP UPRIGHT(保持直立)";包装件上还必须清楚标记"DO NOT DROP/HANDLE WITH CARE(勿摔/小心轻放）"；包装件上还须标注托运人的处置说明，以便在发生紧急情况、延误、无人提取时采取相应措施。

（5）内装 UN3373 的包装件：须标记"BIOLOGICAL SUBSTANCE, CATEGORY B（生物物质，B 类）"和包装说明 650 要求的菱形标记，如图 6-4 所示。注：生物物质包装件无须标记净数量，但若使用干冰作为冷冻剂时，需要注明干冰的净数量。

图 6-4　UN3373 的菱形标记

（6）呼吸保护装置（PBE）：依据特殊规定 A144 运输带有化学氧气发生器的呼吸保护装置时，必须在包装件上运输专用名称旁注明"机组人员呼吸保护装置（防烟面罩），符合特殊规定 A144 ［Air Crew Protective Breathing Equipment（smoke hood）in accordance with Special Provision A144］"。

（7）环境危害物质：装有固态环境危害物质（UN3077）和液态环境危害物质（UN3082）的包装件，必须紧邻基本标记粘贴"环境危害标记"（最小尺寸：100 毫米 ×100 毫米）如图 6-5 所示。

图 6-5　环境危害标记

（8）限制数量包装：限制数量包装件上必须有如图 2-4 所示的"限制数量

标记"。

（9）补救包装：托运人在交运补救包装件之前，必须确保包装上标记有"SALVAGE（补救）"字样，高度至少为12毫米。

（10）空包装：除了第7类危险品以外，运输曾盛装过危险品的空包装前，必须清洗或用蒸汽清洁或盛装非危险品以消除其危险性，否则必须粘贴与其危险性相应的标签、标记；盛装过感染性物质的包装，在运回托运人或运往其他地方之前必须经过彻底消毒或杀菌，并去除原有感染性物质的相关标记、标签。

（11）不同危险品装入同一个外包装内：当两种或两种以上的危险品装入同一个外包装时，外包装上必须按照其中每种危险品的标记要求做标记。

以下为一个UN规格包装件的标记示例，其中包括了UN规格包装标记、基本标记和附加标记。

☞ **例7**

一个危险品包装件

危险品的运输专用名称：Cartridges，power device（弹药筒，动力装置）

UN编号：UN0323

发货人名称及地址：

MacLean Chemicals PLC

8 Old Kent Road

London E.C.1

England

收货人名称及地址：

Chemimport

Wiesengrund 6

D-50667 Köln

Germany

爆炸物品净重：20千克

包装件毛重：32千克

该包装件使用UN规格包装，规格标记为4G/Y35/S/17/GB/8231。

该包装件的标记如图6-6所示。

第六章 危险品包装的标记与标签

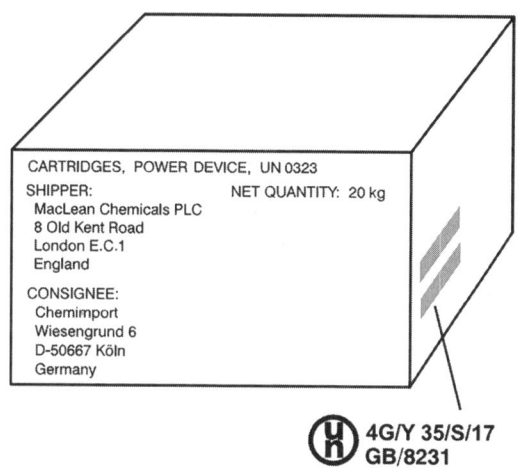

图 6-6　UN 规格包装件标记示例

三、标记的使用要求

标记的使用必须满足以下要求：

（1）必须清楚易辨；在运输的全过程中（包括存储），不得被包装本身及其附属物或任何其他标记、标签所遮盖。

（2）必须耐久。

（3）能承受外界气候变化且能保证其效能不降低。

（4）与背景有较强的对比度，鲜明醒目。

（5）UN 编号和 UN 字母的高度必须至少 12 毫米，但对于容量 / 净重等于或低于 30 升 /30 千克的包装，以及 60 升水容量的气瓶，UN 编号和 UN 字母的高度必须至少为 6 毫米；而对于 5 升 /5 千克的包装，或更小的包装，UN 编号和 UN 字母的高度必须使用适当尺寸。

（6）包装件或合成包装件上的标记高度应不低于 12 毫米，对于容量 / 净重等于或低于 30 升 /30 千克的包装，其标记的高度应不低于 6 毫米。

（7）国际运输除始发国规定的其他文字外，必须使用英文。

（8）除表示包装件方向的箭头外，含有液体危险品包装件上不可标记其他箭头。

（9）当包装件或合成包装件上贴有 "Package Orientation（包装件方向）"

— 113 —

标签时，可在包装件或合成包装件的顶面标明"THIS END UP（此端向上）"或"THIS SIDE UP（此面向上）"字样。

（10）若合成包装件内危险品的标记不能在外部清晰可见，则必须在合成包装件上标记以下内容：

①"OVERPACK（合成包装件）"字样，且字体高度至少为 12 毫米；

②合成包装件中所含 UN1845 固体二氧化碳（干冰）的总净重；

③每件危险品包装件上的任何特殊操作说明。

另需注意：①包装规格标记不可再标记在合成包装件上面。当合成包装件中的危险品包装件含有限制数量危险品时，除非危险品包装件上的限制数量标记是从外部可见的，否则合成包装件外部必须也要有限制数量危险品的标记。②当一个合成包装件内有一个以上 UN 编号时，应通过 UN 编号表示危险品的总数量。当一票货物中包含有多个合成包装件时，为便于识别、装载和通知，要求托运人在每个合成包装件上标记与危险品申报单上一致的识别编号（可用字母或数字形式）和危险品的总数量。

第二节 标签

一、标签的种类及规格

1. 标签的种类

标签主要分为以下两种类型：

（1）危险性标签（菱形）。每一类别/项别的危险品都对应一个危险性标签。

（2）操作标签（矩形）。某些危险品需要粘贴此类标签，它们既可以单独使用（例如："磁性物质"），又可与危险性标签同时使用（例如："向上""仅限货机"）。

2. 标签的质量和规格

（1）所有标签在形状、颜色、格式、符号和文字说明上都必须符合 DGR 所提供的设计规格。

（2）危险性标签分上下两部分：标签上半部为图形符号的位置，下半部为文字和类、项号码及适当的配装组号码，但1.4、1.5、1.6项的标签除外。1.4、1.5、1.6项的标签，上半部显示项别号码，下半部显示配装组号码。

（3）除非始发国另有要求，危险性标签上的文字应使用英文。当始发国有特殊要求时，应标有英文译文。标签下半部的文字还可以包括其他相关信息。例如：UN编号或者描述危险性类别，如"易燃"的文字，但是这些文字必须清晰且不可毁损标签规定的其他信息元素。

二、危险性标签的使用

（1）根据DGR的危险品表，确定危险品包装件上所使用的主要危险性和次要危险性标签，并进行粘贴。

☞ **例8**

UN2333，Allyl acetate（乙酸稀丙脂）。根据DGR4.2危险品表D栏（如表6-2所示），确定其危险性标签为易燃液体和毒性物质标签，如图6-7所示：

表6-2 危险品表示例1

UN/ID no.	Proper Shipping Name/Description	Class or Div. (Sub Risk)	Hazard Label(s)	PG	EQ see 2.6	Passenger and Cargo Aircraft Ltd Qty		Passenger and Cargo Aircraft		Cargo Aircraft Only		S.P. see 4.4	ERG Code
						Pkg Inst	Max Net Qty/Pkg	Pkg Inst	Max Net Qty/Pkg	Pkg Inst	Max Net Qty/Pkg		
A	B	C	D	E	F	G	H	I	J	K	L	M	N
2333	Allyl acetate	3 (6.1)	Flamm. liquid & Toxic	II	E2	Y341	1 L	352	1 L	364	60 L		3P

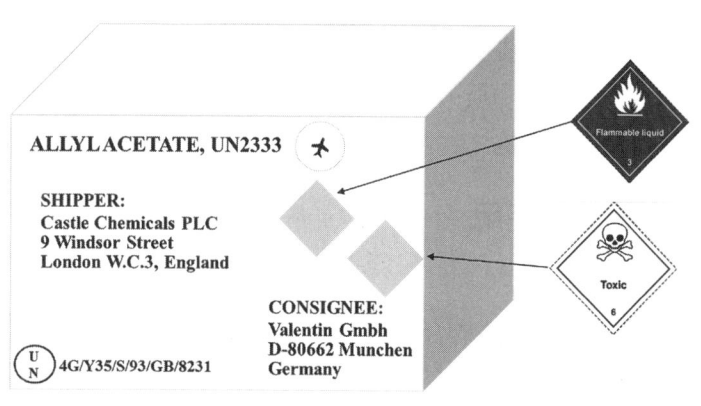

图6-7 危险性标签示例

（2）表明主要危险性的标签和次要危险性的标签，其底部必须标有该危险品所属类别或项别的数字。如图6-7的主要危险性易燃液体标签和次要危险性毒性物质标签，其底部分别标注3和6，表示第3类和第6类。

（3）第1类爆炸品，表明爆炸品的类别、项别的数字以及表示配装组的字母必须标注在标签上。

（4）4.2项物质，如果也是易燃固体，无须粘贴4.1项次要危险性标签。

（5）5.2项有机过氧化物，若其腐蚀性同时满足第8类Ⅰ、Ⅱ级包装等级，则必须粘贴腐蚀性的次要危险性标签。

注：许多液态有机过氧化物的成分是易燃的，但无须粘贴易燃液体的次要危险性标签，因为有机过氧化物标签本身就意味着该物品可能是易燃的。

（6）6.2项感染性物质包装件，除了主要危险性标签外，还必须根据内装物的性质粘贴其他标签（例外数量除外）。

（7）第8类腐蚀性物质，如果其毒性只产生对组织的破坏作用，则无须粘贴6.1项的次要危险性标签。

（8）第9类杂项危险品的包装件必须贴有"杂项危险品标签"，但磁性物质的包装件必须贴上"Magnetized Material（磁性物质）"标签代替杂项危险品标签。

（9）托运人在交运补救包装之前，必须确保：①内含危险品的所有标签粘贴在该补救包装上；②含有"仅限货机"运输危险品的补救包装件，粘贴"Cargo Aircraft Only（仅限货机）"标签。

（10）当两种或两种以上的危险品在同一个外包装内时，包装件上必须粘贴每一物质相应的标签且各类标签都必须彼此相邻粘贴。如果包装件内某种物质的次要危险性与另一种物质的主要危险性相同，则包装件外部不需重复粘贴该种物质的次要危险性标签。

三、操作标签的使用

1. 磁性物质标签

装有磁性物质的包装件或合成包装件必须使用磁性物质标签，如图6-8所示。

第六章 危险品包装的标记与标签

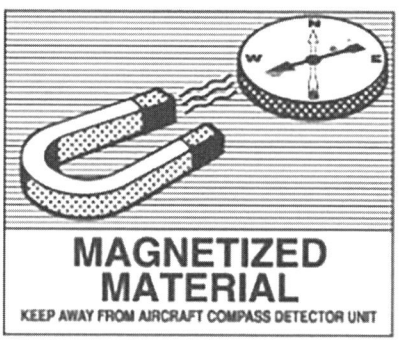

图 6-8 磁性物质标签

2. 仅限货机标签

"Cargo Aircraft Only（仅限货机）"标签（如图 6-9 所示），必须粘贴在仅限货机运输的危险品包装件上，以及由于危险品净数量的限制只能使用货机运输的包装件上。但是，当包装说明代码和包装件的限量在货机和客机运输上相同时，不应使用"Cargo Aircraft Only（仅限货机）"标签。

图 6-9 仅限货机标签

☞ 例 9

某危险品包装件，装有 10 升的 Acetyl iodide（乙酰碘），其危险品表的详细信息如表 6-3 所示，其标签示例如图 6-10 所示：

表 6-3 危险品表示例 2

UN/ID no.	Proper Shipping Name/Description	Class or Div. (Sub Risk)	Hazard Label(s)	PG	EQ see 2.6	Passenger and Cargo Aircraft Ltd Qty		Passenger and Cargo Aircraft		Cargo Aircraft Only		S.P. see 4.4	ERG Code
						Pkg Inst	Max Net Qty/Pkg	Pkg Inst	Max Net Qty/Pkg	Pkg Inst	Max Net Qty/Pkg		
A	B	C	D	E	F	G	H	I	J	K	L	M	N
1898	Acetyl iodide	8	Corrosive	II	E2	Y840	0.5 L	851	1 L	855	30 L		8L

图 6-10 仅限货机标签示例

3. 深冷液化气体

"Cryogenic Liquid（深冷液化气体）"操作标签（如图 6-11 所示），必须与非易燃无毒气体（2.2 项）危险性标签同时使用，用于含有深冷液化气体的包装件或合成包装件上。是否需要使用此标签，可以查看危险品是否使用了包装说明 202。

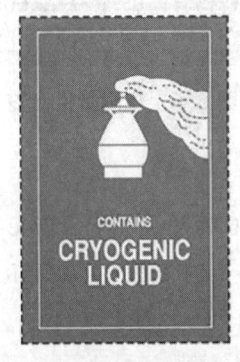

图 6-11 深冷液化气体标签

4. 方向性标签

盛装液体危险品的组合包装件或合成包装件，必须使用"Package Orientation（包装件方向）"向上标签，或者事先在包装件上印刷表明包装件方向的箭头。

当出现以下几种情况时，外包装上不需要方向性标签：

（1）盛有危险品的内包装容积不超过120毫升，在内包装与外包装之间有足够的吸附物，且该吸附物能完全吸收内包装盛装的液体；

（2）含气密内包装的危险品包装件，如试管、包装袋及刺穿打开的小玻璃瓶等，每个内包装盛装的危险品不能超过500毫升；

（3）装载感染性物质的主容器不超过50毫升；

（4）放射性物质。

一般情况下，标签必须至少粘贴或者印制在包装件相对的两个侧面以表明正确的包装件方向，并使其箭头朝上（如图6-12所示）。当包装方向标签粘贴在包装上或合成包装件上时，字样"THIS END UP/THIS SIDE UP（此端向上/此面向上）"必须显示在包装件或合成包装件的顶部。

图6-12 方向性标签

5. 远离热源标签

4.1项中的自反应物质和5.2项有机过氧化物的包装件或合成包装件，在使用相应危险性标签的同时，还应粘贴"远离热源（keep away from heat）"标签（如图6-13所示）。

图 6-13 远离热源标签

6. 放射性物质例外包装件标签

除装有 UN3507（六氟化铀，放射性物质，例外包装）或 DGR 特殊规定 A130（b）适用的包装件外，应在放射性物质的例外包装件上粘贴"放射性物质，例外包装（Radioactive Material，Excepted Package）"标签（如图 6-14 所示）。

图 6-14 放射性物质例外包装件标签

7. 电池驱动的轮椅或辅助行走装置标签

为了方便电池驱动的轮椅或辅助行走装置的装卸，用此标签标明轮椅的电池是否与轮椅分离。此标签分为两部分：左半部分粘贴在轮椅或辅助行走装置上，右半部分则粘贴在电池的包装件上。详见图 6-15 所示。在电池与轮椅分开运输的特殊情况下，使用右半部分来识别电池，同时也可以保证电池和轮椅能够相对应。

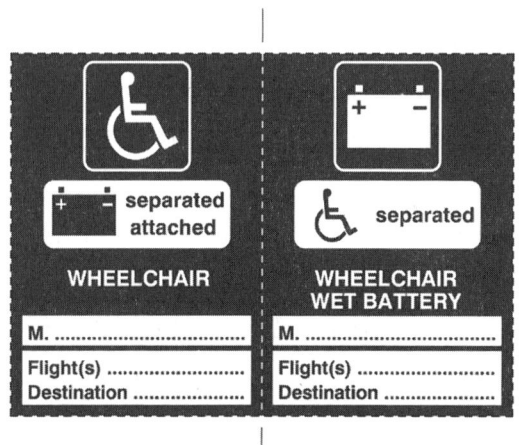

图6-15 电池驱动的轮椅或辅助行走装置标签

四、标签的粘贴方法

1. 一般规定

（1）所有标签在运输的全过程中（包括存储）必须牢固地粘贴或印制在包装上，且必须全部清晰可见，不被包装的任何部分或其他标签、标记所遮盖。每一标签必须粘贴或印制在颜色对比鲜明的底面上，否则必须用虚线或实线勾出标签的轮廓。

（2）包装件或合成包装件上与运输无关的标签必须除去。

（3）一个标签不得折叠粘贴在包装件的不同侧面上。

（4）只有当包装件的形状不规则无法粘贴标签时，才可以使用结实耐久的拴挂标签。

（5）包装件必须有足够的位置粘贴所有要求的标签。

2. 标签的粘贴位置

（1）如果有足够位置，标签应粘贴在包装件标有运输专用名称的同一面上。

（2）标签应紧邻托运人、收货人的地址粘贴。

（3）主要危险性标签和次要危险性标签必须粘贴在包装件的同一面上，且相邻粘贴。

（4）"Cargo Aircraft Only（仅限货机）"标签必须紧邻危险性标签粘贴。

（5）表示包装件方向的"This Way Up（此端向上）"标签至少应在包装件上贴两个，即在两个相对的侧面上各贴一个，箭头方向向上。

3. 合成包装件标签的使用规定

在合成包装件内的所有包装上使用的标签，必须清晰可见，否则应重新在合成包装件外部粘贴所有的标签；相同类别或项别的危险品，只需贴一个危险性标签；如果合成包装件中有顶部封盖的单一包装的液态危险品，则合成包装件上必须有方向箭头标记。

第三节　危险品包装件标记、标签示例

一、单一危险品包装件的标记和标签

☞ **例10**

现有一危险品包装件，其内含危险品的运输专用名称为：Chromic fluoride, solid（氟化铬，固态）；UN 编号为：UN1756；净含量为：10 千克。该危险品的详细信息如表 6-4 所示，该包装件的标记、标签如图 6-16 所示。

表 6-4　危险品表示例 3

UN/ID no.	Proper Shipping Name/Description	Class or Div. (Sub Risk)	Hazard Label(s)	PG	EQ see 2.6	Passenger and Cargo Aircraft Ltd Qty Pkg Inst	Passenger and Cargo Aircraft Ltd Qty Max Net Qty/Pkg	Pkg Inst	Max Net Qty/Pkg	Cargo Aircraft Only Pkg Inst	Cargo Aircraft Only Max Net Qty/Pkg	S.P. see 4.4	ERG Code
A	B	C	D	E	F	G	H	I	J	K	L	M	N
1756	Chromic fluoride, solid	8	Corrosive	II	E2	Y844	5 kg	859	15 kg	863	50 kg		8L

第六章 危险品包装的标记与标签

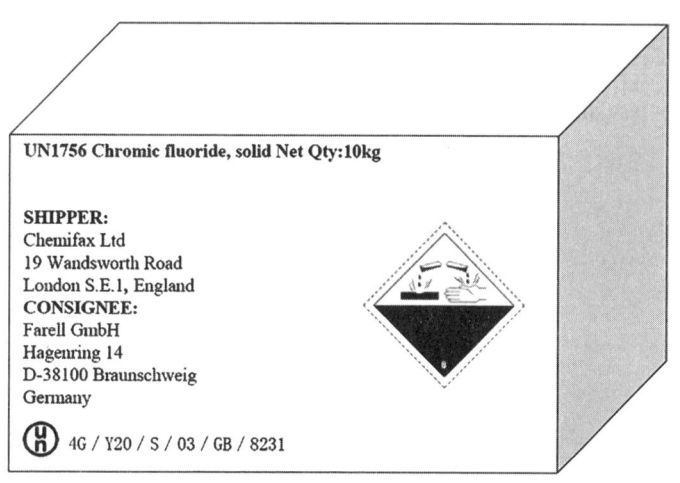

图 6-16 危险品标记标签示例 1

二、合成包装件的标记和标签

☞ **例 11**

以下 3 个危险品包装件组成一个合成包装件，3 种危险品的详细信息如表 6-5 所示，该包装件所需的标记和标签如图 6-17 所示：

包装件 A：樟脑油（Camphor oil），UN1130，净容量 30 升；

包装件 B：丁腈（Butyronitrile），UN2411，净容量 1 升；

包装件 C：丙酸丁酯（Magnesium），UN1869，净容量 18 千克。

表 6-5 危险品表示例 4

UN/ID no.	Proper Shipping Name/Description	Class or Div. (Sub Risk)	Hazard Label(s)	PG	Passenger and Cargo Aircraft				Cargo Aircraft Only		S.P. see 4.4	ERG Code
					EQ see 2.6	Ltd Qty						
						Pkg Inst	Max Net Qty/Pkg	Pkg Inst	Max Net Qty/Pkg	Pkg Inst	Max Net Qty/Pkg		
A	B	C	D	E	F	G	H	I	J	K	L	M	N
1130	Camphor oil	3	Flamm. liquid	III	E1	Y344	10 L	355	60 L	366	220 L		3L
2411	Butyronitrile	3 (6.1)	Flamm. liquid & Toxic	II	E2	Y341	1 L	352	1 L	364	60 L		3P
1869	Magnesium in pellets, turnings or ribbons	4.1	Flamm. solid	III	E1	Y443	10 kg	446	25 kg	449	100 kg	A15 A803	3L

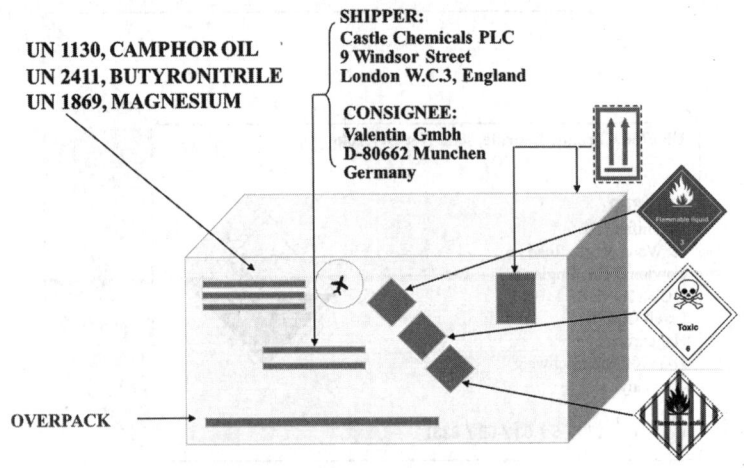

图 6-17　危险品标记标签示例 2

 习题与思考

（一）判断题

1. 一个危险性标签必须折叠粘贴在一个包装件的两面。

2. 次要危险性标签必须贴在主要危险性标签的旁边。

（二）问答题

1. 所有的危险品包装件上都需要有的标记是什么？

2. 对于运输限制数量包装的危险品，包装件上需要有什么识别标记？

3. 运输感染性物质时，包装件上需要有什么附加标记？

4. 标签主要分为哪两种类型？

5. 什么时候需要在包装件上标记危险品的数量？

6. 盛装 UN3103 的包装件，按照 DGR 包装说明 502 进行包装，从美国洛杉矶运至新加坡。请问该包装件需粘贴哪些标签？

7. 盛装 UN2424 的包装件，按照 DGR 包装说明 200 进行包装，并使用客机运输。请问该包装件需粘贴哪些标签？

8. 请指出以下合成包装件所需要的标记和标签。该合成包装件由 3 个包装件组成，且准备由客机载运。

包装件 1：异丙醇（Isopropanol），UN1219，5 升，装于 1 个 UN 规格 4G

纤维板箱中；

包装件2：砷酸锌（Zinc arsenate），UN1712，12千克，装于1个UN规格1A2钢桶中；

包装件3：信号弹药筒（Cartridges，signal），UN0405，20千克，装于1个UN规格4D胶合板箱中。

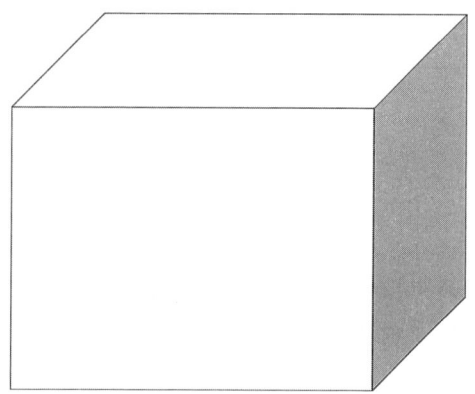

第七章

危险品运输的主要文件

- 托运人危险品申报单的正确填制与检查
- 航空货运单的正确填制与检查
- 特种货物机长通知单的正确填制与使用

危险品运输中所涉及的主要文件包括：危险品申报单、航空货运单、收运检查单、特种货物机长通知单、政府的批件等。其中，危险品申报单、航空货运单由托运人填写，收运检查单和特种货物机长通知单由承运人填写。

这些危险品的运输文件可以是任何形式，允许使用电子数据处理（EDP）和电子数据交换（EDI）传输技术作为书面文件的替代手段，但需要有《技术细则》（TI）要求的一切资料。

另外，TI规定，托运人必须保留一份危险品运输文件以及其他必要的补充资料、文件，且文件保留至少3个月以上。若文件是以电子形式保留的，则应能将其打印出来。

第一节 危险品申报单

在运输危险品的过程中，正确填制危险品申报单是非常重要的。虽然危险品包装件上已标注有危险品的基本信息，但仍需要有一个独立渠道来获得此信息，从而保证在事件发生或包装件受损的情况下，仍可获得内装物的详细信息。同时，航空经营人及其代理人也需要托运人提供书面保证，以表明在准备危险品货物运输时，所有适用要求均已得到满足。

一、填制申报单的一般要求

1. 危险品申报单及其有关规定

危险品申报单的英文为 Shipper's Declaration for Dangerous Goods，简称 DGD。填写 DGD 是安全运输危险品的基本要求，除下面所列出的危险品外，托运的每票危险品货物都必须填写 DGD：

（1）例外数量的危险品；

（2）UN3373，生物物质 B 类；

（3）UN2807，磁性物质；

（4）UN1845，固体二氧化碳（干冰），作为普货的制冷剂；

（5）UN3245，转基因生物、转基因微生物；

（6）按包装说明 208（a）准备的 UN3164；

（7）符合包装说明 965-970 第 II 部分要求的锂金属电池或锂离子电池；

（8）放射性物质例外包装件。

2. 填制 DGD 的一般原则

（1）申报单所填写的内容必须与所托运的危险品一致。

（2）字迹清晰工整，用英文填写；一式两份：一份交由经营人，一份随货物运至目的地。

（3）除非在修改处有托运人的签名，否则不予接收有变更或修改的申报单。

（4）当有一个以上托运人的多件货物集中托运时，集中托运人需填写一份总的申报单，每一票含有危险品的货物都必须提供单独的申报单。

（5）不得填入与本次运输无关的信息。

（6）申报单必须经托运人签字后才具有法律效力。

（7）对于需要一架以上飞机运输的大宗货物，第一经营人必须从托运人处取得每架飞机运送的每批货物的危险品申报单复本。

另外，TI 中虽然并没有对危险品运输文件格式作具体描述，但大多数托运人均采用航空运输企业标准格式，即国际航空运输协会（IATA）的 DGD 格式，如图 7-1 所示。

图 7-1　托运人危险品申报单样例

二、通用栏目填写说明

1. 托运人（Shipper）

填写托运人姓名的全称及地址。

2. 收货人（Consignee）

填写收货人姓名的全称及地址。

3. 航空货运单号码（Air Waybill Number）

填写所申报的货运单号码。

4. 第×页，共×页（Page...of...Pages）

填写页号和总页数。如无续页，则写为"Page 1 of 1 Pages（第1页，共1页）"。

5. 机型限制（Aircraft Limitations）

将"Passenger and Cargo Aircraft（客机、货机均可）"与"Cargo Aircraft Only（仅限货机）"两项中一项划掉，另一项保留。

6. 始发地机场（Airport of Departure）

填入始发地机场或城市全称。此信息是可选项，可以留空不填。

7. 目的地机场（Airport of Destination）

填入目的地机场或城市全称。此信息是可选项，可以留空不填。

8. 货物种类（Shipment Type）

RADIOACTIVE（放射性的）与NON-RADIOACTIVE（非放射性的）划掉其中一项。除作为冷冻剂的干冰外，放射性物质不得与其他危险品填入同一份申报单。

9. 危险品的品名和数量（Nature and Quantity of Dangerous Goods）

如图7-1所示，此栏目可分为四个子栏目：危险品识别、包装数量与类型、包装说明及批准。

（1）危险品识别（Dangerous Goods Identification）。

① UN或ID识别编号（UN or ID NO.）：编号的前面应缀上"UN"或"ID"（详见危险品表A栏）。

②运输专用名称（Proper Shipping Name）：运输专用名称的确定可参照第四章第二节（详见危险品表B栏）。

③类别或项别（次要危险性）[Class or Division（Subsidiary Risk）]：次要危险性应在主要危险性后面列出，并加括号以示区别。第1类爆炸品，还应注明配装组编号。根据规定，某些4.1项自反应物质和5.2项有机过氧化物需要粘贴次要危险性标签时，必须在危险品申报单中注明其次要危险性（详见危险品表C栏）。

④适用的包装等级（Packing Group）：包装等级前面可以冠以"PG"字样。其中，化学品箱或急救箱的包装等级是内含的所有物品中要求最严格的包装等级。

注：尽管特殊规定A802、A803和A804要求包装件要满足更高等级的包装性能标准，但在识别和填写运输文件时，包装等级还应按危险品表E栏列明的包装等级填写申报单。如图例7-2所示的危险品，尽管依据特殊规定A803，该危险品必须包装在符合包装等级Ⅱ级的联合国规格包装容器中，但是在填写包装等级时，仍应依据E栏填写PGⅢ。

UN/ID no.	Proper Shipping Name/Description	Class or Div. (Sub Risk)	Hazard Label(s)	PG	EQ see 2.6	Passenger and Cargo Aircraft Ltd Qty				Cargo Aircraft Only		S.P. see 4.4	ERG Code
						Pkg Inst	Max Net Qty/Pkg	Pkg Inst	Max Net Qty/Pkg	Pkg Inst	Max Net Qty/Pkg		
A	B	C	D	E	F	G	H	I	J	K	L	M	N
2001	Cobalt naphthenates, powder	4.1	Flamm. solid	Ⅲ	E1	Y443	10 kg	446	25 kg	449	100 kg	A803	3L

图7-2　包装等级填写示例

（2）数量和包装类型（Quantity and Type of Packing）。

①包装件数量和包装类型：

例如："1 Fibreboard box（1个纤维板箱）""3 steel drums（3个钢桶）"

②每个包装件中各种危险品的净数量（体积或重量）：

净数量可以用度量单位缩写表示（如固态物质用kg表示重量，液态物质用L表示体积）。如每一包装件的危险品种类和数量相同，则可使用乘式表示。

例如：5 fibreboard boxes × 5L。

③两种或两种以上的危险品装入同一外包装：

当两种或两种以上的危险品装入同一外包装内时，"All Packed in One × ×（多种危险品装入同一 × × 外包装内）"字样必须紧随相关项目。如含有一件以上包装件，且每一包装件内含有同一类别并可配装的物品时，则应如下所示进行填写：

"All Packed in One××（包装类型名称）×（实际包装件数）"。

例如：All Packed in One fibrebox × 12

注意：在这些描述文字之后应注明"Q"值（精确到小数点后一位）。如图 7-3 所示。

UN or ID No.	Proper Shipping Name	Class or Division (Subsidiary Risk)	Packing Group	Quantity and Type of Packing	Packing Inst.	Authorization
UN2339	2-Bromobutane	3	II	2 L	353	
UN2653	Benzyl Iodide	6.1	II	2 L	654	
UN2049	Diethylbenzene	3	III	5L All packed in one wooden box. Q=0.9	355	

NATURE AND QUANTITY OF DANGEROUS GOODS — Dangerous Goods Identification

图 7-3　数量和包装类型填写示例 1

另外，干冰，或在危险品表中 J、L 栏中表明"无限制"的危险品，或是有相同 UN 编号、包装等级、物理状态的危险品，无须注明"Q"值。如图 7-4 所示。

UN2814	Infectious substance, affecting humans (Dengue virus culture)	6.2		25 g	620	
UN1845	Dry Ice	9		20 kg All packed in one fibreboard box.	954	

图 7-4　数量和包装类型填写示例 2

④限制数量的危险品：

对于限制数量的危险品，危险品表 H 栏中有字母"G"的，必须标明每一包装件的毛重，而非其净数量，并在计量单位后面加上字母"G"。

但如果将限制数量的危险品与其他不同的危险品装在同一外包装内，则必须标明每种危险品的净数量，同时还要标明整个包装件的毛重。如图 7-5 所示。

UN1950	Aerosols, non-flammable	2.2		5 kg	Y203
UN2653	Benzyl iodide	6.1	II	0.3 L	Y641
UN2049	Diethylbenzene	3	III	0.5 L	Y344

All packed in one wooden box.
Q=0.4
Total Gross Weight: 10 kg G

图 7-5　数量和包装类型填写示例 3

⑤补救包装：

对于使用补救包装运输的危险品，必须填入估计的剩余数量以及"SALVAGE PACKAGE（补救包装）"字样。

⑥第 1 类爆炸品：

对于第 1 类爆炸品，除了标记每个包装件的净数量外，还应标记爆炸性物质的净质量（爆炸物的所有质量，不包括包装、外壳等）。

⑦合成包装件（Overpack）：

当使用合成包装件时，"Overpack Used（使用合成包装件）"字样必须填入申报单。当交运的货物有多个合成包装件时，每个合成包装件上必须标注识别标记，以及与申报单中所申报一致的危险品总量。

多个合成包装件且内装物相同时，应填写："Overpack Used（使用合成包装件）×（相同合成包装件的件数）"，如图 7-6 所示。

第七章 危险品运输的主要文件

NATURE AND QUANTITY OF DANGEROUS GOODS						
Dangerous Goods Identification						
UN or ID No.	Proper Shipping Name	Class or Division (Subsidiary Risk)	Packing Group	Quantity and Type of Packing	Packing Inst.	Authorization
UN1950	Aerosols, flammable	2.1		200 Fibreboard boxes × 0.2 kg Overpack used × 3 #1234 #2345 #1841 Total quantity per overpack 40 kg	203	

图 7-6 数量和包装类型填写示例 4

当含有相同内装物的包装件分别组成两个不同、三个相同的合成包装件时，应如图 7-7 所示填写。

NATURE AND QUANTITY OF DANGEROUS GOODS						
Dangerous Goods Identification						
UN or ID No.	Proper Shipping Name	Class or Division (Subsidiary Risk)	Packing Group	Quantity and Type of Packing	Packing Inst.	Authorization
UN1950	Aerosols, flammable	2.1		200 Fibreboard boxes × 0.2 kg Overpack used #AA44 Total net quantity 40 kg 100 Fibreboard boxes × 0.1 kg Overpack used #AB62 Total net quantity 10 kg 100 Fibreboard boxes × 0.3 kg Overpack used × 3 #AA60 #AA72 #AA84 Total quantity per overpack 30 kg	203	

图 7-7 数量和包装类型填写示例 5

当感染性物质装在联合国 6.2 项特殊规格包装件内，四周用干冰包裹后装在符合包装说明 954 的合成包装件内时，应如图 7-8 所示填制。

UN or ID No.	Proper Shipping Name	Class or Division (Subsidiary Risk)	Packing Group	Quantity and Type of Packing	Packing Inst.	Authorization
UN2814	Infectious substance, affecting humans (Dengue virus)	6.2		1 Fibreboard box × 25 g	620	
UN1845	Dry Ice	9		20 kg Overpack used	954	

图 7-8　数量和包装类型填写示例 6

当有一项危险品不在合成包装件内时，合成包装件内的物品必须列在前面，紧随其后应注明"Overpack Used（使用合成包装件）"字样，如图 7-9 所示填制。

UN or ID No.	Proper Shipping Name	Class or Division (Subsidiary Risk)	Packing Group	Quantity and Type of Packing	Packing Inst.	Authorization
UN1203	Motor Spirit	3	PGII	1 Steel drum × 4 L 2 Plastic Jerricans × 2 L	353	
UN1950	Aerosols, flammable	2.1		1 Fibreboard box × 5 kg Overpack used	203	
UN1992	Flammable liquid, toxic, n.o.s. (Petrol, Carbon tetrachloride mixture)	3 (6.1)	III	1 Fibreboard box × 1 L	Y343	

图 7-9　数量和包装类型填写示例 7

（3）包装说明（Packing Instruction）。

此项需填写规格包装或限量包装的包装说明代码（限量包装应加前缀"Y"以示区别）。对于按包装说明 965 或 968 第 IB 部分准备的锂电池，"IB"字母必须紧随包装说明数字添加。

（4）批准（Authorization）。

①如果危险品表的 M 栏（特殊规定）为 A1、A2、A4、A5、A51、A81、A88、A99、A130、A190 或 A191 时，应将其填入批准栏，适用于托运人的其他特殊规定也可添加在批准栏中。

②如危险品是在政府主管部门根据 A1 或 A2 批准下运输时，批准或豁免文件应随附申报单。

③如使用便携式容器盛装危险品或根据 DGR5.0.6.7 的要求运输时，应随附主管部门批准文件的副本。

④按照包装说明 101 运输的爆炸品，应在申报单上注明批准部门的名称。例如："Packaging authorized by the competent Authority of ××（×× 主管部门授权包装）"。

⑤自反应物质和有机过氧化物经批准运输时，应在申报单中注明。对于危险品表中未列出的自反应物质和有机过氧化物，分类批准文件和运输条件批准文件的副本必须随附在申报单上。

10. 其他操作说明（Additional Handling Information）

（1）填写相关的特殊操作说明。

例如，危险品表 M 栏中标有 A20 的 4.1 项自反应物质或 5.2 项有机过氧化物或其样品，在进行交运时，托运人必须在本栏中指明含有这些物质的包装件不得被阳光直射，应置于远离热源、通风良好的位置，码放不得过于密集。

（2）当根据特殊规定 A144 运输安装有化学氧气发生器的呼吸保护装置时，应在本栏内注明"机组人员呼吸保护装置（防烟面具），符合特殊规定 A144 [Air Crew Protective Breathing Equipment（Smoke Hood）in Accordance with Special Provision A144]"。

（3）对于 A 级感染性物质（UN2814 和 UN2900），以及国际或国家规定禁止公布"n.o.s.★"运输专用名称后面技术名称的物质，必须填写负责人员的姓名和电话。

（4）当运输烟花（UN0336 或 UN0337）时，必须填写国家有关主管部门签发的烟花分类查阅信息，包括国家的国际机动车辆注册代码、主管部门识别代码、唯一批准识别号。例如：USA EX2009123。

（5）当黏稠易燃液体是按 DGR3.3.3.1.1 划分为包装等级Ⅲ级时，必须在本栏中添加声明。例如："UN××× × 3.3.3.1.1"（××××是黏稠易燃液体的UN编号）。

11. **托运人声明**（Certification Statement）

申报单上应有托运人的声明，确保货物适用于航空运输，并且已按照DGR及其他运输规定完成相应的准备工作。这样的声明应印刷于申报单上，或由托运人填写。内容如下：

<u>I hereby declare that the contents of this consignment are fully and accurately described above by the proper shipping name, and are classified, packaged, marked and labelled/placarded, and are in all respects in proper condition for transport according to applicable international and national governmental regulations. I declare that all of the applicable air transport requirements have been met.</u>（我在此声明，以上填写的本批货物的运输专用名称完整无误，其分类、包装、标记及标签/标牌已经完成，且各方面均符合相关的国际和国家政府规定，可予交运。我声明，符合所有适用的空运要求。）

12. **签字人的姓名和职务**（Name/Title of Signatory）

填写签署人的姓名和职务，既可打印亦可盖章。

13. **签字的地点和日期**（Place and Date）

填入签署申报单的地点和日期，日期格式首选年月日。

14. **签字**（Signature）

必须由托运人或托运人委托的代理人签字，不得打印，只可手写。

三、申报单填写示例

现有多项危险品需进行申报，且均为单独包装，其中UN3226为4.1项自反应物质。依据填制要求，填写申报单如图7-10所示。

SHIPPER'S DECLARATION FOR DANGEROUS GOODS

Shipper	Air Waybill No.	800 1234 5686
ABC Company 1000 High Street Youngville, Ontario Canada	Page 1 of 1 Pages Shipper's Reference Number (optional)	

Consignee	For optional use
CBA Lte 50 Rue de la Paix Paris 75 006 France	for Company logo name and address

Two completed and signed copies of this Declaration must be handed to the operator.

WARNING

Failure to comply in all respects with the applicable Dangerous Goods Regulations may be in breach of the applicable law, subject to legal penalties.

TRANSPORT DETAILS

This shipment is within the limitations prescribed for: (delete non-applicable)	Airport of Departure:
~~PASSENGER AND CARGO AIRCRAFT~~ / CARGO AIRCRAFT ONLY	Youngville

Airport of Destination: Paris, Charles de Gaulle

Shipment type: (delete non-applicable)
NON-RADIOACTIVE | ~~RADIOACTIVE~~

NATURE AND QUANTITY OF DANGEROUS GOODS

Dangerous Goods Identification						
UN or ID No.	Proper Shipping Name	Class or Division (Subsidiary Risk)	Packing Group	Quantity and Type of Packing	Packing Inst.	Authorization
UN1816	Propyltrichlorosilane	8 (3)	II	3 Plastic Drums x 30 L	876	
UN3226	Self-reactive solid type D (Benzenesulphonyl hydrazide)	Div. 4.1		1 Fibreboard box x 10 kg	459	
UN1263	Paint	3	II	2 Fibreboard boxes x 4 L	364	
UN1263	Paints	3	III	1 Fibreboard box x 30 L	366	
UN3166	Vehicle, flammable liquid powered	9		1 automobile 1350 kg	950	
UN3316	Chemical kits	9	II	1 Fibreboard box x 3 kg	960	
UN2794	Batteries, wet, filled with acid	8		1 Wooden box 50 kg	870	

Additional Handling Information

The packages containing UN3226 must be protected from direct sunlight, and all sources of heat and be placed in adequately ventilated areas.
24-hour Number: +1 905 123 4567

I hereby declare that the contents of this consignment are fully and accurately described above by the proper shipping name, and are classified, packaged, marked and labelled/placarded, and are in all respects in proper condition for transport according to applicable international and national governmental regulations. I declare that all of the applicable air transport requirements have been met.

Name/Title of Signatory
B.Smith, Dispatch Supervisor
Place and Date
Youngville   1 January 2016
Signature
(see warning above)   *B. Smith*

图 7-10　危险品申报单示例

第二节 航空货运单

本节所述内容只针对有关危险品货运单的填写。

一、操作说明的填写

需要"危险品申报单"的危险品货运单,必须在"Handling Information(操作说明)"栏内填写以下内容:

(1)若为客机与货机均可运输的危险品,则需注明"Dangerous Goods as per attached Shipper's Declaration"或"Dangerous Goods as per attached DGD"("危险品如随附危险品申报单"),如图7-11所示;

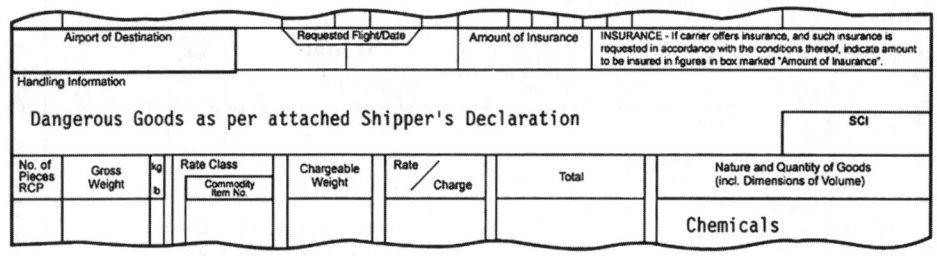

图7-11 客机与货机均可运输的货运单示例

(2)对于仅限货运的危险品,则还需注明"Cargo Aircraft Only"或"CAO"("仅限货机"),如图7-12所示。

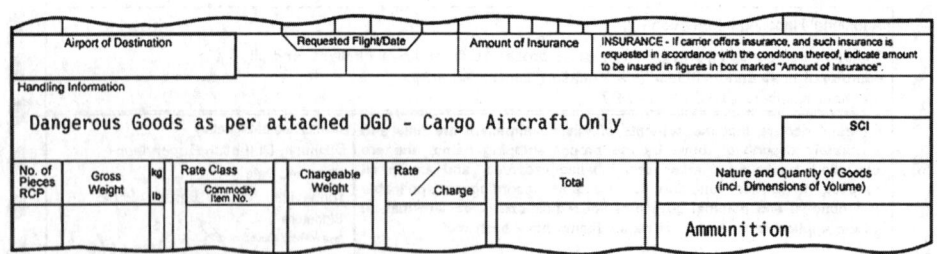

图7-12 仅限货机运输的货运单示例

二、货运单填写示例

下面针对混装货物、不需要危险品申报单的货物、作为危险品冷冻剂的干冰、例外数量危险品等几种类型的货运单进行示例说明。

1. 危险品与非危险品混装的货运单

一份货运单上既有危险品又有非危险品时，必须在货运单的"Handling Information（操作说明）"栏内注明危险品的件数；件数可以写在上述"Dangerous Goods as per attached DGD（危险品如随附危险品申报单）"声明之前或之后，如图7-13所示。

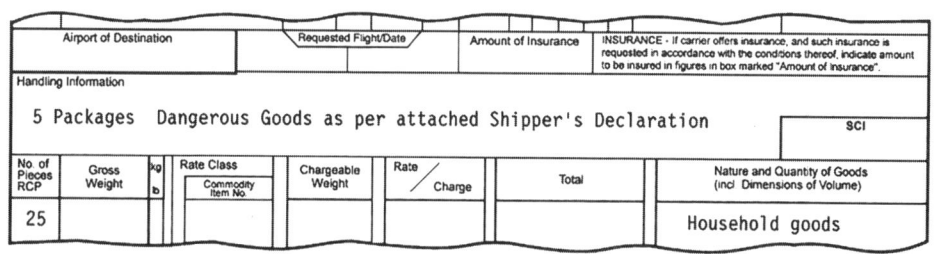

图7-13 危险品与非危险品混装的货运单示例

2. 不需要危险品申报单的货运单

当不需要危险品申报单时，货运单的"Nature and Quantity of Goods（货物品名和数量）"栏内，必须填写下列信息且填写顺序建议如下：

（1）UN 或 ID 编号（磁性物质不需要）；

（2）运输专用名称；

（3）包装件数（只有1个包装件的不需要）；

（4）每个包装件净数量（仅对 UN1845 干冰类危险品有此要求）。

示例如图7-14所示。

3. 干冰作为危险品冷冻剂时的货运单

当固体二氧化碳（干冰）用作需要危险品申报单的危险品的冷冻剂时，干冰的详细信息必须显示在托运人危险品申报单上，填写方式如图7-14所示。

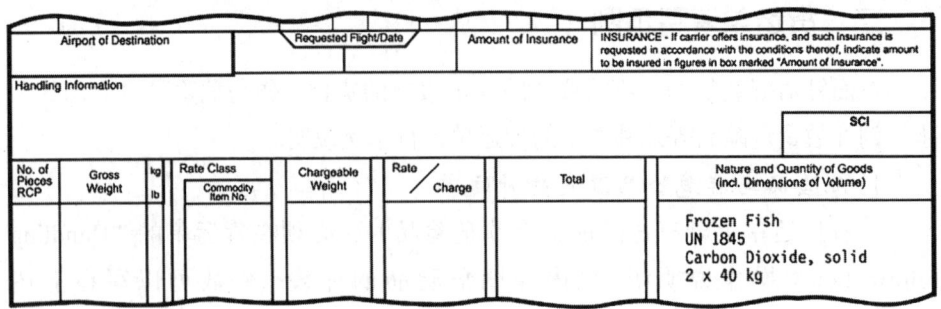

图 7-14　不需要危险品申报单的危险品货运单示例

4. 例外数量危险品的货运单

例外数量的危险品应在货运单的"Nature and Quantity of Goods（货物品名和数量）"栏内注明："Dangerous Goods in Excepted Quantities，××pieces（例外数量危险品，××件）"，如图 7-15 所示。

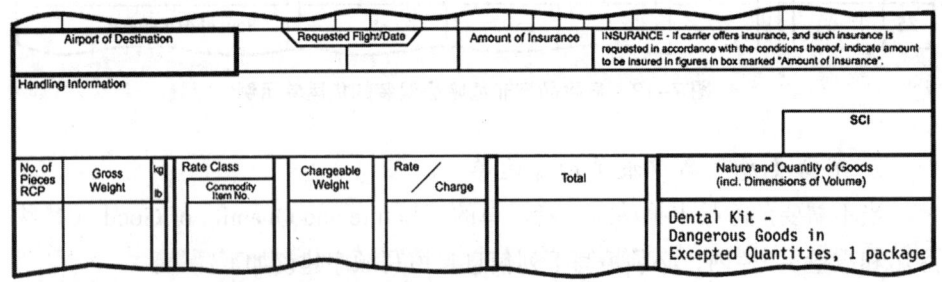

图 7-15　含有例外数量危险品的货运单示例

5. 非危险品的货运单

若怀疑某种物品或物质是危险品，但其性质不符合任何危险品类项的标准，如果在货运单的"Nature and Quantity of Goods（货物品名和数量）"栏中填写"Not Restricted（不受限制）"，即表示已作了检查，可作为非限制性物品（普通货物）进行运输，如图 7-16 所示。

若根据 DGR 特殊规定而作为不受限制的物品运输时，必须在货运单的"货物品名和数量"栏内注明"Not restricted, as per Special Provision A××（根据特殊规定 A××，不受限制）"。

第七章 危险品运输的主要文件

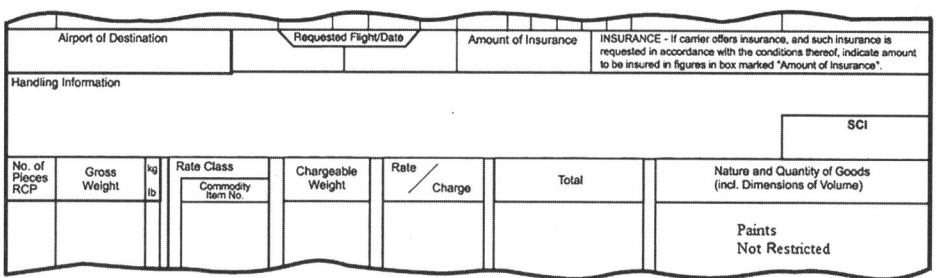

图 7-16 非危险品（不受限制）的货运单示例

第三节 特种货物机长通知单

根据国际民航组织关于危险品运输的规定，对已装机的危险品，必须在起飞前向机长作出书面通知。当空中出现紧急情况时，机长可以根据特种货物机长通知单（Special Load Notification to Captain–NOTOC）将机上危险品的种类、数量及装载位置通知空中交通管制部门，并同时通知运行指挥中心的签派员。

一、特种货物机长通知单各联的使用

特种货物机长通知单至少为五联，中英文对照，背面附有危险品代码（IMP 代码）表和装载隔离表。各联的使用方法如下：

（1）第一联：始发站联，由始发站留存 NOTOC 原件正本；

（2）第二/三联：机长或续程航班机长联，由机组留存较清晰的一份；

（3）第四/五联：到达站联，由到达站签收后留存。

除此五联外，可视运输情况另增加副本。

二、特种货物机长通知单的填写

1. 通用栏目填写说明

（1）装机站（Station of Loading）

装机站名称，使用 IATA 规定的机场三字代码。

（2）航班号（Flight Number）

装载特种货物航班的航班号。

（3）离港日期（Date）

航班离港日期。

（4）航空器注册号（Aircraft Registration）

装载特种货物的飞机号码。

（5）填写人（Prepared by）

填写人签字。

（6）集装器组装人签字（ULD Built-Up by）

集装器组装的执行人签字。

（7）装载负责人签字（Loading Supervisor's Signature Loaded by）

飞机货物装载的负责人签字。

（8）机长签字（Captain's Signature）

执行此次航班的机长签字。

（9）接班机长签字（Next Captain's Signature）

续程航班的机长签字。

（10）目的站接机人签字（Received by）

目的站的接机人员签字。

2. 危险品栏目的填写

（1）卸机站（Station of Unloading）

填写卸机站名称，使用 IATA 规定的机场三字代码。

（2）货运单号码（Air Waybill Number）

填写货运单号码。

（3）运输专用名称（Proper Shipping Name）

填写危险品运输专用名称，必要时需填写技术名称。

（4）类别或项别（Class or Division）

填写危险品类别或项别。如果是第 1 类爆炸品，还需要注明配装组代码。

（5）UN 或 ID 编号（UN or ID Number）

填写危险品联合国编号或国际航协编号。

（6）次要危险性（Subsidiary Risk）

填写次要危险性的类别或项别。

（7）包装件数（Number of Package）

填写危险品的包装件数量。

（8）净重或运输指数（Net Quantity or Transport Index per Package）

填写每一包装件内危险品的净重。如果运输放射性物质，则在此栏中填写包装件的运输指数；对于单个托运人交运的 ID8000 消费品，应填写单件物品的平均毛重；对于 UN1845 干冰，则应填写每个货舱的干冰装载总重量。

（9）放射性物质等级（Radioactive Material Category）

填写放射性物质包装等级和标签颜色。

（10）包装等级（Packing Group）

填写危险品运输包装等级。

（11）代码（Code）

填写危险品的三字代码（IMP 代码）。

（12）仅限货机（CAO）

如该危险品包装件仅限货机运输，在此栏内标注"×"。

（13）集装器识别编号（ULD ID）

填写装有危险品的集装器编号。

（14）装机位置（Position）

填写危险品的装机位置。

（15）应急处理措施代码（ERG Code）

由货物配载人员填写机上紧急处置代码。

三、特种货物机长通知单样本

特种货物机长通知单样本的正、反面分别如图 7-17、图 7-18 所示。

图7-17 特种货物机长通知单（正面）

特种货物配装禁忌表(NOTOC)(Back)

Class or Div. Comp Group	Cargo IMP Code	RCX 1.3C	RGX 1.3G	RXB 1.4B	RXC 1.4C	RXD 1.4D	RXE 1.4E	RXG 1.4G	RXS 1.4S	RNG RFH RPG 2	RCL 2	RFL 3	RCS RFW 4	ROX ROP 5	RPB RIS 6	RRY 7	RCM 8	ICE 9	FIL	HUM	EAT	HEG	AVI
1.3C	RCX																						
1.3G	RGX	↕		↕	↕	↕	↕	↕		↕				↕			↕						
1.4B	RXB	↕	↕	↕	↕	↕	↕	↕		↕				↕			↕						
1.4C	RXC	↕	↕	↕						↕				↕			↕						
1.4D	RXD	↕	↕	↕						↕				↕			↕						
1.4E	RXE	↕	↕	↕						↕				↕			↕						
1.4G	RXG	↕	↕	↕						↕				↕			↕						
1.4S	RXS																						
2	RNG/RFG/RPG	↕	↕	↕					↕					↕			↕						
2	RCL	↕																			◁▷1		
3	RFL												↕										
4	RSC/RFW	↕										↕		↕									
5	ROX/RCP	↕								↕			↕							◁▷1	◁▷1		
6	RPB/RIS																						
7	RRY																						
8	RCM															↕		↕		↕	◁▷	↕	↕
9	ICE																		↔		◁▷1		↕
	FIL																						
	HUM																↕					↔	
	EAT																↕	◁▷1					
	HEG											◁▷1					◁▷						
	AVI																↕	↕					↕²

说明: ① ↔ 国际航协《危险品规则》中规定的最低隔离距离。② ◁▷ 不得装在相互邻近的位置。③ ◁▷¹ 不得装在相互邻近,除非装在不相互临近的集装器或封闭的集装器内。④ ◁▷² 试验用动物与非试验用动物、天然相互为敌的动物以及发情期内的动物, 不得装在同一货舱内。

图7-18 特种货物机长通知单(背面)

习题与思考

1. UN3373 是否需要托运人危险品申报单？是否需要填写特种货物机长通知单？

2. 运输食品并用干冰作为冷冻剂时，是否需要填写托运人危险品申报单？填制货运单时有什么特殊要求？

3. TI 规定危险品的相关文件至少需保存多长时间？

4. 托运人危险品申报单需由什么人填写和签署？

5. 特种货物机长通知单的主要作用是什么？

6. 以下货物将用货机运输：

日期：2018 年 6 月 23 日

托运人：SNS CHEMICAL
　　　　AMAGER VEJ 60
　　　　KASTRUP（COPENHAGEN）

收货人：ABC CO.LTD
　　　　549 KINGSBURY ROAD
　　　　LONDON NW9 9EN，ENGLAND

货运单号：124-7895 3546

物品 1：Methyl sulphide（亚硫酸甲酯）

包装：内包装为 10×1 升玻璃瓶，外包装为 1 个 UN 规格胶合板箱。

物品 2：Batteries，Wet，filled with acid（酸性湿电池）

包装：内包装为密封塑料袋，外包装为 1 个 UN 规格纤维纸箱，净重 25 千克。

假如你是 ABC 化工进出口公司负责出口的经理 Bill Smith，请根据上面的信息完成托运人危险品申报单和航空货运单。

SHIPPER'S DECLARATION FOR DANGEROUS GOODS

Shipper	Air Waybill No.
	Page of Pages
	Shipper's Reference Number *(optional)*
Consignee	*For optional use for Company logo name and address*
Two completed and signed copies of this Declaration must be handed to the operator.	**WARNING**

TRANSPORT DETAILS

This shipment is within the limitations prescribed for: *(delete non-applicable)* PASSENGER AND CARGO AIRCRAFT / CARGO AIRCRAFT ONLY	Airport of Departure:
Airport of Destination:	Shipment type: *(delete non-applicable)* NON-RADIOACTIVE | RADIOACTIVE

Failure to comply in all respects with the applicable Dangerous Goods Regulations may be in breach of the applicable law, subject to legal penalties.

NATURE AND QUANTITY OF DANGEROUS GOODS

Dangerous Goods Identification				Quantity and type of packing	Packing Inst.	Authorization
UN or ID No.	Proper Shipping Name	Class or Division (Subsidiary Risk)	Packing Group			

Additional Handling Information

I hereby declare that the contents of this consignment are fully and accurately described above by the proper shipping name, and are classified, packaged, marked and labelled/placarded, and are in all respects in proper condition for transport according to applicable international and national governmental regulations. I declare that all of the applicable air transport requirements have been met.

Name/Title of Signatory

Place and Date

Signature *(see warning above)*

[航空货运单表格图]

7. 下列货物准备使用客机运输：

时间：2019 年 11 月 2 日

发货人：MONLUKMAN COMPANY LTD
　　　　87 HIGH ST
　　　　CHENNAI
　　　　INDIA

收货人：COX CO.LTD
　　　　217 KINGSBURY ROAD
　　　　LONDON NW9 9PQ，ENGLAND

货物 A：Sodium nitrite（亚硝酸钠）；净重：12 千克

货物 B：Titanium hydride（氢化钛）；净重：6 千克

包装：1 个 UN 纤维板箱

货运单号：090-2223-3330

（1）假如你是 MONLUKMAN 公司的出口部经理 Mr Harish Pillai，请完成托运人危险品申报单。

（2）完成航空货运单有关项目的填写。

第七章 危险品运输的主要文件

SHIPPER'S DECLARATION FOR DANGEROUS GOODS

Shipper	Air Waybill No.
	Page of Pages
	Shipper's Reference Number
	(optional)
Consignee	*For optional use for Company logo name and address*

Two completed and signed copies of this Declaration must be handed to the operator.

WARNING

Failure to comply in all respects with the applicable Dangerous Goods Regulations may be in breach of the applicable law, subject to legal penalties.

TRANSPORT DETAILS

This shipment is within the limitations prescribed for: *(delete non-applicable)* PASSENGER AND CARGO AIRCRAFT / CARGO AIRCRAFT ONLY	Airport of Departure:
Airport of Destination:	Shipment type: *(delete non-applicable)* NON-RADIOACTIVE / RADIOACTIVE

NATURE AND QUANTITY OF DANGEROUS GOODS

Dangerous Goods Identification				Quantity and type of packing	Packing Inst.	Authorization
UN or ID No.	Proper Shipping Name	Class or Division (Subsidiary Risk)	Packing Group			

Additional Handling Information

I hereby declare that the contents of this consignment are fully and accurately described above by the proper shipping name, and are classified, packaged, marked and labelled/placarded, and are in all respects in proper condition for transport according to applicable international and national governmental regulations. I declare that all of the applicable air transport requirements have been met.

Name/Title of Signatory

Place and Date

Signature
(see warning above)

民航危险品运输

No. of Pieces RCP	Gross Weight	kg / lb	Rate Class / Commodity Item No.	Chargeable Weight	Rate / Charge	Total	Nature and Quantity of Goods (incl. Dimensions of Volume)

Airport of Destination	Requested Flight/Date	Amount of Insurance	INSURANCE - If carrier offers insurance, and such insurance is requested in accordance with the conditions thereof, indicate amount to be insured in figures in box marked "Amount of Insurance".

Handling Information

SCI

第八章 放射性物质的航空运输要求

- 放射性物质的定义、分类等基本概念
- 放射性物质的正确识别
- 放射性物质的包装要求、标记标签
- 放射性物质运输文件的正确填制

《危险品规则》制定了一套针对放射性物质运输的安全标准,将放射性物质在运输过程中产生的对人身、财产和环境造成的危险性控制在可接受的范围内。在运输过程中所产生的主要安全责任必须由提供相关设施及参与射线危险活动的人或组织来承担。

第一节 放射性物质的基本知识

一、放射性物质的定义

放射性物质是一种特殊的危险品,可自发和连续地放射出电离辐射。这种辐射对健康有害,却不能被人体的任何感官(视觉、听觉、嗅觉、触觉)觉察到;可作用于其他物质,如未显影的照相底片和未显影的 X 光胶片,并且可用

适当的仪器进行探测与测量。

在危险品规则中，将放射性物质定义为：含有放射性核素的任何物质，且货物中的活度浓度和总活度均高于 DGR 表 10.3.A 中所规定的值。部分内容详见表 8-1 所示。如表 8-1 所示，活度限制根据"特殊形式"放射性物质的活度值和"其他形式"放射性物质的活度值来确定。指定"特殊形式"放射性物质的活度值为 A_1，"其他形式"放射性物质的活度值为 A_2。

表 8-1 常用放射性核素的 A_1 和 A_2 值（部分表格）

放射性核素 Radionuclide	元素 （原子序数） Element （Atomic No）	A_1 （特殊形式） （Special Form） （TBq）	A_2 （其他形式） （Other Form） （TBq）	豁免物质的活度浓度限值 Activity concentration limit for exempt material（Bq/g）	豁免货物的活度限值 Activity limit for an exempt consignment（Bq）
Ac-225[a]	Actinium 锕（89）	0.8	0.006	1×10^1	1×10^4
Ac-227[a]		0.9	0.00009	1×10^{-1}	1×10^3
Ac-228		0.6	0.5	1×10^1	1×10^6
Ag-105	Silver 银（47）	2	2	1×10^2	1×10^6
Ag-108m[a]		0.7	0.7	1×10^{1b}	1×10^{6b}
Ag-110m[a]		0.4	0.4	1×10^1	1×10^6
Ag-111		2	0.6	1×10^3	1×10^6
Al-26	Aluminium 铝（13）	0.1	0.1	1×10^1	1×10^5
Am-241	Americium 镅（95）	10	0.001	1×10^0	1×10^4
Am-242m[a]		10	0.001	1×10^{0b}	1×10^{4b}
Am-243[a]		5	0.001	1×10^{0b}	1×10^{3b}
Ar-37	Argon 氩（18）	40	40	1×10^6	1×10^8
Ar-39		40	20	1×10^7	1×10^4
Ar-41		0.3	0.3	1×10^2	1×10^9
As-72	Arsenic 砷（33）	0.3	0.3	1×10^1	1×10^5
As-73		40	40	1×10^3	1×10^7
As-74		1	0.9	1×10^1	1×10^6

续表

放射性核素 Radionuclide	元素（原子序数） Element（Atomic No）	A_1（特殊形式） (Special Form)（TBq）	A_2（其他形式） (Other Form)（TBq）	豁免物质的活度浓度限值 Activity concentration limit for exempt material（Bq/g）	豁免货物的活度限值 Activity limit for an exempt consignment（Bq）
As-76		0.3	0.3	1×10^2	1×10^5
As-77		20	0.7	1×10^3	1×10^6
At-211	Astatine 砹（85）	20	0.5	1×10^3	1×10^7
Au-193	Gold 金（79）	7	2	1×10^2	1×10^7
Au-194		1	1	1×10^1	1×10^6
Au-195		10	6	1×10^2	1×10^7
Au-198		1	0.6	1×10^2	1×10^6
Au-199		10	0.6	1×10^2	1×10^6
Ba-131[a]	Barium 钡（56）	2	2	1×10^2	1×10^6
Ba-133		3	3	1×10^2	1×10^6
Ba-133m		20	0.6	1×10^2	1×10^6
Ba-140[a]		0.5	0.3	1×10^{1b}	1×10^{5b}
Be-7	Beryllium 铍（4）	20	20	1×10^3	1×10^7
Be-10		40	0.6	1×10^4	1×10^6
Bi-205	Bismuth 铋（83）	0.7	0.7	1×10^1	1×10^6
Bi-206		0.3	0.3	1×10^1	1×10^5
Bi-207		0.7	0.7	1×10^1	1×10^6
Bi-210		1	0.6	1×10^3	1×10^6
Bi-210m[a]		0.6	0.02	1×10^1	1×10^5
Bi-212[a]		0.7	0.6	1×10^{1b}	1×10^{5b}
Bk-247	Berkelium 锫（97）	8	0.0008	1×10^0	1×10^4
Bk-249[a]		40	0.3	1×10^3	1×10^6
Br-76	Bromine 溴（35）	0.4	0.4	1×10^1	1×10^5

另外，需注意，以下放射性物质不包括在 DGR 规定的第 7 类放射性物质中，因此不受规则限制：

（1）为诊断或治疗而植入或注入人体或活的动物体内的放射性物质；

（2）涉及放射性物质事故或摄入污染并准备运输去进行医疗救护的人；

（3）已获得主管部门批准并销售给最终用户的含有放射性物质的消费品；

（4）含天然存在的放射性核素的天然物质和矿石，但其放射性核素的活度值不超过 DGR 的规定值；

（5）表面有放射性物质的非放射性固态物体，其任一表面的数量未超过 DGR 附录 A 中污染定义的限量。

二、放射性物质的危险性

放射性物质的主要危险性主要体现在以下两个方面：

（1）污染——通过与放射性物质外部或内部的直接接触；

（2）辐射——通过暴露在放射性物质放出的 α、β、γ 射线下。

因此，放射性物质的包装件必须被设计成为防泄漏（避免污染）并能将外照射降低到安全范围内的状态，且要通过相关测试。

三、放射性物质的度量单位

1. 放射性活度

放射性活度是一个度量放射性强弱程度的物理量。它所描述的是单位时间内某指定样品中不稳定核素的原子核衰变的个数。也可以说，放射性活度是指单位时间内某放射性物质发生核衰变的次数。单位时间内发生衰变的核子数目越多，其射出相应粒子的数目就越多，那么这种物质的放射性活度就越大，其放射性就越强。

放射性活度的单位为：贝克勒尔（Bq）。由于这一单位非常小，因此运输时常用以下这些单位：千贝克勒尔（$1kBq=10^3Bq$）、兆贝克勒尔（$1MBq=10^6Bq$）、吉贝克勒尔（$1GBq=10^9Bq$）、太贝克勒尔（$1TBq=10^{12}Bq$）。

2. 放射性比活度

放射性比活度是指放射性物质单位质量中的放射性活度。单位：贝克勒尔/千克（Bq/kg）。使用放射性比活度，可以更确切地表示某种物质的放射性大小。因此，各种运输方式都使用放射性比活度来度量某一物品是否应列入放射性物质。

3. 剂量当量和剂量当量率

剂量当量是度量人体被照射程度的物理量。国际单位制用希沃特（Sv）作为计量单位，常用单位有毫希沃特（mSv）、微希沃特（μSv）；旧单位制则用雷姆（rem）、毫雷姆（mrem）、微雷姆（μrem）作为计量单位。两个单位之间的换算规则为：

$$1Sv=10^3 mSv=10^6 \mu Sv =10^2 rem=10^5 mrem=10^8 \mu rem$$

另外，单位时间的剂量当量则被称为剂量当量率，同时也被称为辐射水平。单位：毫希沃特/小时（mSv/h）。显然，辐射水平越高，则代表该放射性物质的危险性就越大。

4. 运输指数

运输指数（TI）是分配给包装件、合成包装件或专用货箱用于控制其核裂变临界安全性和放射性照射的一个数值。它可以为承运人提供放射性物质与人、动物、未冲洗的胶片和其他放射性物质的最短安全距离，以保障公众和搬运人员在存储和运输过程中的安全。

运输指数是由距放射性物质包装件、合成包装件或专用货箱的外表面1米处测定的最高辐射水平来确定的。当测得的辐射水平单位为mrem/h时，TI即为该数值；当测得的辐射水平单位为mSv/h时，TI值则须乘以100。上述得出的数值应进位到小数点后1位，如1.13进位为1.2，但0.05则视为0。具体如下例所示。

☞ **例1**

若在外表面1米处测定的最高辐射水平为0.4mSv/h，则TI =40.0。
若在外表面1米处测定的最高辐射水平为0.02mSv/h，则TI =2.0。
若在外表面1米处测定的最高辐射水平为0.056mSv/h，则TI =5.6。
若在外表面1米处测定的最高辐射水平为0.0523mSv/h，则TI =5.3。

运输指数同时也是确定标签级别的标准之一，它会显示在II级黄和III级黄的放射性物质的危险性标签上。另外，运输指数还可用来确定是否需要进行专载运输、存储的距离以及装在放射性专用箱和飞机上的放射性物质的包装件数。

5. 临界安全指数

临界安全指数（CSI）是指分配给含有裂变物质的包装件、合成包装件或放射性物质专用箱的数值，用以控制其累计数量。每一个合成包装件或集装箱的临界安全指数取决于其所包含的全部包装件的临界安全指数之和。一批货物或一架飞机的临界安全指数也必须采用同样的方法计算。

四、放射性物质的分类

根据放射性物质的状态特点，放射性物质主要可以分为以下六种类型：特殊形式放射性物质、低比活度放射性物质（LSA）、表面污染物体（SCO）、裂变物质、低弥散放射性物质、其他形式放射性物质。

1. 特殊形式放射性物质

特殊形式放射性物质是指不会弥散的固体放射性物质或装有放射性物质的密封盒。也就是说，放射性物质被设计成不可弥散的固体形式，或将其装入密封盒内时，该放射性物质就被定义为特殊形式放射性物质。

这类物质必须符合以下要求：装有放射性物质的密封盒只有被破坏后才能被打开；特殊形式放射性物质的密封盒至少有一边尺寸不小于5毫米；特殊形式的设计必须得到单方批准，即仅由产地国的主管部门批准；特殊形式放射性物质必须具有符合DGR有关试验规定所要求的性能或设计。

2. 低比活度放射性物质

低比活度（LSA）放射性物质是指其本身放射性比活度有限的放射性物质，或是适用于使用估计的平均比活度限值的放射性物质。在确定估计的平均比活度时，不考虑低比活度放射性物质外围的屏蔽材料。低比活度放射性物质可划分为以下三类：

（1）LSA-I（低比活度放射性I级）；

（2）LSA-II（低比活度放射性II级）；

（3）LSA-III（低比活度放射性III级）。

其中，LSA-I物质是指铀和钍矿石、铀和钍矿石的富集物，以及其他含有天然放射性核素的矿石，并且这些矿石加工的目的是为了使用其中的放射性核素；天然铀、贫化铀或天然钍，或者是它们未受辐照的固态或液态的化合物或混合物；A_2 值不受限制的放射性物质；其他放射性物质，其活度整体分布并且估算的平均比活度不超过 DGR10.3.2 中所列的活度值的 30 倍，但不包括非例外数量的裂变物质。

LSA-II 物质是指氚浓度不高于 0.8TBq/L 的水，或活度分布遍及各处，并且估计的平均比活度对于固体和气体不超过 $10^{-4}A_2/g$，对于液体不超过 $10^{-5}A_2/g$。

LSA-III 物质是指分布在整个固体或一堆固体物品内，或基本均匀分布在密实的固态黏合体内的放射性物质，如混凝土、沥青、陶瓷制品等；比较难溶的放射性物质，或实质上是被包在比较难溶的基质中的放射性物质，因此即使在失去包装材料的情况下被浸在水里，7 天内每个包装由于浸泡而损失掉的放射性材料，不会超过 $0.1A_2$；估计固体平均比活度（不包括屏蔽材料）不超过 $2\times10^{-3}A_2/g$ 的物质。

3. 表面污染物体

表面污染物体（SCO）是指本身没有放射性，但其表面散布有放射性物质的固态物体。此类物体分为两个级别：SCO-I（表面污染物体Ⅰ级）、SCO-II（表面污染物体Ⅱ级）。

（1）SCO-I（表面污染物体Ⅰ级）。

SCO-I 的定义为：

A. 在超过 $300cm^2$ 可接近表面上的非固着污染（若表面积小于 $300cm^2$，则按其实际表面积计算），对 β、γ 辐射体和低毒性 α 辐射体不超过 $4Bq/cm^2$，或对所有其他 α 辐射体不超过 $0.4Bq/cm^2$；

B. 在超过 $300cm^2$ 可接近表面上的固着污染（若表面积小于 $300cm^2$，则按其实际表面积计算），对 β、γ 辐射体和低毒性 α 辐射体不得超过 $40\ kBq/cm^2$ 或对所有其他 α 辐射体不超过 $4\ kBq/cm^2$；

C. 在超过 $300cm^2$ 不可接近表面上的非固着和固着污染（若表面积小于 $300cm^2$，则按其实际表面积计算），对 β、γ 辐射体和低毒性 α 辐射体不超过 $40\ kBq/cm^2$，或对所有其他 α 辐射体不超过 $4\ kBq/cm^2$。

（2）SCO-II（表面污染物体II级）。

SCO-II的定义为：其表面的固着污染或非固着污染超过SCO-I适用限量的固态物体，并且满足：

A. 在平均超过300cm^{2}可接近表面上（若表面积小于300cm^2，则按该实际表面积计算）的非固着污染，对β、γ辐射体和低毒性α辐射体不超过400Bq/cm^2，对所有其他α辐射体不超过40Bq/cm^2；

B. 在平均超过300cm^{2}可接近表面上（若表面积小于300cm^2，则按该实际表面积计算）的固着污染，对β、γ辐射体和低毒性α辐射体不超过800 kBq/cm^2，对所有其他α辐射体不超过80 kBq/cm^2。

C. 在平均超过300cm^{2}面积的不可接近表面上（若表面积小于300cm^2，则按该实际表面积计算）的非固着污染和固着污染中，对β、γ辐射体和低毒性α辐射体不超过800 kBq/cm^2，对所有其他α辐射体不超过80 kBq/cm^2。

4. 裂变物质

裂变物质是指铀-233、铀-235、钚-239、钚-241或它们之间的任意组合，但不包括未经辐照过的天然铀及贫化铀，与仅在热反应堆中辐照过的天然铀及贫化铀。

5. 低弥散放射性物质

低弥散放射性物质是指弥散度有限的非粉末状固体放射性物质或封入密封包壳的固体放射性物质。

6. 其他形式放射性物质

其他形式放射性物质是指不符合特殊形式定义的放射性物质。

第二节 放射性物质的识别

放射性物质在运输时都必须使用运输专用名称。任何一种放射性物质都应根据适用的包装件类型、特殊形式/其他形式、活度值、裂变/非裂变、性质/形式等特征，在表8-2中选择一个最贴切的运输专用名称及UN编号。

第八章 放射性物质的航空运输要求

表 8-2 放射性物质的运输专用名称

UN 编号 UN Number	运输专用名称 Proper Shipping Name
例外包装件 Excepted Package	
UN2908	放射性物品，例外包装件，空包装 Radioactive material, excepted package-empty packaging
UN2909	放射性物品，例外包装件，贫铀制品 Radioactive material, excepted package-articles manufactured from depleted uranium
UN2909	放射性物品，例外包装件，天然钍制品 Radioactive material, excepted package-articles manufactured from natural thorium
UN2909	放射性物品，例外包装件，天然铀制品 Radioactive material, excepted package-articles manufactured from natural uranium
UN2910	放射性物品，例外包装件，限制数量物质 Radioactive material, excepted package-limited quantity of material
UN2911	放射性物品，例外包装件，制品 Radioactive material, excepted package-articles
UN2911	放射性物品，例外包装件，仪器 Radioactive material, excepted package-instruments
UN3057	六氟化铀，放射性物品，例外包装件，每包装小于 0.1kg，非裂变或例外裂变。[a][b] Uranium hexafluoride, radioactive material, excepted package, less than 0.1 kg per package, nonfissile or fissile-excepted.[a][b]
低比活度（LSA）物质 Low Specific Activity（LSA）Material	
UN2912	放射性物品，低比活度（LSA-I），非裂变或例外裂变 [a] Radioactive material, low specific activity (LSA-I), non fissile or fissile-excepted[a]
UN3321	放射性物品，低比活度（LSA-II），非裂变或例外裂变 [a] Radioactive material, low specific activity (LSA-II), non fissile or fissile-excepted[a]
UN3322	放射性物品，低比活度（LSA-III），非裂变或例外裂变 [a] Radioactive material, low specific activity (LSA-III), non fissile or fissile-excepted[a]
UN3324	放射性物品，低比活度（LSA-II），裂变 Radioactive material, low specific activity (LSA-II) fissile
UN3325	放射性物品，低比活度（LSA-III），裂变 Radioactive material, low specific activity (LSA-III) fissile

续表

UN 编号 UN Number	运输专用名称 Proper Shipping Name
表面污染物体（SCO） Surface Contaminated Objects（SCO）	
UN2913	放射性物品，表面污染物体（SCO-I），非裂变或例外裂变 [a] Radioactive material, surface contaminated objects (SCO-I), non fissile or fissile excepted[a]
UN2913	放射性物品，表面污染物体（SCO-II），非裂变或例外裂变 [a] Radioactive material, surface contaminated objects (SCO-II), non fissile or fissile excepted[a]
UN3326	放射性物品，表面污染物体（SCO-I），裂变 Radioactive material, surface contaminated objects (SCO-I), fissile
UN3326	放射性物品，表面污染物体（SCO-II），裂变 Radioactive material, surface contaminated objects (SCO-II), fissile
A 型包装件 Type A Package	
UN2915	放射性物品，A 型包装件，非特殊形式，非裂变或例外裂变 [a] Radioactive material, Type A package, non-special form, non fissile or fissile-excepted[a]
UN3327	放射性物品，A 型包装件，裂变，非特殊形式 Radioactive material, Type A package, fissile, non-special form
UN3332	放射性物品，A 型包装件，特殊形式，非裂变或例外裂变 [a] Radioactive material, Type A package, Special Form, non fissile or fissile-excepted[a]
UN3333	放射性物品，A 型包装件，特殊形式，裂变 Radioactive material, Type A package, Special Form, fissile
B（U）型包装件 Type B（U）Package	
UN2916	放射性物品，B（U）型包装件，非裂变或例外裂变 [a] Radioactive material, Type B(U) package, non fissile or fissile-excepted[a]
UN3328	放射性物品，B（U）型包装件，裂变 Radioactive material, Type B(U) package, fissile
B（M）型包装件 Type B（M）Package	
UN2917	放射性物品，B（M）型包装件，非裂变或例外裂变 [a] Radioactive material, Type B(M) package, non fissile or fissile-excepted[a]
UN3329	放射性物品，B（M）型包装件，裂变 Radioactive material, Type B(M) package, fissile

续表

UN 编号 UN Number	运输专用名称 Proper Shipping Name
C 型包装件 Type C Package	
UN3323	放射性物品，C 型包装件，非裂变或例外裂变 [a] Radioactive material, Type C package, non fissile or fissile-excepted[a]
UN3330	放射性物品，C 型包装件，裂变 Radioactive material, Type C package, fissile
特殊安排 Special Arrangement	
UN2919	放射性物品，特殊安排下运输，非裂变或例外裂变 [a] Radioactive material, transported under special arrangement, non fissile or fissile-excepted[a]
UN3331	放射性物品，特殊安排下运输，裂变 Radioactive material, transported under special arrangement, fissile
六氟化铀 Uranium Hexafluoride	
UN2978	放射性物品，六氟化铀，非裂变或例外裂变 Radioactive material, uranium hexafluoride, non fissile or fissile-excepted
UN2977	放射性物品，六氟化铀，裂变 Radioactive material, uranium hexafluoride, fissile
UN3507	六氟化铀，放射性物品，例外包装件，每包装小于 0.1kg，非裂变或例外裂变。[a][b] Uranium hexafluoride, radioactive material, excepted package, less than 0.1 kg per package, nonfissile or fissile-excepted.[a][b]

第三节　放射性物质的包装

放射性物质的包装要求应当随所包装的放射性核素的不同而变化。在任何情况下，都应考虑到放射性辐射问题。如果物质不是处于"特殊形式"，则应考虑到泄漏的可能性；如果物质是可裂变的，则应考虑到临界危险性的可能；如果放射性物质数量非常大，即活度很大，则应考虑到由辐射所产生的热量可能非常大，在这种情况下应考虑到散热问题。除需考虑泄漏、散热等问题外，还必须考虑包装件的重量、体积和形状等，使其能够易于操作和安全运输。

一、包装的一般要求

1. 放射性物质的包装必须具有的功能

（1）密封容器的功能：防止污染人与环境；

（2）必须提供辐射防护：包装类型取决于辐射（α、β、γ、中子）的种类和辐射量；

（3）临界防护：运输裂变物质时应考虑此项防护；

（4）防止内部发热。

2. 放射性物质的包装设计要求

要满足以上包装功能，在设计放射性物质的包装件时，需满足以下的一般要求：

（1）放射性物质的包装容器和包装必须满足包装规格和性能测试的要求。包装件中放射性物质的数量必须低于规定的限值。

（2）外部污染：任何包装件的任意外表面上的非固着放射性污染必须保持在尽可能低的水平，在正常运输条件下，不得超过以下限制：

①β、γ和低毒性α射线不超过 $4Bq/cm^2$，α射线（除低毒性外）不超过 $0.4Bq/cm^2$；

②上述限值适用于 $300cm^2$ 范围内的任一外表面。

（3）对于合成包装件和放射性专用货箱，内外表面的非固着污染水平不得超过上述第（2）条要求的规定限值。用于放射性物质专载运输的合成包装件或放射性专用货箱可不受上述第（2）条要求的规定限制，但也仅指合成包装件或专用货箱的内表面，且它们一直是专载运输。

（4）若放射性物质同时符合第三章其他类别或项别的标准，则必须根据占主导地位的次要危险性酌情划为包装等级Ⅰ、Ⅱ或Ⅲ级，且包装容器的性能标准须满足次要危险性。

二、包装类型

放射性物质的包装类型主要包括以下几种：例外包装件、工业包装件、A型包装件、B（U）和B（M）型包装件、C型包装件。

第八章 放射性物质的航空运输要求

（一）例外包装件

限制数量的放射性物质，含放射性物质的仪器、制品和空包装可作为例外包装件运输，但必须满足以下条件：

（1）包装件表面任一点的辐射水平，不超过 5μSv/h（0.5mrem/h）；

（2）如果含有裂变物质，还应符合有关裂变物质的规定，并且包装件最小一边的尺寸不得少于 10 厘米；

（3）在例外包装件的任一外表面的非固着放射性污染，不得超过规定限值。

例外包装件的放射性活度限值如表 8-3 所示，据此可判断包装件是否符合例外包装件的运输条件。

表 8-3　例外包装件的放射性活度限值

内装物性质	物　质	仪器和制成品	
	包装件限值	物品限值	包装件限值
固体 　特殊形式 　其他形式	 $10^{-3}A_1$ $10^{-3}A_2$	 $10^{-2}A_1$ $10^{-2}A_2$	 A_1 A_2
液体	$10^{-4}A_2$	$10^{-3}A_2$	$10^{-1}A_2$
气体 　氚 　特殊形式 　其他形式	 $2 \times 10^{-2}A_2$ $10^{-3}A_1$ $10^{-3}A_2$	 $2 \times 10^{-2}A_2$ $10^{-3}A_1$ $10^{-3}A_2$	 $2 \times 10^{-1}A_2$ $10^{-2}A_1$ $10^{-2}A_2$

☞ **例 2**

一件仪器中含有汞-197（Hg-197）液态核素，活度为 0.002TBq，包装件活度为 0.002TBq，包装件外表面任一点的辐射水平没有超过 5μSv/h。该仪器是否可以作为放射性物质例外包装件运输？

步骤 1：查表 8-3，可得该仪器的物品活度限值为 $10^{-3}A_2$，包装件活度限值为 $10^{-1}A_2$；

步骤 2：查 DGR10.3.A 表，得出 Hg-197 的 A_2 值为 10 TBq；

步骤 3：计算出物品活度限值为 $10^{-3} \times 10$ TBq=0.01 TBq；

由于该仪器的物品活度为 0.002TBq，因此该仪器没有超出限值。

步骤 4：计算出该仪器的包装件活度限值为 $10^{-1} \times 10$ TBq=0.1×10 TBq=1 TBq

由于该仪器的包装件活度为 0.002TBq，因此该仪器也没有超出限值。

可得结论：该仪器可以作为例外包装件运输。

（二）工业包装件

工业包装件只适用于低比活度（LSA）放射性物质和表面污染物体（SCO）的包装。根据 DGR 的设计要求，工业包装件分为：

（1）1 型工业包装件（TYPE IP-1）；

（2）2 型工业包装件（TYPE IP-2）；

（3）3 型工业包装件（TYPE IP-3）。

LSA 物质和 SCO 必须按表 8-4 的要求进行包装。

表 8-4 对 LSA 物质、SCO 的工业包装件要求

内装物	工业包装件类型	
	专载运输	非专载运输
LSA-Ⅰ：		
固体	1 型	1 型
液体	1 型	2 型
LSA-Ⅱ：		
固体	2 型	2 型
液体和气体	2 型	3 型
LSA-Ⅲ	2 型	3 型
SCO-Ⅰ	1 型	1 型
SCO-Ⅱ	2 型	2 型

（三）A 型包装件

A 型包装件是一种既安全又经济的包装，内装物的量相对较少。除了用来装裂变物质以外，A 型包装件的设计不要求主管部门批准。但如果是特殊形式

的放射性物质，则需要针对特殊形式放射性物质的批准文件。

A 型包装件所含放射性物质的活度不得大于以下限制：
- 特殊形式放射性物质的活度不大于 A_1；
- 其他形式放射性物质的活度不大于 A_2。

常见放射性核素的 A_1、A_2 值列于 DGR 表 10.3.A 中，表 8–1 所示为部分列表，据此可判断包装件是否符合 A 型包装件的要求。下面对 A 型包装件中含有单个放射性核素和多种放射性核素混合物的两种情况进行举例说明。

（1）含有单个放射性核素的 A 型包装件

☞ **例 3**

铱-192，特殊形式（Ir-192，special form），其活度值为 0.8TBq，能否使用 A 型包装？

根据 DGR 表 10.3.A 可知，Ir-192（special form）的 A_1 值为 1 TBq，0.8＜1，所以该放射性物质可以使用 A 型包装件。

☞ **例 4**

镉-115（Cd-115m），其活度值为 2TBq，能否使用 A 型包装？若不能，应如何空运？

根据 DGR 表 10.3.A 可知，Cd-115m（其他形式）A_2 值为 0.5 TBq，而 2＞0.5，所以不可以用 A 型包装件。应考虑将此放射性物质分成几个较小的量进行包装；否则，则应考虑使用 B 型或 C 型包装件。

对于种类已知，但未在 DGR 表 10.3.A 中列出的单个放射性核素，A_1 和 A_2 值的确定必须经过多方批准。

（2）含有不同放射性核素混合物的 A 型包装件

对于已知种类及各自活度的放射性核素的混合物，其 A 型包装件必须满足以下条件：

$$\sum_i \frac{B(i)}{A_1(i)} + \sum_j \frac{C(j)}{A_2(j)} \leqslant 1$$

式中，$B(i)$ 为放射性核素 i 特殊形式的活度值，$A_1(i)$ 是放射性核素 i 的 A_1 值，$C(j)$ 为放射性核素 j 其他形式的活度值，$A_2(j)$ 是放射性核素 j 的 A_2 值。

☞ **例 5**

活度值为 0.5TBq 的碳-14（C-14）与活度值为 0.2 TBq 的碘-124（I-124），形成的液体混合物，其他形式（Other form）。请判断该混合物是否可以使用 A 型包装。

根据 DGR 表 10.3.A 可知，C-14（其他形式）A_2 值为 3 TBq，I-124（其他形式）A_2 值为 1 TBq。

结合 A_2 值和上述公式可得：0.5/3+0.2/1 =0.16+0.2=0.36 < 1

因此，可以使用同一 A 型包装件来运输。

（四）B（U）和 B（M）型包装件

活度更高一些的放射性物质需要使用 B 型包装件进行运输，此类包装件需要确保在发生事故的情况下，仍能保证物品的安全。B 型包装件分为 B（U）型和 B（M）型两种类型，其中 B（M）型包装件禁止用客机运输。

1. 活度限值

B（U）和 B（M）型包装件所含活度必须满足以下限制：

A. 低弥散的放射性物质，不超过包装件设计批准证书中规定的活度；

B. 特殊形式放射性物质，不超过 3000A_1 值或 100000A_2 值（二者取低者）；

C. 其他放射性物质，不超过 3000A_2 值。

2. 批准

除了运输裂变物质和低弥散物质以外，B（U）型包装件的设计仅需要单方批准，即始发国有关部门的批准；B（M）型包装件需要多方批准，即除始发国主管部门批准外，还需由包装件经过和到达的每个国家的有关部门批准。

（五）C 型包装件

C 型包装件可以盛装活度值大于 A_1 或 A_2 的放射性物质，其测试要求比 B 型包装件更严格，如增加了强热试验的时间及穿透试验的高度。

1. 活度限值

C 型包装件所含活度的限值，即为包装设计批准证书上标出的限值。

对于盛装裂变物质的 C 型包装件，其裂变物质的质量、放射性核素或裂变物质及内装物的外型或物理、化学形态，都必须与主管部门包装设计批准证书上的一致。

2. 批准

除了运输裂变物质和低弥散物质以外，C 型包装件的设计仅需要单方批准，即始发国有关部门的批准；运输裂变物质和低弥散物质的 C 型包装件，则需要多方批准，即除始发国主管部门批准外，还需由包装件经过和到达的每个国家的有关部门批准。

三、包装级别

放射性物质包装件、合成包装件及专用货箱划分为 I 级白色、II 级黄色、III 级黄色三个级别（详见表 8-5 所示），且每个级别都分配了一个特殊标签（此标签体系在第四节中列出）。

表 8-5　放射性物质包装件、合成包装件及专用货箱级别的确定

运输指数	外表面任一点的最大辐射水平	级　别
0^*	$\leqslant 0.005\text{mSv/h}$（0.5mrem/h）	I 级白色
> 0 且 $\leqslant 1^*$	$> 0.005\text{mSv/h}$（0.5mrem/h）而 $\leqslant 0.5\text{mSv/h}$（50mrem/h）	II 级黄色
> 1 且 $\leqslant 10$	$> 0.5\text{mSv/h}$（50mrem/h）而 $\leqslant 2\text{mSv/h}$（200mrem/h）	III 级黄色
> 10	$> 2\text{mSv/h}$（200mrem/h）而 $\leqslant 10\text{mSv/h}$（1000mrem/h）	III 级黄色**

注：*若测得的 TI 值不大于 0.05，此数值视为零；** 必须专载运输并特殊安排。

在确定放射性物质包装件、合成包装件和专用货箱的包装级别时，需注意以下事项：

（1）在确定放射性物质包装件、合成包装件或专用货箱划归哪一类更为合适时，运输指数和表面辐射水平两者都必须考虑在内。当运输指数满足某一类的条件而表面辐射水平满足另一类条件时，该包装件、合成包装件或专用货箱则必须划归为两类中较高的那一类。由于这个原因，I 级白色可看作是最低的一个级别。

（2）运输指数必须根据本章第一节的方式来确定。

（3）单个放射性物质包装件或合成包装件的运输指数不得超过10，其临界安全指数不得超过50；如果运输指数大于10，包装件或合成包装件则必须按专载运输方式进行运输。

（4）除了专载运输以外，一个放射性物质包装件或合成包装件的任一外表面的任何一点上的最大辐射水平均不得超过2mSv/h（200mrem/h）；如果表面辐射水平大于2mSv/h（200mrem/h），包装件或合成包装件则必须按专载运输方式进行运输。

（5）按照特殊安排运输的放射性物质包装件、合成包装件必须归类为Ⅲ级黄色。

（6）除非有始发国设计认证的特殊指定，否则在特殊安排下运输的含有多个放射性物质包装件的合成包装件或专用货箱必须划归为Ⅲ级黄色。

第四节　放射性物质的标记标签

托运人有责任使每个含放射性物质的包装件、合成包装件或放射性专用货箱上的所有必要的标记和标签都符合要求。

一、放射性物质的标记

（一）一般要求

含有放射性物质的所有1型（TYPE IP-1）、2型（TYPE IP-2）、3型（TYPE IP-3）工业包装件，A型、B（U）型、B（M）型和C型包装件均要求具有下列标记：

（1）运输专用名称；

（2）UN编号，以"UN"字母开头；

（3）托运人和收货人的全名和地址；

（4）如果包装件毛重超过50千克，应标明允许的最大毛重；

（5）当干冰作为冷却剂时，应标明包装件内干冰的净重。

(二)各种包装件的具体要求

1. 例外包装件

例外包装件需要有以下标记:

(1) UN 编号,以 "UN" 字母开头;

(2) 托运人和收货人的全名和地址;

(3) 如果重量超过 50 千克,应标明允许的最大毛重;

(4) 当干冰作为冷却剂时,应标明包装件内干冰的净重。

2. 工业包装件

(1) 1 型工业包装标记:"TYPE IP-1";

(2) 2、3 型工业包装必须标注以下标记:"TYPE IP-2" 或 "TYPE IP-3",包装设计国的国际车辆注册代码(VRI CODE),原设计国主管部门规定的包装生产商名称或其他识别标记。

3. A 型包装件

A 型包装件需要有以下标记:

(1) "TYPE A";

(2) 包装设计国的国际车辆注册代码(VRI CODE);

(3) 原设计国主管部门规定的包装生产商名称或其他识别标记。

例如:TYPE A/GB/Amersham

4. B 型或 C 型包装件

B 型或 C 型包装件需要有以下标记:

(1) "TYPE B(U)" 或 TYPE B(M)" 或 "TYPE C";

(2) 主管部门规定的设计识别标记;

(3) 能唯一确认包装件符合设计要求的顺序编号,如:TYPE B(U)/GB/0777AG;

(4) 在能防火防水的最外层容器上,用压印、打印或其他方式清楚地标出防火、防水的三叶形符号,如图 8-1 所示。

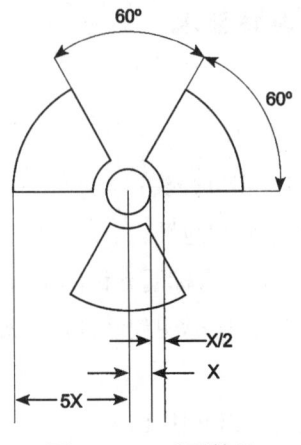

图 8-1 三叶形符号

注：三叶形符号以圆为中心，与中心圆的半径（X）成一定比例均匀分布。中心圆的半径（X）不小于 4 毫米。

5. 裂变物质包装件

每个装有裂变物质的包装件都必须按照其类型的要求标记，如"AF""B（U）F""B（M）F""CF"或"IF"等。

6. 合成包装件

（1）如果合成包装件内所有危险品的标记从外部看不清，则必须在合成包装件外表面标记"OVERPACK"、运输专用名称、UN 编号、托运人和收货人的名称和地址。

（2）详细操作说明显示在合成包装件的外表面上。包装规格标记不得在合成包装件的外表面重现（"OVERPACK"标记的存在就说明内装的包装件符合规定的规格）。

（3）如果一票货物由多个合成包装件组成，为方便识别、装载、通知，应要求托运人在每个包装件上做识别标记（以任何文字数字形式），并标记放射性物质的总数量。

（三）其他法规要求的标记

除 DGR 所要求的标记外，还允许使用其他国际或相关国家运输法规中所要求的标记。但是，这些标记在颜色、设计或形式上不得与 DGR 所规定的标记相混淆或冲突。

二、放射性物质的标签

(一) 危险性标签的使用

每个放射性物质包装件上，必须按照级别粘贴相应的放射性标签；每个裂变物质包装件上，还必须紧邻着放射性标签粘贴临界安全指数标签，如图 8-2 所示。

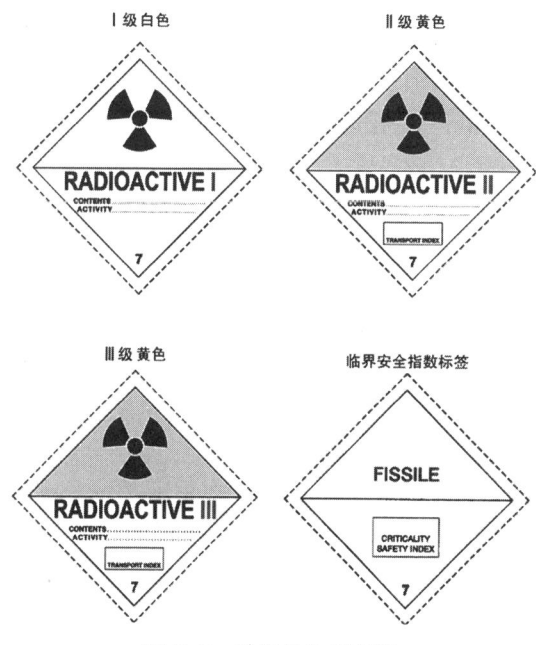

图 8-2 放射性物质标签

另外，危险性符合一种或多种其他类别危险品标准的放射性物质，必须粘贴相应的次要危险性标签。非易燃、无毒的非压缩气体，不要求粘贴次要危险性标签。

(二) 标签上的标记

放射性等级为Ⅱ级黄色或Ⅲ级黄色的标签，核素名称、放射性活度和运输指数必须清晰且耐久地标记在标签上；临界安全指数（CSI）则应标在临界安全指数标签上。

1. 核素名称

（1）除了低比活度放射性物质Ⅰ级（LSA-I）以外，放射性核素符号详见 DGR 表 10.3.A；

（2）放射性核素混合物，或者不同核素包装在同一包装件内，必须列出限制最严的核素名称；

（3）低比活度（LSA）放射性物质（LSA-I 除外）或表面污染物体（SCO），核素符号后应加"LSA-II""LSA-III""SCO-I"或"SCO-II"；

（4）低比活度放射性物质Ⅰ级（LSA-I），仅需要标注"LSA-I"。

（5）若混合包装了含有不同放射性核素的多个包装件，标签上可标记"See Shipper's Declaration（见托运人危险品申报单）"。

2. 活度

包装所装物质的活度必须以贝克勒尔或其倍数单位来表示，活度单位可以用全称或缩写。裂变物质可用克或千克为单位把裂变放射性核素的总质量表示出来，代替放射性活度，但单位必须清晰标明。合成包装件和专用货箱的标签，必须标明整个合成包装件或专用货箱中所有核素的名称和对应的总活度值。

3. 运输指数

仅对Ⅱ级黄色或Ⅲ级黄色的标签，运输指数（TI）填写在标签上的方框内，进位至小数点后一位。

4. 临界安全指数

（1）必须在临界安全指数标签上填写临界安全指数（CSI），该数值应与主管部门特殊安排批准文件或包装设计批准证书上的 CSI 值相同。

（2）合成包装件和放射性专用货箱标签上的临界安全指数，必须是合成包装件或放射性专用货箱内装物临界安全指数的总和。

（三）标签的粘贴

放射性物质包装件标签的一般要求和对粘贴位置的要求，与其他类别危险品的要求一致，详见第六章第二节。

1. 标签数量

（1）放射性物质标签连同次要危险性标签、临界安全指数标签（如适用）

以及"Cargo Aircraft Only（仅限货机）"标签（如适用），必须粘贴在包装件相对的两个侧面上。

（2）放射性专用箱的四个侧面都必须粘贴标签。

（3）对于圆筒形的包装件，如钢瓶，应在包装件侧面两个对称的中心位置粘贴两套标签。

（4）对于尺寸非常小的包装件，包括圆筒形包装件，如果两套标签会互相叠盖，则只需粘贴一套标签，但标签不得自身叠盖。

（5）如果使用硬质的合成包装件，必须在合成包装件相对的两个侧面各粘贴一套标签。

（6）如果使用非硬质的合成包装件，必须至少在固定于合成包装件上的耐用挂签上粘贴一套标签。

2. 操作标签

（1）"Cargo Aircraft Only（仅限货机）"标签（如适用），必须粘贴在B（M）型包装件和盛装B（M）型包装件的放射性专用箱的相对侧面。

（2）液态放射性物质包装件不需要粘贴包装件方向标签。

（3）"Radioactive Material，Excepted Package（放射性物质，例外包装件）"标签（见图8-3），必须粘贴在放射性物质例外包装件上。如果合成包装件中有放射性物质例外包装件，此标签必须清楚可见，否则必须重新标注在合成包装件外。

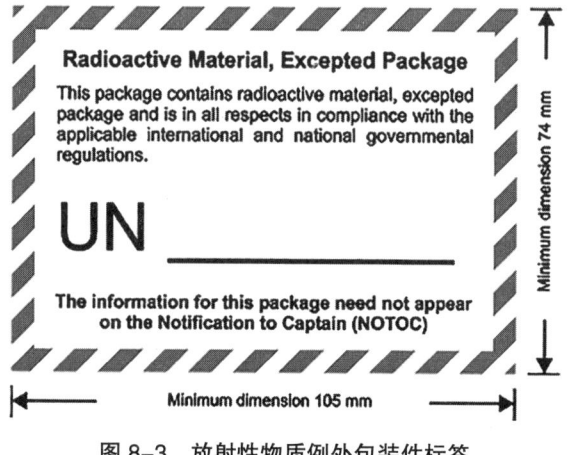

图8-3　放射性物质例外包装件标签

3.使用标牌的大型放射性专用箱

含有放射性物质的大型专用箱（例外包装件除外），除了四面粘贴所要求的标签外，必须另外有4个标牌（见图8-4），垂直贴在专用箱的四个侧面。如果不同时贴标签和标牌，也可以将放射性标签尺寸至少放大至标牌尺寸后，只粘贴放射性标签。

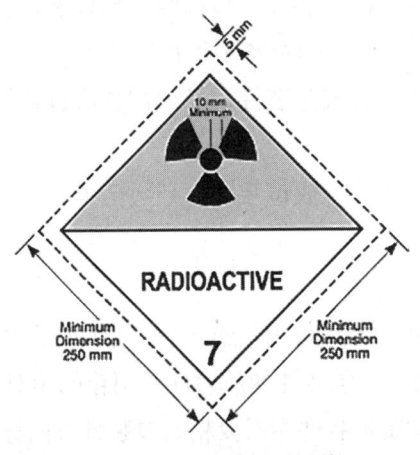

图8-4 放射性物质标牌

注：①所示尺寸是最小的；使用较大的尺寸时，必须保持各种比例不变，数字"7"必须为25毫米或更大。②可选择在标牌下半部标注"放射性"字样。

第五节 放射性物质的运输文件

放射性物质运输中所涉及的主要文件有：危险品申报单、航空货运单、危险品检查单及其他相关文件。其中，除非另有规定，托运人托运每件含放射性物质的货物时，都必须填写"危险品申报单"及"航空货运单"。

托运人有责任向经营人提供适用于危险品托运的信息。这些信息可以在托运人危险品申报单上提供，或在与经营人存在协议的场合，使用EDP（电子数据处理）或EDI（电子数据交换）技术为每一件含放射性物质的货物提供信息（"放射性物质，例外包装件"除外）。

交运每一票含有放射性物质的货物时，托运人必须：

（1）使用正确的方法填写正确的表格；
（2）保证表格中所填写的内容准确、易认读、清楚和耐久；
（3）确保在向经营人交运货物时，申报单已正确签署；
（4）确保货物已经按照规则准备好。

在文件留存方面，托运人必须保留一份托运人危险品申报单及其他必要文件，文件保留至少3个月以上。当文件是以电子形式保留时，托运人必须确保能将其再制作成打印格式。

一、危险品申报单的填制

放射性物质的危险品申报单与非放射性物质的危险品申报单是完全一致的，只是在某些栏目的填写内容上有所不同，具体如下所示。

（一）货物类型

货物类型（Shipment Type）栏内划掉非放射性字样以表明货物含有放射性物质。除了作为冷冻剂的固体二氧化碳（干冰）或是其他含有相同放射性物质的危险品以外，放射性物质不可与其他危险品共用一张危险品申报单。

（二）危险品识别

危险品识别（Dangerous Goods Identification）栏内有以下项目：

（1）UN 或 ID 识别编号（UN or ID NO.）：UN 编号，须加前缀"UN"；

（2）运输专用名称（Proper Shipping Name）：运输专用名称的确定参照表8-2；

（3）类别或项别（次要危险性）［Class or Division（subsidiary risk）］：7（次要危险性类别/项别）；

（4）适用的包装等级（Packing Group）：具有次要危险性的放射性物质应指定包装等级；无次要危险性时，则空出。

☞ **例 6**

六氟化铀（uranium hexafluoride），放射性物质，其与皮肤接触 2 分钟，在 35 分钟的观察时间内皮肤完全被破坏。试问其申报单中的 Packing Group 一栏应如何填写？

根据第 8 类包装等级的划分标准，对照表 3-14，此物质的包装等级应为 PGI，因此，申报单中的 Packing Group 一栏中应填写：PGI。

（三）数量和包装类型

数量和包装类型（Quantity and Type of Packing）的填写顺序如下：

（1）放射性核素的名称或符号。

（2）核素为"其他形式（Other Form）"时，注明物理和化学形态；如果核素是特殊形式或低弥散物质，必须注明"Special Form"（UN3332 和 UN3333 无此要求）。

（3）同一类型和核素的包装件件数、包装类型、以 Bq 为单位的活度值；对于裂变物质，用克或千克表示的裂变物质总重量代替放射性活度。对于同一包装内的不同放射性核素必须注明每一放射性核素的活度。"All Packed in One"字样必须填在有关条目后。

（4）合成包装件在内包装全部描述之后紧接着填入"Overpack Used"，以及合成包装件中包装件的数量（填写方式与非放射性物质一致）。

（四）包装说明

包装说明（Packing Instruction）的填写顺序如下：

（1）包装件、合成包装件或放射性专用箱的级别（Ⅰ级白色、Ⅱ级黄色、Ⅲ级黄色）；

（2）Ⅱ级黄色和Ⅲ级黄色的包装件，需标注放射性物质的运输指数，以及包装件、合成包装件、放射性专用箱的尺寸；

（3）裂变物质需填写临界安全指数。

（五）批准

批准（Authorization）栏内注明主管部门签发的以下批准证书的识别编号（如适用），批准文件随附申报单运输：特殊形式批准证书、低弥散物质批准证书、B 型包装件设计批准证书、B（M）型包装件运输批准证书、C 型包装件设计批准证书、C 型包装件运输批准证书、裂变物质包装件设计批准证书、裂变物质包装件运输批准证书、特殊安排批准证书、其他相关文件。

例如：SPECIAL FORM CERTIFICATE No. 9999，TYPE B（U）PACKAGE CERTIFICATE UK1735/B（U）S ATTACHED

如果货物要求在专载运输下装运时，应标明"Exclusive Use Shipment（专载运输货物）"。

（六）其他操作说明

其他操作说明（Additional Handling Information）栏填上与装运有关的特殊操作说明，对于涉及主管部门批准证书的放射性物质的材料，则必须包括：

（1）对安全散发热量的包装件的特殊存储规定，以及如需要在运输中包装件的平均表面热量超过 15 瓦 / 平方米的说明；

（2）对 B（M）型包装件在不要求辅助操作控制时的任何说明；

（3）对于飞机机型的限制和必要的常规说明；

（4）适于货物突发事件的应急安排。

二、申报单填写示例

示例 1：放射性物质，B（U）型包装件，机器填制的危险品申报单如图 8-5 所示。

示例 2：放射性物质，B（U）型包装件，手工填制的危险品申报单如图 8-6 所示。

示例 3：两种放射性物质包装在同一个 A 型包装件中，手工填制的危险品申报单如图 8-7 所示。

民航危险品运输

SHIPPER'S DECLARATION FOR DANGEROUS GOODS

Shipper Advanced Chemical Co. 345 Main Street Reigate, Surrey England	Air Waybill No. 800 1234 5686 Page 1 of 1 Pages Shipper's Reference Number 1213 / A12 *(optional)*
Consignee ABC Co. Ltd. 1000 High Street Athens Greece	For optional use for Company logo name and address

Two completed and signed copies of this Declaration must be handed to the operator.

WARNING

Failure to comply in all respects with the applicable Dangerous Goods Regulations may be in breach of the applicable law, subject to legal penalties.

TRANSPORT DETAILS

This shipment is within the limitations prescribed for: *(delete non-applicable)* PASSENGER AND CARGO AIRCRAFT ~~CARGO AIRCRAFT ONLY~~	Airport of Departure: London Heathrow
Airport of Destination: Athens	Shipment Type: *(delete non-applicable)* ~~NON-RADIOACTIVE~~	RADIOACTIVE

NATURE AND QUANTITY OF DANGEROUS GOODS

UN Number or Identification Number, proper shipping name, Class or Division (subsidiary risk), packing group (if required), and all other required information.

UN 3328, Radioactive material, Type B(U) package, fissile, 7
U-235, (UO_2), solid, 1 Type B(U) package x 3.4 GBq
I-White, CSI=1
Type B package design approval certificate B/30/B(U)F
Fissile material package shipment approval certificate B/30/B(U)F/T attached.

Additional Handling Information

I hereby declare that the contents of this consignment are fully and accurately described above by the proper shipping name, and are classified, packaged, marked and labelled/placarded, and are in all respects in proper condition for transport according to applicable international and national governmental regulations. I declare that all of the applicable air transport requirements have been met.

Name/Title of Signatory
A. Brown, Shipping Manager
Place and Date
Reigate, 1 Jan 2016
Signature
(see warning above)   *A. Brown*

图 8-5 放射性物质包装件申报单示例 1

第八章 放射性物质的航空运输要求

SHIPPER'S DECLARATION FOR DANGEROUS GOODS

Shipper	
ADVANCED CHEMICAL CO. 345 MAIN STREET REIGATE, SURREY, ENGLAND	Air Waybill No.　800 1234 5686 Page 1 of 1 Pages Shipper's Reference Number　1213 / A12 (optional)
Consignee ABC Co.Ltd. 1000 HIGH STREET ATHENS, GREECE	For optional use for Company logo name and address

Two completed and signed copies of this Declaration must be handed to the operator.

WARNING
Failure to comply in all respects with the applicable Dangerous Goods Regulations may be in breach of the applicable law, subject to legal penalties.

TRANSPORT DETAILS

This shipment is within the limitations prescribed for: (delete non-applicable) PASSENGER AND CARGO AIRCRAFT　~~CARGO AIRCRAFT ONLY~~	Airport of Departure: LONDON
Airport of Destination:	ATHENS

Shipment Type: (delete non-applicable)
~~NON-RADIOACTIVE~~ | RADIOACTIVE

NATURE AND QUANTITY OF DANGEROUS GOODS

Dangerous Goods Identification				Quantity and Type of Packing	Packing Inst.	Authorization
UN or ID No.	Proper Shipping Name	Class or Division (Subsidiary Risk)	Packing Group			
UN2916	RADIOACTIVE MATERIAL, TYPE B(U) PACKAGE	7		IRIDIUM - 192 SPECIAL FORM 1 TYPE B(U) PACKAGE X 1.925 TBq	III-YELLOW TI 3.0 DIM 30x30 x40CM	SPECIAL FORM CERTIFICATE No 9999 TYPE B(U) PACKAGE CERTIFICATE UK1735/ B(U)S ATTACHED

Additional Handling Information

I hereby declare that the contents of this consignment are fully and accurately described above by the proper shipping name, and are classified, packaged, marked and labelled/placarded, and are in all respects in proper condition for transport according to applicable international and national governmental regulations. I declare that all of the applicable air transport requirements have been met.

Name/Title of Signatory
A. BROWN, SHIPPING MANAGER
Place and Date
REIGATE, 1 JAN 2016
Signature
(see warning above)　*A. Brown*

图 8-6　放射性物质包装件申报单示例 2

NATURE AND QUANTITY OF DANGEROUS GOODS							
Dangerous Goods Identification				Quantity and Type of Packing	Packing Inst.	Authorization	
UN or ID No.	Proper Shipping Name	Class or Division (Subsidiary Risk)	Packing Group			
UN2915	RADIOACTIVE MATERIAL, TYPE A PACKAGE	7		Sr-90, METAL SOLID 1.48 GBq Am-241, METAL SOLID 74 MBq	II-YELLOW TI 0.2 Dims (L)20x (W)20x (H)20 cm	
UN1845	CARBON DIOXIDE, SOLID	9		5 kg ALL PACKED IN ONE TYPE A PACKAGE	954	

图 8-7　放射性物质包装件申报单示例 3

三、货运单的填写

（一）非例外包装的放射性物质

与非放射性物质的填写要求基本一致：在货运单"操作说明（Handling Information）"栏中填写：

"Dangerous goods as per attached Shipper's Declaration"或"Dangerous goods as per attached DGD"（"危险品如随附危险品申报单"）；如适用［B（M）型包装件］，填写"Cargo Aircraft Only"或"CAO"（"仅限货机"）。

（二）放射性物质例外包装件

（1）当固体二氧化碳（干冰）作为放射性物质的冷冻剂用在例外包装件中时，不要求填写在危险品申报单上，但应将固体二氧化碳（干冰）的详细情况填写在货运单的"Nature and Quantity of Goods（货物品名和数量）"栏。

（2）对于放射性物质的例外包装件，在货运单的"Nature and Quantity of Goods（货物品名和数量）"栏中，填写 UN 编号、运输专用名称和包装件数量。最好将 UN 编号写在运输专用名称之前。

第八章 放射性物质的航空运输要求

（3）除满足例外数量危险品的规定（详见 DGR 特殊规定 A130 及 A194）外，有其他危险性的放射性物质的例外包装件，需要"托运人危险品申报单"。

（三）填写示例

示例1：需要危险品申报单的放射性物质包装件的货运单，如图 8-8 所示。

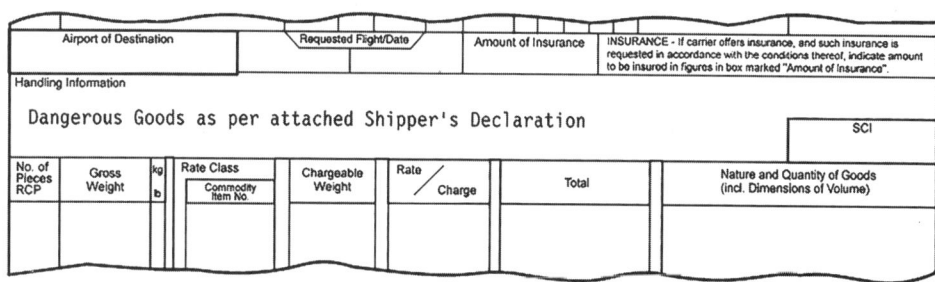

图 8-8　危险品货运单示例 1

示例2：仅限货机运输的放射性物质包装件的危险品货运单，如图 8-9 所示。

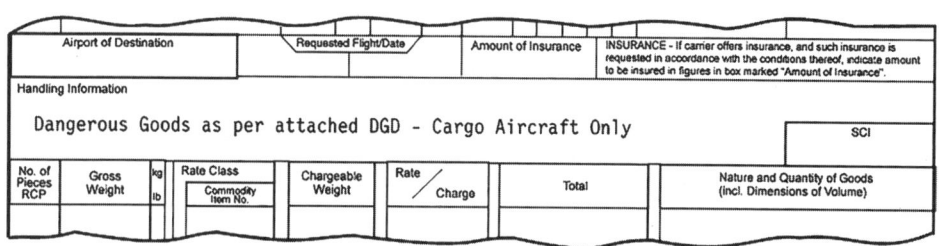

图 8-9　危险品货运单示例 2

示例3：含放射性物质例外包装件的危险品货运单，如图 8-10 所示。

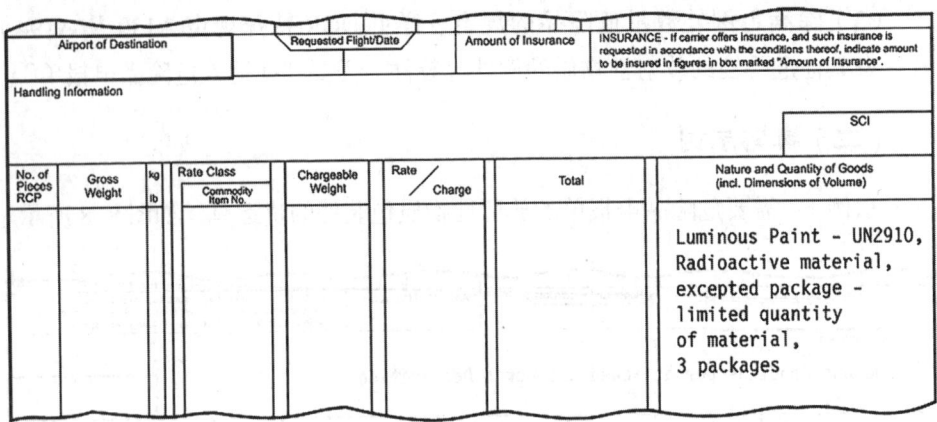

图 8-10　危险品货运单示例 3

 习题与思考

1. 检查下列含有放射性物质的仪器包装件是否满足例外包装件的活度限制。

仪器中所含的放射性核素：碘-123（I-123）

物理形态：液体

仪器的活度值：0.001TBq

包装件的活度值：0.2TBq

2. 检查下列放射性核素是否符合 A 型包装件活度值的限制。

符　号	形　式	活度值
包装件 1：碘-125（I-125）	特殊形式	15TBq
包装件 2：氩-37（Ar-37）	其他形式	40TBq

3. 钨-178（W-178）、活度值为 3000MBq 与锝-96（Tc-96）、活度值为 90GBq 的混合物，特殊形式，是否可装于同一 A 型包装内？

4. 1 个放射性物质包装件的运输指数为 0.4，表面辐射水平为 900μSv/h 且不含裂变物质。请确定此包装件的放射性级别。

5. 1 个包装件的运输指数（TI）是 2.2，外表面任一点最大辐射水平为 1.8mSv/h，非裂变物质。请确定它的放射性级别。

6. 1 个包装件的运输指数（TI）是 0.05，外表面任一点最大辐射水平为 5μSv/h。请确定它的放射性级别。

7. 以下放射性物质包装件将使用客机（passenger aircraft）从芝加哥运至东京：

托运人（shipper）：Mord Motors Inc, Dearborn, Unit 1000, Auto Street, Chicago 67567, USA

收货人（consignee）：Joto Chemicals Company, 333 Ginza, Tokyo, Japan

内含（contents）：钨-178，固态，特殊形式（W-178, solid, Special Form）

活度（activity）：4TBq

运输指数（transport index）：0.8

表面辐射水平（surface radiation level）：0.6mSv/h

包装（package）：Type A

包装尺寸（dimensions）：60 厘米×30 厘米×40 厘米

毛重（gross weight）：55 千克

货单号（AWB）：006-9393-8246

该货物仅供研究使用。

（1）请完成危险品申报单的填制。

（2）请完成货运单的填制。

（3）请对该 A 型包装件添加适当的标记和标签。

8. 计划用客机（passenger aircraft）将以下放射性物质从伦敦运至新加坡：

托运人（shipper）：King's Radmat Company
　　　　　　　　 234 Buckingham Palace Road
　　　　　　　　 London, England

收货人（consignee）：Hazmat Training
　　　　　　　　　　146A Changi Road
　　　　　　　　　　Singapore 419726

SHIPPER'S DECLARATION FOR DANGEROUS GOODS

Shipper	Air Waybill No.
	Page of Pages
	Shipper's Reference Number
	(optional)

Consignee	For optional use for Company logo name and address

Two completed and signed copies of this Declaration must be handed to the operator.

WARNING

Failure to comply in all respects with the applicable Dangerous Goods Regulations may be in breach of the applicable law, subject to legal penalties.

TRANSPORT DETAILS

This shipment is within the limitations prescribed for: *(delete non-applicable)* PASSENGER AND CARGO AIRCRAFT / CARGO AIRCRAFT ONLY	Airport of Departure:

Airport of Destination:

Shipment type: *(delete non-applicable)*
NON-RADIOACTIVE | RADIOACTIVE

NATURE AND QUANTITY OF DANGEROUS GOODS

Dangerous Goods Identification				Quantity and Type of Packing	Packing Inst.	Authorization
UN or ID No.	Proper Shipping Name	Class or Division (Subsidiary Risk)	Packing Group			

Additional Handling Information

I hereby declare that the contents of this consignment are fully and accurately described above by the proper shipping name, and are classified, packaged, marked and labelled/placarded, and are in all respects in proper condition for transport according to applicable international and national governmental regulations. I declare that all of the applicable air transport requirements have been met.	Name/Title of Signatory
	Place and Date
	Signature *(see warning above)*

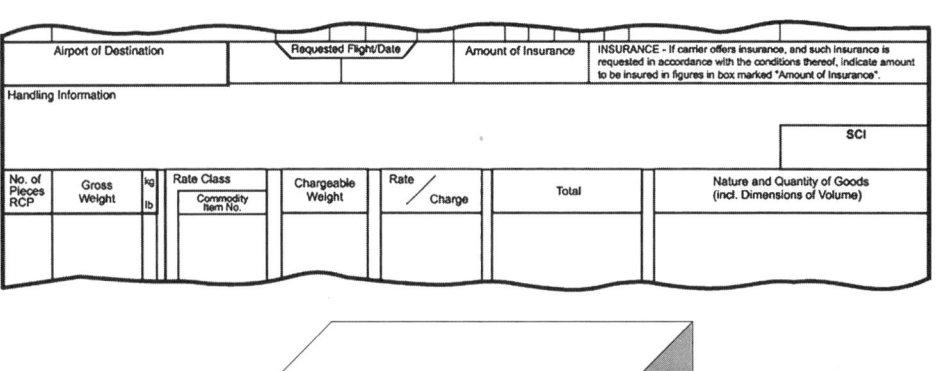

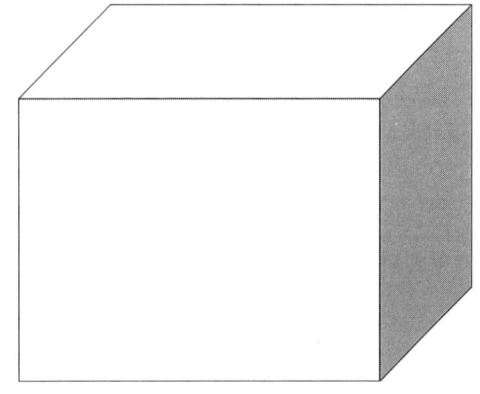

包装（package）：一个 GB763 认证的 B（U）型钢桶，序列号为 B（U）25

内含（contents）：铀-233（其他形式的固体）

运输指数（transport index）：0.6

表面辐射水平（surface radiation level）：0.7mSv/h

活度（activity）：0.3TBq

临界安全指数（CSI）：2.0

毛重（gross weight）：68 千克

包装尺寸（dimensions）：30 厘米 ×30 厘米 ×50 厘米

货单号（AWB）：618-3789-5421

（1）请完成危险品申报单的填制。

（2）请完成货运单的填制。

（3）请对此包装件添加适当的标记和标签。

民航危险品运输

SHIPPER'S DECLARATION FOR DANGEROUS GOODS

Shipper	Air Waybill No.
	Page of Pages
	Shipper's Reference Number *(optional)*
Consignee	*For optional use for Company logo name and address*
Two completed and signed copies of this Declaration must be handed to the operator.	**WARNING** Failure to comply in all respects with the applicable Dangerous Goods Regulations may be in breach of the applicable law, subject to legal penalties.

TRANSPORT DETAILS

This shipment is within the limitations prescribed for: *(delete non-applicable)* PASSENGER AND CARGO AIRCRAFT / CARGO AIRCRAFT ONLY	Airport of Departure:
Airport of Destination:	Shipment type: *(delete non-applicable)* NON-RADIOACTIVE | RADIOACTIVE

NATURE AND QUANTITY OF DANGEROUS GOODS

Dangerous Goods Identification				Quantity and Type of Packing	Packing Inst.	Authorization
UN or ID No.	Proper Shipping Name	Class or Division (Subsidiary Risk)	Pack-ing Group			

Additional Handling Information

I hereby declare that the contents of this consignment are fully and accurately described above by the proper shipping name, and are classified, packaged, marked and labelled/placarded, and are in all respects in proper condition for transport according to applicable international and national governmental regulations. I declare that all of the applicable air transport requirements have been met.	Name/Title of Signatory
	Place and Date
	Signature *(see warning above)*

第八章　放射性物质的航空运输要求

Airport of Destination		Requested Flight/Date		Amount of Insurance	INSURANCE - If carrier offers insurance, and such insurance is requested in accordance with the conditions thereof, indicate amount to be insured in figures in box marked "Amount of Insurance".
Handling Information					
					SCI
No. of Pieces RCP	Gross Weight	kg / lb	Rate Class / Commodity Item No.	Chargeable Weight	Rate / Charge	Total	Nature and Quantity of Goods (incl. Dimensions of Volume)

第九章 锂电池的航空运输要求

学习要点

- 锂电池的定义、危险性、分类等基础知识
- 锂电池的运输要求
- 锂电池的包装要求
- 锂电池的标记标签
- 锂电池运输文件的正确填制

　　锂电池是目前性能水平最先进、发展最迅猛的民用化学电源，并成为手机、笔记本电脑、数码摄像机等高端便携式消费电子产品的首选配套电源。2017 年我国化学电源出口总量约为 316.26 亿只，总出口额约为 132.57 亿美元，其中锂离子电池出口额达 80.48 亿美元。无论是日常生活领域还是进出口贸易领域，锂电池的航空运输量都是非常巨大的。因此，为了保障锂电池的运输并降低其运输风险，TI 对锂电池的航空运输制定了具体的规范和要求。

第一节　锂电池的基础知识

一、锂电池的相关知识

1. 锂电池

锂电池（lithium batteries）是指一类由锂金属或锂合金为正负极材料、使用非水电解质溶液的电池。锂电池属于第 9 类危险品，主要分为锂金属电池和锂离子电池。

2. 锂金属电池

锂金属电池（lithium metal batteries）是指以锂金属或锂合金作为阳极的锂电池。锂金属电池通常是不可充电的一次性电池，一般用作手表、计算器、相机、温度数据记录仪的能源。

3. 锂离子电池

锂离子电池（lithium ion batteries）是指以离子态或类原子态锂嵌于正负电极材料晶格中的锂电池。锂离子电池通常是可充电的二次电池，两个电极都没有金属锂。锂离子电池通常用于移动电话、手提电脑等。应用锂离子化学性质的锂聚合物电池也归类为锂离子电池。

4. 锂电池芯

锂电池芯（lithium cells）是指封装于壳体中的单一电化装置（一正一负电极），其两极有电压差。锂电池是由两个或多个锂电池芯通过电路进行连接组成的。注意：单芯电池应视为电池芯而不是电池来做限制。

5. 额定能量或额定瓦特小时

额定能量（rated energy or watt-hour rating）是指由生产商公布的在规定条件下确定的电池芯或电池的能量值。额定能量的单位为瓦特小时（Wh），计算方法是将以伏特（V）为单位的标称电压与以安培小时（Ah）为单位的额定容量相乘，即：Wh= V × Ah。请注意：如果电池上只标记有毫安时（mAh），可将该数值除以 1000 得到安培小时数（Ah），例如：4400 mAh/1000 = 4.4Ah。

二、锂电池的危险性

锂是一种特别容易发生反应的金属,外观呈银白色,非常柔软、可伸展,且易燃。其特性如下:

(1)遇水或潮湿空气会释放易燃气体,即锂和水反应生成氢氧化锂和氢气($2Li+2H_2O=2LiOH+H_2$);

(2)呈固体状态时,当温度超过其熔点180℃时,可自燃;

(3)呈粉末状时,可在室温条件下燃烧;

(4)可导致严重灼伤及腐蚀。

锂电池是指电化学体系中含有锂(包括金属锂、锂合金和锂离子、锂聚合物)的电池,其危险性比金属锂弱。同等规格的可充电锂电池比一次性锂电池的锂含量低,其危险表现为:当电池被过充(超负荷充电)后,有可能被损坏,严重的有可能产生爆炸。一般锂电池均有过充保护装置,当被充电到一定时间,保护装置将中断充电,以避免电池因过充而受到损坏。未充电的锂电池在运输中的危险性相对较低。当锂电池的电压低于其额定电压时,在电解液中的锂是很难自身产生反应的。但应注意的是,原电池不具备过充保护装置,因此准备空运的原电池应严格避免超负荷充电。

三、锂电池的识别

根据锂电池的不同形态,锂电池在航空运输时对应的UN编号和运输专用名称分为以下几种:

(1)UN3090:锂金属电池(lithium metal batteries);

(2)UN3480,锂离子电池(lithium ion batteries);

(3)UN3091,锂金属电池安装在设备中(lithium metal batteries contained in equipment);

(4)UN3481,锂离子电池安装在设备中(lithium ion batteries contained in equipment);

(5)UN3091,锂金属电池与设备包装在一起(lithium metal batteries packed with equipment);

(6)UN3481,锂离子电池与设备包装在一起(lithium ion batteries packed

with equipment）。

四、锂电池的运输要求

（一）运输条件

任何形式的锂电池都需要满足以下要求才可以运输：

（1）除原型样品锂电池外，任一型号的锂电池芯或锂电池，在交付航空运输前，均应通过 UN38.3（《联合国危险品运输试验和标准手册》的第三部分 38.3 款）要求的系列测试；

（2）每个电池芯和电池都需配置一个安全排气装置，或者在正常运输条件下其设计本身可防止爆裂；

（3）每个电池芯和电池都装有有效的防外部短路措施；

（4）每个含有电池芯的电池或一系列电池芯并联的电池应采用有效的方法进行装配，以在必要时防止危险的逆向电流；

（5）电池芯和电池必须在规定的质量管理程序下生产。

另外，原型或低产量（年度生产量不超过 100 块）的锂电池或电池芯，没有经过 UN38.3 试验的，若获得始发国有关部门批准，可按照 DGR 特殊规定 A88 的相关要求进行仅限货机运输。

（二）禁止运输的限制

（1）既未经过 UN38.3 测试，也不符合 DGR 特殊规定 A88 的相关要求，任一型号的锂电池芯或锂电池，均不应进行航空运输。

（2）因为安全原因被制造商确认为有缺陷或已被损坏的锂电池，如因安全原因被生产商召回的电池，有可能会存在发热、燃烧和短路的潜在危险，不应进行航空运输。

（3）废电池和以回收或处理为目的的电池，除非获得了始发国和经营人所属国主管部门的书面批准，否则禁止使用航空运输。

（4）符合包装说明 965（PI965）要求的锂离子电池和符合包装说明 968（PI968）要求的锂金属电池，只有在获得始发国和经营人注册国主管部门书面批准的条件下，才可通过客机运输。

(三)锂电池以航空邮寄方式运输的限制

(1)指定邮政经营人应制定相应程序,用以控制危险品装入邮件并进行航空运输,且该程序应交由邮件收运地的民航主管部门进行审查和批准;

(2)只有在获得民航主管部门的批准后,指定邮政经营人方可收运符合规定的锂电池并进行航空运输;

(3)指定邮政经营人应制定危险品培训计划,且培训计划应由指定邮政经营人收运邮件所在地的民用航空主管部门进行审查和批准;

(4)邮政经营人应制定危险品培训大纲,并要求其员工在大纲范围内接受与其职责相符的危险品培训。

(四)锂电池作为行李运输的限制

可作为行李运输的锂电池范围如下:

(1)个人自用的内含锂电池的电子设备(手表、计算器、照相机、手机、手提电脑、便携式摄像机等)及备用锂电池;

(2)为医疗用途携带的内含锂电池的便携式电子医疗装置(自动体外除颤器、喷雾器、持续气道正压呼吸器等)及备用锂电池;

(3)内含锂离子电池的电动轮椅或类似的代步工具。

锂电池作为行李运输的具体要求见表9-1所示:

表9-1 锂电池和带锂电池设备行李运输要求

项 目	额定能量/锂含量	行李类型	数量限制	批 准	保护措施	通知机长
个人自用消费品设备	≤100Wh 或 ≤2g	托运或手提	—	—	防意外保护	—
	100Wh~160Wh			经营人批准		
个人自用消费品设备的备用电池	≤100Wh 或 ≤2g	手提	合理数量	—	单个保护	—
	100Wh~160Wh		每人2块	经营人批准		
便携式电子医疗装置	≤160Wh 或 ≤8g	托运或手提	—	经营人批准	防意外保护	—
便携式电子医疗装置的备用电池		手提	每人2块		单个保护	—

续表

项目		额定能量/锂含量	行李类型	数量限制	批准	保护措施	通知机长
电动轮椅或代步工具	电池不可卸	—	托运	—	建议提前告知经营人做好安排	电池防短路防受损	通知机长
	电池可卸	≤ 300 Wh（1块） ≤ 160 Wh（2块）	电池应卸下并手提				
电动轮椅或代步工具的备用电池		≤ 160 Wh	手提	每人 2 块			
		≤ 300 Wh		每人 1 块			

第二节　锂电池的包装

锂电池通常有以下三种运输方式：纯电池单独运输，与设备包装在一起运输，安装在设备中运输。

根据不同的运输方式，可分别将锂离子电池和锂金属电池分成三种类型，如图 9-1 及图 9-2 所示。不同的类型及不同的额定能量值，锂电池的包装要求各有不同，主要体现在 DGR 包装说明 965~970 中。

（一）包装说明 965（PI965）与包装说明 968（PI968）

PI965 与 PI968 的包装说明分成三部分：第 IA 部分（Section IA）、第 IB 部分（Section IB）、第 II 部分（Section II）。

PI965 适用于客机和仅限货机运输的锂离子或锂聚合物电池芯和电池（UN3480）。PI965 第 IA 部分适用于瓦特小时额定值超过 20 瓦特小时的电池芯和瓦特小时额定值超过 100 瓦特小时的锂离子电池；第 IB 部分适用于瓦特小时额定值不超过 20 瓦特小时的锂离子电池芯和瓦特小时额定值不超过 100 瓦特小时的锂离子电池，但其额定值已超过第 II 部分的允许限量；第 II 部分适用于瓦特小时额定值不超过 20 瓦特小时的锂离子电池芯和瓦特小时额定值不超过 100 瓦特小时的锂离子电池，且其额定值未超过第 II 部分的允许限量。

PI968 适用于仅限货机运输的锂金属或锂合金电池芯和电池（UN3090）。

PI968 第 IA 部分适用于锂含量超过 1 克的锂金属电池芯和锂含量超过 2 克的锂金属电池；第 IB 部分适用于锂含量不超过 1 克的锂金属电池芯和锂含量不超过 2 克的锂金属电池，但超过第 II 部分的允许限量；第 II 部分适用于锂含量不超过 1 克的锂金属电池芯和锂含量不超过 2 克的锂金属电池，且未超过第 II 部分的允许限量。

（二）包装说明 966（PI966）、967（PI967）、969（PI969）、970（PI970）

PI966、PI967、PI969 与 PI970 的包装说明均分成两部分：第 I 部分（Section I）、第 II 部分（Section II）。

PI966 适用于客机和仅限货机运输的、与设备包装在一起的锂离子或锂聚合物电池芯和电池（UN3481）。PI966 第 I 部分适用于与设备包装在一起、瓦特小时额定值超过 20 瓦特小时的电池芯和瓦特小时额定值超过 100 瓦特小时的锂电池；第 II 部分适用于与设备包装在一起、瓦特小时额定值不超过 20 瓦特小时的锂离子电池芯或瓦特小时额定值不超过 100 瓦特小时的锂电池。

PI967 适用于客机和仅限货机运输的、安装在设备中的锂离子或锂聚合物电池芯和电池（UN3481）。PI967 第 I 部分适用于安装在设备中、瓦特小时额定值超过 20 瓦特小时的电池芯和瓦特小时额定值超过 100 瓦特小时的锂电池；第 II 部分适用于安装在设备中、瓦特小时额定值不超过 20 瓦特小时的锂离子电池芯或瓦特小时额定值不超过 100 瓦特小时的锂电池。

PI969 适用于客机和仅限货机运输的、与设备包装在一起的锂金属或锂合金电池芯和电池（UN3091）。PI969 第 I 部分适用于与设备包装在一起、锂金属含量超过 1 克的锂金属电池芯或锂金属含量超过 2 克的锂金属电池；第 II 部分适用于与设备包装在一起、锂金属含量不超过 1 克的锂金属电池芯或锂金属含量不超过 2 克的锂金属电池。

PI970 适用于客机和仅限货机运输的、安装在设备中的锂金属或锂合金电池芯和电池（UN3091）。PI970 第 I 部分适用于安装在设备中、锂金属含量超过 1 克的锂金属电池芯或锂金属含量超过 2 克的锂金属电池；第 II 部分适用于安装在设备中、锂金属含量不超过 1 克的锂金属电池芯或锂金属含量不超过 2 克的锂金属电池。

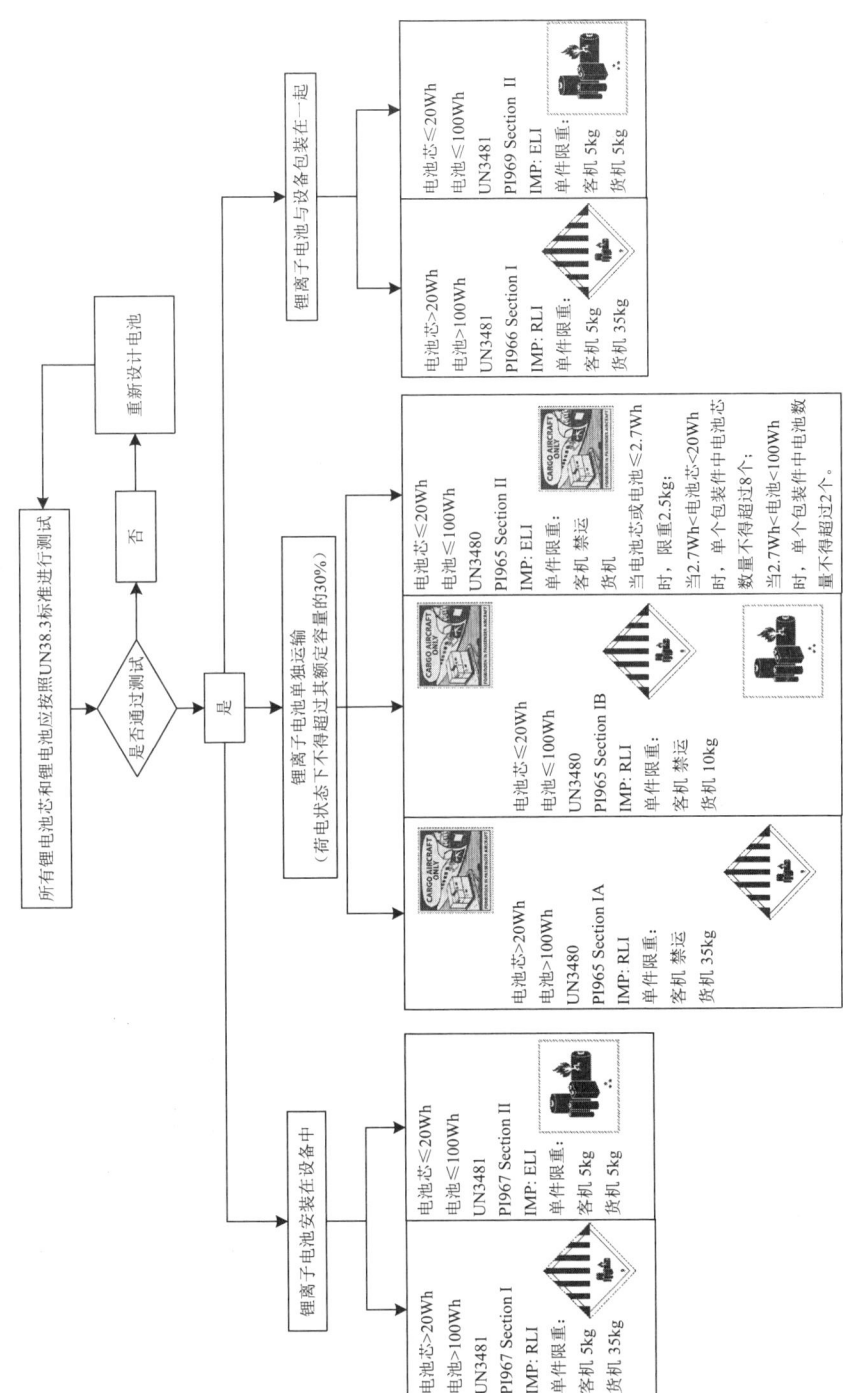

图 9-1 不同类型锂离子电池的包装要求

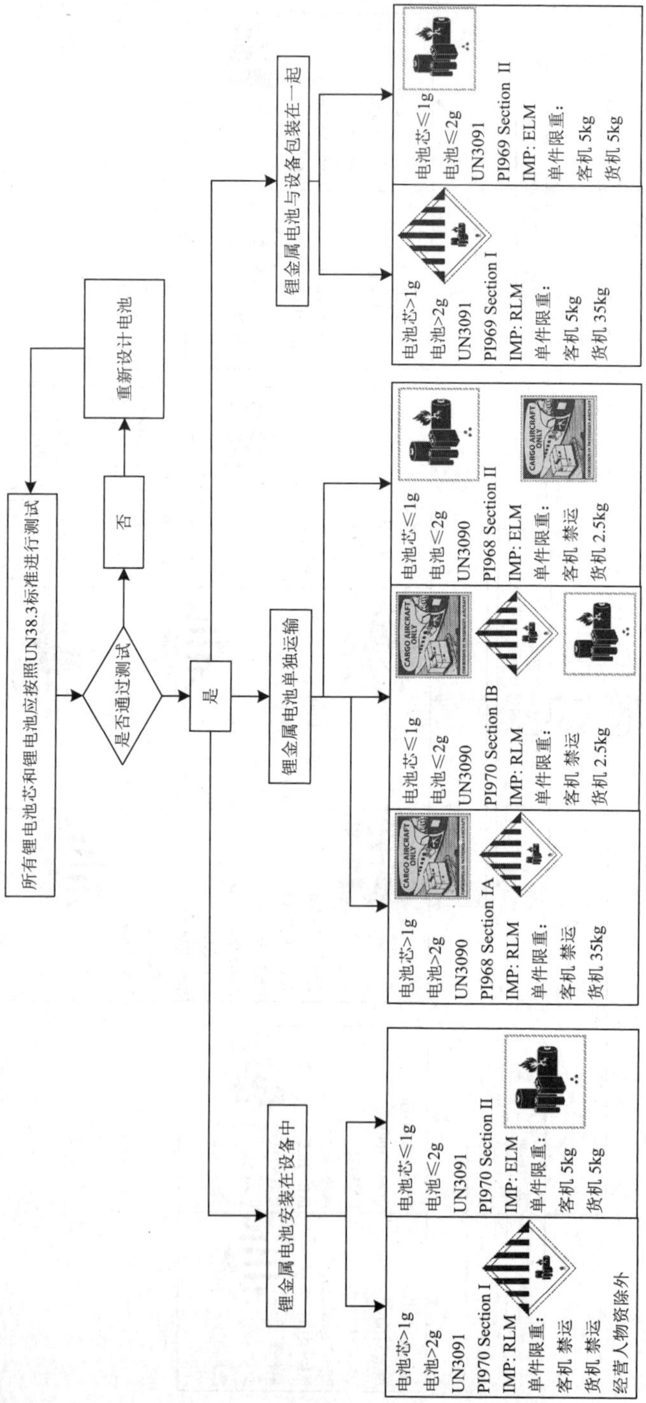

图 9-2 不同类型锂金属电池的包装要求

第三节　锂电池的标记与标签

一、锂电池的标记

每个含有锂电池危险品的包装件都需要清晰地标记出以下信息：

（1）运输专用名称（如：lithium ion batteries contained in equipment）；

（2）UN 编号，如 UN3481；

（3）锂电池净重；

（4）托运人、收货人全称和地址；

（5）如果包装采用的是合成包装件，则必须在包装外面标记"OVERPACK"；

（6）按照第 IB 部分运输的包装件还应粘贴锂电池标记（如图 9-3 所示），其中 UN 编号的数字高度不得小于 12 毫米。

图 9-3　锂电池标记

注：＊处填写 UN 代码，＊＊处填写联系电话。

合成包装件上也应粘贴锂电池标记，除非合成包装件内的所有标记均清晰可见。符合包装说明 967 和包装说明 970 的锂电池，在一个包装内含不超过 4 个电池芯或 2 个电池的，且一单货中有超过两个包装的，须张贴锂电池标记；若一单货在两个包装以下的，可以不张贴锂电池标记。

二、锂电池的标签

锂电池的标签要求如下所示：

（1）锂电池作为危险品运输时，须在货物包装外面粘贴第 9 类危险性标签，如图 9-4 所示：

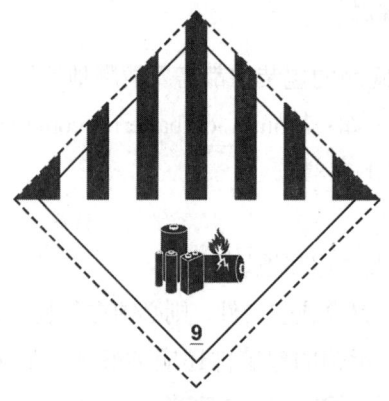

图 9-4　锂电池危险品标签

（2）锂离子电池芯或电池（UN3480），按照包装说明 965 的规定，仅限货机运输，禁止客机运输，因此，每个包装件应粘贴仅限货机标签。

（3）锂金属电池芯或电池（UN3090），按照包装说明 968 的规定，仅限货机运输，禁止客机运输，因此，应粘贴仅限货机标签。

第四节　锂电池的运输文件

作为第 9 类危险品，锂电池同样需要填写危险品申报单、收运检查单、机长通知单等运输文件。

（一）危险品申报单示例

锂离子电池（符合锂电池包装说明第 IB 部分）的正确填写方法如图 9-5 所示。

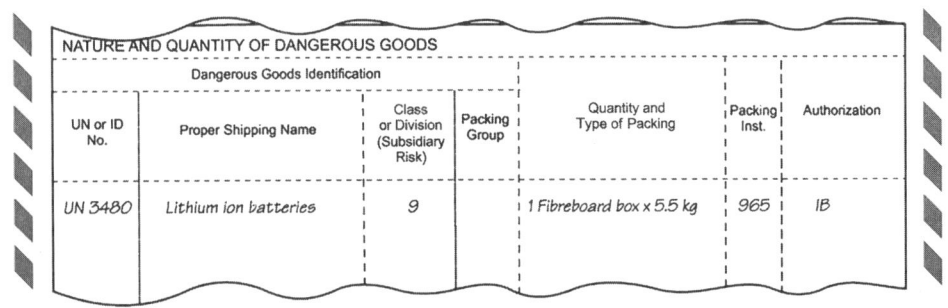

图 9-5　锂离子电池危险品申报单示例

在其他操作说明（Additional Handling Information）中，按照包装说明 965 或 968 的第 IB 部分运输的锂电池货物，每批货物必须随附一份包含以下内容的文件：

- 标明包装件内装有锂电池芯或电池；
- 标明包装件必须小心轻放，如果包装件损坏，有着火的危险；
- 标明如包装件受到损坏，必须遵守的特别程序，包括检查和必要时的重新包装；
- 了解其他相关情况的电话号码。

上述内容可以在申报单上体现，也可以单独制作一份文件。

（二）货运单填制

1. 满足包装说明 966/967/969/970 第 II 部分的锂离子/锂金属电池

国内运输需在货运单的货物品名和数量栏（Nature and Quantity of Goods）中，注明"锂离子/锂金属电池满足包装说明 966/967/969/970 第 II 部分"；国际运输需在货运单的货物品名和数量栏中，注明"Lithium ion/metal batteries in compliance with Section II of 966/967/969/970（锂离子/锂金属电池满足包装说明 966/967/969/970 第 II 部分）"。

2. 满足包装说明 965/968 第 II 部分的锂离子/锂金属电池

国内运输需在货运单的货物品名和数量栏（Nature and Quantity of Goods）中，注明"锂离子/锂金属电池满足包装说明 965/968 第 II 部分—仅限货机"；国际运输需在货运单的货物品名和数量栏中，注明"Lithium ion/metal batteries

in compliance with Section Ⅱ of PI965/968-CAO（锂离子/锂金属电池满足包装说明 965/968 第Ⅱ部分—仅限货机）",如图 9-6 所示。

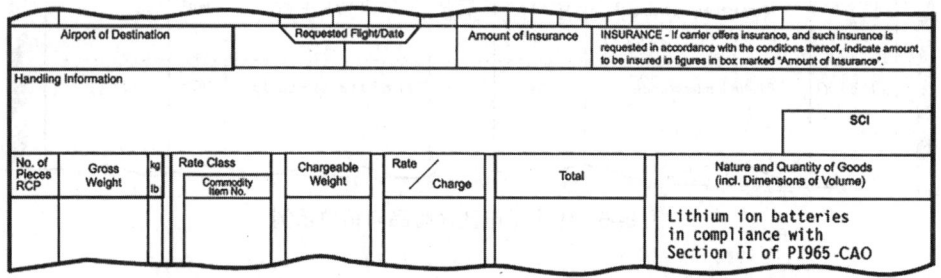

图 9-6　按包装说明 965/968 第Ⅱ部分包装的锂电池货运单示例

（三）机长通知单

锂电池（UN3480 和 UN3090）机长通知单，只需要填写 UN 编号、运输专用名称、类别、每个装载位置的总量以及是否仅限货机运输几项内容即可。但若国家豁免运输，应完整填写机长通知单。

 习题与思考

1. 锂电池有哪些类型？
2. 锂电池芯和锂电池的区别是什么？
3. 锂电池标记应在什么情况下需要使用？
4. 锂电池包装件是否可以放在一个合成包装件内？
5. 包装说明 965 与 968 中第 ⅠB 部分的包装件，需要哪些额外的标记要求？
6. 哪些包装说明是针对安装在设备中的锂电池的？
7. 符合包装说明 965 与 968 中的哪部分要求，可以不需要填写特种货物机长通知单？
8. 用客机运输安装在设备中的锂电池时，每个包装件的限量是多少？

第十章 危险品的操作

学习要点

- 危险品操作的基本原则等基础知识
- 危险品收运检查单的正确使用
- 危险品存储与装载的注意事项
- 与危险品有关的航空器应急处置程序

危险品的操作过程体现在收运、存储、装载、检查、报告、文件保存等一系列危险品运输的环节中。在各个环节中，都需要按照相应的规则要求正确执行操作流程，以保障危险品的安全运输。

第一节 操作的基本原则

操作危险品应遵循以下基本原则：预先检查原则、方向性原则、轻拿轻放原则、隔离原则、可接近性原则、固定原则。

一、预先检查原则

装有危险品的包装件在入库、装箱/板或装入集装器及装上航空器之前，应当按要求进行检查，确定包装件的标记、标签是否清晰正确、粘贴无误，是

否有泄漏和破损的迹象。如有任何一项不符合要求，岗位负责人应拒绝接收并退回原处。

装上航空器的危险品包装件如出现破损或泄漏，经营人应将此包装件从航空器上卸下，或安排有关部门或机构卸下，并马上采取安全处理措施。在此之后，还必须对飞机上其他货物进行检查以确认没有被损坏或未受污染。

检查标准如下：

（1）外包装无漏洞、无破损，包装件无气味，无任何渗漏及损坏的迹象。

（2）包装件上的危险性标签和操作标签正确无误，粘贴牢固。若发现标签脱落、遗失、模糊不清，操作人员必须按照危险品申报单标注的标签重新粘贴完整。

（3）包装件上的文字标记书写正确，字迹清楚。

二、方向性原则

在危险品运输中，装有液体危险品的包装件均应按要求粘贴向上方向性标签，有时还应标有"This Way Up"或"This Side Up"（此端向上）。作业人员在搬运、存储、装卸、组装集装板或集装箱以及装机的全部过程中，必须按该标签的指向使包装件始终保持直立向上。如不符合要求，岗位负责人不得接收。

三、轻拿轻放原则

在搬运或装载危险品包装件时，无论是人工操作还是机械操作，都必须轻拿、轻放，切忌磕、碰、摔、撞。

四、隔离原则

为了保证人员和货物的完好，某些危险品和人之间，某些不同类别的危险品之间，某些危险品和其他非危险品之间，在存储和装载的过程中均需要隔离。

（一）基本原理

彼此能发生危险反应的危险品包装件，在飞机上不可以靠在一起码放，避免因渗漏而相互发生反应。隔离要求以包装件所属的危险性为基础，必须严格遵照表 5-2 中所示的隔离要求。

（二）彼此能发生危险反应的危险品包装件之间的隔离

此类危险品包装件不得在飞机上一起码放，如存放在同一货板或同一货舱时应确保物理隔离，方式如下：

（1）将两种性质相抵触的危险品包装件分别固定在货舱地板或集装板上，间距至少为 1 米，如图 10-1 所示：

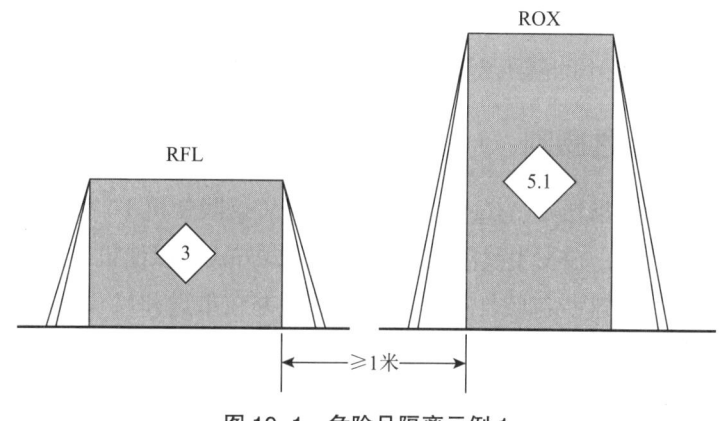

图 10-1　危险品隔离示例 1

（2）用普通货物包装件将性质相抵触的两个危险品包装件隔开，间距至少为 0.5 米，如图 10-2 所示：

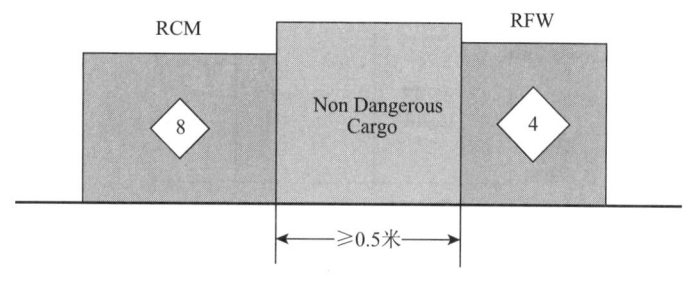

图 10-2　危险品隔离示例 2

（三）某些危险品和一些非危险品之间的隔离

对于某些危险品和一些非危险品之间的隔离，其中特别要注意的是干冰及放射性物质Ⅱ级黄色和Ⅲ级黄色包装件与活体动物之间的隔离：

（1）活体动物不得使用固体二氧化碳（干冰）装载。因为当雾气蒸发掉时，固体二氧化碳（干冰）比空气重，它们都集中在容器的底层，空气中二氧化碳的含量大于 2.5% 时，就会影响到人和动物的正常生理功能。因此，活体动物应置于内装固体二氧化碳（干冰）的包装件的上面。

（2）放射性物质Ⅱ级黄色和Ⅲ级黄色包装件、合成包装件和专用货箱必须与活体动物分隔，若运输时间小于 24 小时，最小间隔距离为 0.5 米；若运输时间大于 24 小时，最小间隔距离则为 1 米。

五、可接近性原则

可接近原则是指粘贴"Cargo Aircraft Only（仅限货机）"标签的危险品包装件或合成包装件，在发生紧急情况时，其装载方式可以使机组成员或授权人员能够接近并搬运这些包装件或合成包装件，并在重量和尺寸允许的条件下，将这些包装件或合成包装件与其他货物隔开，如图 10-3 所示，工作人员无法接近最里侧的包装件，显然是不符合可接近原则的。

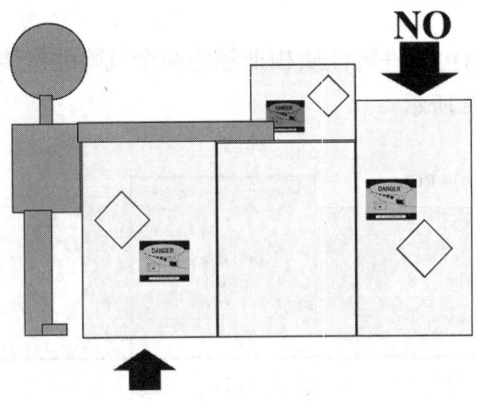

图 10-3 可接近原则示例

六、固定原则

危险品包装件装入机舱后，为防止损坏，装载人员应将它们固定在机舱内，以免在飞行中滑动或倾倒。同时，装载人员应依据货物运输手册的要求固定好危险品包装件附近的行李、邮件和普通货物，防止由于行李、邮件或普通货物的移动造成危险品包装件的破损。

危险品包装件的固定应该符合如下要求：

（1）体积小的包装件不会通过网孔从集装板上掉下；
（2）散装的包装件不会在机舱内移动；
（3）桶形包装件难于用尼龙带捆绑固定时，要用其他货物卡紧；
（4）用其他货物卡住散装的包装件时，必须从五个方向（前、后、左、右、上）卡紧。

第二节　收运

一、收运相关的法律法规

危险品的收运是安全空运危险品的重要环节之一。危险品收运工作应严格遵守运输过程中适用的国家法律，政府的有关规定、命令或要求以及有关承运人的规定。收运人员应根据航空公司手册、适用有效的 DGR、TACT（航空货物运价及规则手册）以及其他有关文件办理危险品收运，严格按照收运条件、要求和收运程序进行操作。

表 10-1　我国收运相关法律、法规文件汇总表

主管部门	法规文件	主要管理对象
民航局	《交通运输部令 2016 年第 42 号》	航空公司及其地面代理
国家质检总局	《商检法规》	危险品包装等
卫计委	《高致病性病原微生物运输管理办法》	感染人类的感染性物质
农业部	《高致病性病原微生物运输管理办法》	感染动物的感染性物质

续表

主管部门	法规文件	主要管理对象
环保总局	《放射性物质防护条例》	放射性物质
公安部门	《安检规则》《安保条例》	安检及爆炸、毒性、放射性，危险品公路运输
安全生产监督局	《安全生产许可证条例》《危险化学品安全管理条例》	危险化学品

二、货物收运的一般要求

（1）收运人员必须经过适当培训，以帮助他们识别和探测普通货物中的危险品。

（2）货物收运人员应从托运人处得到任何可能包含危险品的可疑货物内容的答复，旨在防止未申报的危险品作为普通货物装载到飞机上。许多看来普通的货物可能含有危险品（参见第二章第二节）。

（3）除非随附带有两份以上的危险品申报单或等效替代文件，否则，经营人不得收运装有危险品的包装件或合成包装件，或有上述危险品的集装箱或其他类型的集装板，也不得收运装有放射性物质的专用集装箱。一份危险品申报单随货物运抵目的站，余下的由始发站集中存放，以便随时查阅，直到载运危险货物的航班到达目的站后，才可归档存放。

（4）危险品可与非危险品集运。如果在收运检查时，发现任何不符合规定的情况，如危险品漏报或错报等，将导致整批集中运输货物的延误。且每票分运单的危险品都需要单独的危险品申报单。

三、收运危险品的特殊要求

收运危险品的特殊要求是指在符合收运危险品适用的一般要求的前提下，对于几类特定危险品收运的特殊要求。

（一）放射性物质的收运

在中国境内收运放射性物质时，托运人必须出具省、自治区、直辖市环保部门填制的"放射性物质货包辐射水平及表面污染检查证明书"。托运人危险品申报单上所申报的放射性物质包装级别、放射性活度及运输指数必须与"放射性物质货包辐射水平及表面污染检查证明书"中的相应技术参数一致。此证明书的样件如图10-4所示。

发往单位：　　　　　　　　　　　　　　　编号：

货包号码	货包类型	放射性核素符号	放射性活度 Bq（mCi）	货包表面辐射水平 mSv/h(mre/h)	运输指数	货包表面污染情况 Bq/cm(μCi/cm)		货包等级
						α	β	

货物名称：　　　　　　　　　件数：
射线类型：　　　　　　　　　物理状态：
放射性活度：　　　　　　　　备注：

检查单位（盖章）：　　　　　　　核查单位（盖章）：

检查人员（签字）：_____　　　核查人员（签字）：_____

签发日期：_____

图10-4　放射性物质货包辐射水平及表面污染检查证明书

（二）感染性物质的收运

被故意感染和已知或被怀疑含有感染性物质的活体动物都不得空运，除非其所含有的感染性物质不能通过其他方法进行托运。受感染的动物只能按照国家主管部门批准通过的条款来进行运输。

（三）4.1项自反应物质和5.2项有机过氧化物的收运

托运人必须在危险品申报单上"操作说明"栏中注明货物的特殊存储要求。托运人应预订好全程舱位。如果货物必须中转，货物始发站必须预先通知中转站。在运输的各个环节，均必须按照货物所需的特殊存储要求（避免阳光直射并存储于通风良好处、远离一切热源）进行作业。

（四）爆炸品的收运

客运航班只收运归类为 1.4S 的爆炸品，如体育运动用弹药、安全弹药等；货运航班可收运 1.4S 之外的项别及配装组的爆炸品，但该爆炸品不可是航空禁运的类型。

托运人托运爆炸品时，必须提供如下文件：

（1）确定爆炸品项别及配装组的试验报告和/或有关主管部门的批准证书，试验报告或批准证书中应包含爆炸品的运输专用名称、UN 编号、项别及配装组。

（2）如爆炸品属于包装说明 101 范围内，应提供有关主管部门对包装方式的批准证书。

（3）国内运输时，托运人必须得到公安机关准许爆炸品运输的书面许可。

（4）托运人必须自行准备爆炸品运输中转站和目的站国家以及相关承运人所要求的中转许可证或进口许可证以及其他相关文件。

（5）对于新型爆炸性物质和制品的分类、配装组及运输专用名称的确定，必须得到爆炸品生产国的主管部门及始发站国家运输主管部门的批准证书。

（五）集运危险品

集运是指不同托运人与货物集运人（非定期航班经营人）签订运输契约，然后由集运人将不同托运人的货物集合为一批（票）货物的运输。

收运集运危险品须符合以下要求：

（1）危险品可与不受本规则限制的物品集运，收运集运危险品必须按收运检查单的规定办理检查手续；

（2）集运危险品必须按本规则进行识别、分类、包装、贴标记标签和填写有关文件，且包装件应无破损和渗漏痕迹；

（3）向经营人交运集运货物时，装有危险品的包装件或合成包装件，必须与不受 DGR 规则限制的普通货物分开；

（4）每票分运单的危险品都需要一份危险品申报单；

（5）任何"仅限货机"的危险品集中运输时，必须在货机上托运。

四、收运检查单

为便于在收运危险品时履行职责,经营人在收运危险品时必须填制"危险品收运检查单"。该检查单包括了危险品运输的所有步骤,以确保在包装件、合成包装件、货物集装器上正确地做标记和加标签,正确地填制危险品申报单和航空货运单,以及按 DGR 的有关要求正确地收运。

(一)收运检查单的使用说明

收运检查单主要是供经营人收运危险品时使用的。除此以外,该检查单也可以给货主、货运代理人提供一个准备货件的良好依据。

在使用该检查单时,当表中的项目没有检查完时,不得收运。如果任何一项问题得到否定的回答,也不得收运。但应给托运人一份收运检查单的副本,以便指出错误加以纠正。

对于表中每一项所提出的信息,如果托运人提交的货物符合 DGR 中相应的规定,则在表中的"YES"栏中做标记,即得到肯定回答;反之,如果托运人提交的货物不符合 DGR 中相应的规定,则在"NO"栏中做标记,即得到否定回答;表中许多项目有"N/A"(不适用)的选择,如果该项目的问题不适用于所交运的货物,应在"N/A"栏中做标记,但这不是否定的回答。在"COMMENTS(意见)"栏中,应该清楚地解释拒收的原因。

另外,危险品货物第一次被经营人收运时才需要检查单。如果该票货物需要其他经营人继续后续航程的运输,后续的经营人不需要制作检查单,但应当检查该货物的包装以及标记、标签等是否满足本规则要求,包装件有无破损等。

(二)不需要收运检查单的货物类型

不需要使用危险品收运检查单的货物类型包括:例外数量危险品、放射性物质的例外包装件、按包装说明 208(a)准备的 UN3164、UN2807、UN3245、UN3373 以及按包装说明 965~970 第 II 部分运输的锂电池。表 10-2 为此类货物的收运程序摘要。

表 10-2　适用的收运程序摘要

UN No	运输专用名称及/或描述	正式收运及收运检查单（9.1.2 & 9.1.3）	IATA 托运人危险品申报单（8.1）	集装器识别-ULD（9.3.8）	通知机长信息的规定（NOTOC）（9.5.1.1）	当使用货运单时，在货运单上声明（8.2.3，8.2.5 或适用的 PI）	锂电池操作标签及辅助文件（7.2.4.7.1 和适用的 PI）
UN3164	液压制品含非易燃气体且符合 PI208（a）要求	NO	NO	NO	NO	YES	N/A
NU3164	气压制品含非易燃气体且符合 PI208（a）要求	NO	NO	NO	NO	YES	N/A
UN3373	生物物质，B 级	NO	NO	NO	NO	YES	N/A
N/A	例外数量危险品（2.6）	NO	NO	NO	NO	YES	N/A
UN3245	基因变异微生物或基因变异生物	NO	NO	NO	NO	YES	N/A
UN2807	磁性物质（无须批准1）	NO	NO	NO	NO	YES	N/A
UN3090	锂金属电池（包括锂合金电池）符合 PI968 第 II 部分要求	NO	NO	NO	NO	YES[1]	YES
UN3091	锂金属电池与设备安装在一起（包括锂合金电池）符合 PI970 第 II 部分要求且超过 4 个电池芯或 2 个电池	NO	NO	NO	NO	YES[1]	YES
UN3091	锂金属电池与设备安装在一起（包括锂合金电池）符合 PI970 第 II 部分要求且不超过 4 个电池芯或 2 个电池	NO	NO	NO	NO	NO	NO
UN3091	锂金属电池与设备包装在一起（包括锂合金电池）符合 PI969 第 II 部分要求	NO	NO	NO	NO	YES[1]	YES
UN3480	锂离子电池（包括锂聚合物电池）符合 PI965 第 II 部分要求	NO	NO	NO	NO	YES[1]	YES
UN3481	锂离子电池与设备安装在一起（包括锂聚合物电池）符合 PI967 第 II 部分要求且超过 4 个电池芯或 2 个电池	NO	NO	NO	NO	YES[1]	YES

续表

UN No	运输专用名称及/或描述	锂电池操作标签及辅助文件（7.2.4.7.1 和适用的PI）	当使用货运单时，在货运单上声明（8.2.3，8.2.5 或适用的PI）	通知机长信息的规定（NOTOC）（9.5.1.1）	集装器识别-ULD（9.3.8）	IATA 托运人危险品申报单（8.1）	正式收运及收运检查单（9.1.2 & 9.1.3）
UN3481	锂离子电池与设备安装在一起（包括锂聚合物电池）符合PI967第Ⅱ部分要求且不超过4个电池芯或2个电池	NO	NO	NO	NO	NO	NO
UN3481	锂离子电池与设备包装在一起（包括锂聚合物电池）符合PI966第Ⅱ部分要求	NO	NO	NO	NO	YES[1]	YES
UN2909	放射性物品例外包装件 – 贫化铀制品或天然铀或天然钍	NO	NO	NO	NO	YES	N/A
UN2908	放射性物品例外包装件 – 空包装	NO	NO	NO	NO	YES	N/A
UN2911	放射性物品例外包装件 – 仪器或制品	NO	NO	NO	NO	YES	N/A
UN2910	放射性物品例外包装件 – 例外数量物质	NO	NO	NO	NO	YES	N/A

注：[1] 货运单上的声明应与适用的包装说明中的要求一样。

（三）收运检查单的类型

经营人必须使用收运检查单核对与危险品相关的所有项目。危险品收运检查单通常分为以下三种类型：

（1）用来检查非放射性危险品的检查单；

（2）用来检查放射性危险品的检查单；

（3）在不需要托运人危险品申报单时，用来进行干冰收运的检查单。

非放射性危险品、放射性危险品、干冰（固体二氧化碳）收运检查单样例详见附录。

第三节 存储

一、放射性物质的存储

1. 人员接触的辐射限量

（1）放射性物质必须与工作人员、公众有足够的隔离。工作人员在经常工作的区域接触的辐射剂量每年不得超过 5mSv，公众经常进入区域的剂量每年不得超过 1mSv。

（2）所有与存储有关的人员必须得到一些专业指导，以了解其所面临的危险并掌握应遵守的预防措施等。

（3）在存储期间，射线辐照应保持越低越好。为保证射线辐照越低越好的原则，II级黄色及III级黄色的包装件、合成包装件及放射性专用货箱在临时存储时应与人员隔离。

2. 易裂变物质的存储

转运过程中存放在任一存储区域的，装有易裂变物质的包装件、合成包装件和放射性专用货箱的数量都必须受到限制，以确保此类包装件、合成包装件和放射性专用货箱的临界安全指数总和不超过 50。此类包装件在存放时必须与其他装有易裂变物质的包装件、合成包装件或放射性专用货箱保持至少 6 米的距离。

3. 无人提取的放射性物质的存储

对于无人提取的放射性物质，必须存放在安全场所并立即通知相关的国家主管部门，向其征求下一步处理工作的指导。

二、有机过氧化物和自反应物质的存储

在运输过程中，装有 4.1 项自反应物质或 5.2 项有机过氧化物的包装件或集装器，应避免阳光直射，远离热源，存储在通风良好的区域。

三、危险品仓库或存放区域

1. 危险品仓库

（1）危险品专用的仓库必须经消防部门和安全生产监督部门批准许可。危险品的包装件及合成包装件应存放在专门设计的危险品仓库中，并按其危险性的不同类别、项别分别放置在不同的库房中。

（2）对于存放第7类放射性物质的仓库，其墙壁及仓库大门必须在一定程度上具有降低放射性物质辐射水平的功能。

（3）危险品仓库内外的明显位置处应有应急电话号码。

（4）危险品仓库内还应配备必要的报警设施。

（5）危险品仓库的每一库房必须有相应的通风设施，以有效地消除危险品散发出的化学物品气味。

（6）根据消防部门要求，危险品仓库应配备个人专用防护用品，如防护服、防毒面具、工作帽、靴鞋、胶皮手套等。

（7）危险品仓库必须保证水源及一定数量的各类灭火瓶和沙土，以备在发生不正常情况时，能够及时采取措施。

2. 危险品的存放区域

危险品的包装件如果在普通货物的库房中存储，必须放在指定区域以便集中管理，这一存放区域应具备如下条件：

（1）通风良好，无阳光直射，远离各种热源，夏季温度不宜过高；

（2）消防设备完善，消防器材齐备；

（3）设置安全、充足的照明设备；

（4）离其他货物较远，出事故时便于迅速抢运出库；

（5）子弹（1.4S）必须放在专用库房，由专人看管，严防盗窃。

第四节 装载

一、装载的一般要求

首先,装载这一环节必须遵守本章第一节的六项操作基本原则。其次,当危险品装上飞机后,经营人必须保护该危险品包装件不被损坏,包括在行李、邮件、经营人物资或其他货物移动的情况下不被损坏。最后,经营人还必须注意飞机驾驶舱和客机的装载限制、不相容危险品的隔离规则、货机的装载限制及各类特殊危险品包装件的装载原则等。

二、各类货舱的装载限制

(一)货舱的分类

1. A 类货舱或行李舱

A 类货舱或行李舱,是指机组人员在其所处的位置能够很容易发现火情,且在飞行中该类货舱或行李舱的每一部位都易于接近。

2. B 类货舱或行李舱

B 类货舱或行李舱,是指:①在飞行中,该类货舱或行李舱有足够的通道使机组人员能够将手提灭火器的内含物有效地喷洒到舱内任何部位;②当采取有效措施后,达到危险数量的烟雾、火焰或灭火剂不会进入机组或旅客所处的客舱;③安装有独立工作的、经适航批准的烟雾探测器或火警探测器,可在飞行员或飞行机械师的位置上发出警告。

3. C 类货舱或行李舱

C 类货舱或行李舱,是指不符合 A 类或 B 类货舱或行李舱的要求,但是:①装有独立工作的、经适航批准的烟雾探测器或火警探测器,可在飞行员或飞行机械师的位置上发出警告;②安装有经适航批准的内置灭火系统,并且在飞行员或飞行机械师的位置上可以对其进行控制;③具有从驾驶舱或客舱清除大量有害烟雾、火焰或灭火剂的装置;④舱内具有控制通风和气流的措施,以便所用的灭火剂能控制舱内任何可能的火情。

4. D 类货舱和行李舱

D 类货舱和行李舱，是指：①货舱或行李舱内起火将会完全被限制在货舱或行李舱之内，不会危及飞机或机上人员的安全；②具有从机组或旅客所处的客舱里清除达到危险数量的烟雾、火焰或其他有毒气体的装置；③每个货舱内或行李舱内的通风和气流是可以控制的，使任何可能发生在货舱或行李舱内的火情被控制在安全限度内；④考虑到了飞机货舱或行李舱内高温对邻近的飞机关键部件的影响。

5. E 类货舱

E 类货舱，是指仅用于运输货物的飞机货舱，并且该货舱具有下列特点：①安装有独立工作的、经适航批准的烟雾探测器或火警探测器，可在驾驶员或飞行机械师的位置上发出警告；②有切断在舱内或向舱内流动的通风气流的装置，并且这些装置的控制按钮是飞机驾驶舱内的飞行机组能够接触到的；③在飞机驾驶舱内有可以消除达到危险数量的烟雾、火焰或有毒气体的装置；并且在装载任何货物的情况下，机组人员的应急出口是可接近的。

（二）货舱的位置

1. A 类货舱

通常 A 类货舱是小货舱，它可能位于飞机驾驶舱和客舱之间或邻近机上厨房的区域或在飞机的尾部。

2. B 类货舱

B 类货舱通常比 A 类货舱大得多，并且可能位于远离飞机驾驶舱的区域。在客货混装（COMBI）飞机上，B 类货舱是在驾驶舱和客舱之间或在飞机尾部的客舱后，即通常所说的主货舱。

注：客货混装飞机是指一种在主舱内同时运载货物和旅客的航空器。

3. C 类货舱

C 类货舱的容积通常比 A 类或 B 类的大，并且这类货舱通常是在宽体飞机的腹舱。C 类货舱有两个灭火系统：第一次灭火系统内的灭火剂释放完毕、控制火势后，可以再次释放灭火剂，对货舱实施灭火。

4. D 类货舱

D 类货舱未装有火警探测器和灭火系统，但通过严格地限制氧气供应的设计来控制货舱内的火势。D 类货舱常见于大多数喷气式运输飞机的腹舱。然而，由于某些危险品本身会产生氧气，因此绝不能认为在使用了严格限制氧气供应的措施后，D 类货舱内的起火会理所当然地自动熄灭。

5. E 类货舱

E 类货舱一般包括货机的整个主舱。

传统的客机通常在腹舱设有 C 类或 D 类货舱；货机通常设有 E 类货舱和 D 类和/或 C 类货舱；客货混装（COMBI）飞机通常设有 B 类货舱，同时设有 C 类和/或 D 类货舱；支线间的小型客机，如果没有像传统客机那样设置 D 类货舱，那么可只设 A 类货舱，该货舱通常位于邻近飞机驾驶舱的区域；直升机可以在主舱（A 类货舱）或腹舱运载货物，但在腹舱的货舱没有分类，而且不能承受片刻的起火。

（三）装载限制

除一些例外包装件外，不得将危险品带入飞机的客舱或驾驶舱。另外，只要客机的主货舱符合 B 类或 C 类飞机货舱的所有适航标准，则可以将危险品装入该货舱。但是，带有"Cargo Aircraft Only（仅限货机）"标签的危险品包装件或合成包装件只能装进货机，同时需符合可接近性原则。而且，如果包装件的体积和重量允许时，应与机上的其他货物分开放置。当有需要时，这类包装件或合成包装件应在出发前提供给机组进行检查。

图 10-5　CAO 危险品的装载限制

上述要求不适用于以下危险品：

（1）第 3 类易燃液体、包装等级Ⅲ级，含第 8 类次要危险性的除外；

（2）毒性物质（6.1项），无第3类以外的次要危险性；

（3）感染性物质（6.2项）；

（4）放射性物质（第7类）；

（5）杂项危险品（第9类）。

三、各类危险品的装载要求

（一）含液体危险品包装件的装载

在运输过程中，带"This Way Up（此端向上）"标记的包装件，必须始终按照此标记进行装运、码放和操作。装有液体危险品的单一包装件如有顶端封口，即使该单一包装件可能有侧面封口，也必须保证顶端封口朝上码放和装载。

（二）磁性物质的装载

磁性物质不得装载于直接影响飞机的直读磁罗盘或罗盘传感器的位置上，如果磁场强度达到0.418安培/米（A/m），飞机罗盘或罗盘传感器附近会受到显著的影响。

磁性物质与飞机罗盘或罗盘传感器的最小装载距离，取决于磁性物质的磁场强度：最小装载距离为1.5米（符合磁性物质定义的边界值材料）到4.6米（包装说明902所允许的具有最大磁场强度的材料）。

如果包装好的磁性物质距离罗盘或传感器的最小装载距离未知或无法估计，或者待运物质会影响飞机罗盘，则必须对待运物质做专门的最小装载距离的检测；检测时，应将多个包装件产生的累积效应考虑进去。

（三）固体二氧化碳（干冰）的装载

作为货物或作为其他货物的冷冻剂而运输的固体二氧化碳（干冰），其危险性在于：

（1）干冰会放出二氧化碳气体；二氧化碳气体密度比空气大，而且会取代空气中的氧气；空气中二氧化碳的含量若大于2.5%，就会影响到人和动物的正常生理机能，有窒息危险。

（2）降低周围温度，使动物和其他对温度敏感的货物受到损害。

（3）在密闭环境下，干冰汽化，体积膨胀，有潜在爆炸危险性。

因此，应根据机型、飞机通风率、干冰包装与码放方法、在同一航班上是否装有动物等因素，做好合理的安排后方可承运。

干冰的装载必须注意以下事项：①确保将飞机上装有固体二氧化碳（干冰）的情况通知给地面人员和飞行机组，因此干冰运输时必须填写特种货物机长通知单。②虽然干冰用于非危险品冷冻剂时，不要求填写危险品申报单而只在货运单上做相应标注即可；但是如果需要额外增加干冰，必须将更改的干冰总量通知机长。③飞机经停时，应打开舱门以利空气流通而降低货舱内的二氧化碳浓度；如果需要装卸货物，必须待货舱内空气充分流通后，工作人员才可进入货舱进行装卸作业。

按照规定，机组和旅客的交运行李中如果有干冰，则必须使用标记，表明其中含有干冰且标明干冰数量，或标明内装不超过 2.5 千克的干冰。为了便于处理含有干冰的机组和旅客的交运行李，经营人可使用如图 10-6 所示的行李牌来标识此类交运行李。

图 10-6　含有干冰的行李使用的行李牌

目前，国内部分航空公司对干冰与活体动物同货舱或不同货舱装载的重量限制的具体规定，见表 10-3 所示。

表 10-3　干冰装载的重量限制表

机型	干冰装载限量（千克）				
	主货舱	前货舱	后货舱	散舱	限装总量
B737	N/A	200	200	200	200
B757	N/A	250	250	250	250
B777-200/300ER	N/A	410	410	410	410
B787-8	N/A	350	350	350	350

续表

机 型	干冰装载限量（千克）				
	主货舱	前货舱	后货舱	散 舱	限装总量
B747F	2500	2500	2500	2500	2500
B777F	2000	410	410	410	2000

注：B777F 机型前货舱、后货舱和散舱合计的干冰装载总限量为 410 千克。

另外，还需注意以下几点：

（1）目前发布的机型装载限量将根据机型的构型变化情况保持动态更新。

（2）波音机型在整架飞机干冰装载总量未超的前提下，可在前货舱、后货舱或散货舱间任意分配，但以平均分配为宜。

（3）遇有大批干冰作为货物而非冷冻剂运输时，在获得特种货物运输主管部门的批准后，各机型装载限量可按上述限量值的两倍计算。例如，B777-200 飞机运输干冰货物（干冰作为货物而非冷冻剂）时，干冰的装载限量可达 820 千克。

（四）低温液体的装载

无论在同一航班中是否有活物，经营人可以选择合适的机型，将可开合低温容器中装有深冷液化气体的包装件与热敏感货物装载在一起。经营人应确认地面操作人员在装载或进入飞机时已知道包装件中装有低温液体，并且会采取适当的措施确认：在货舱门打开之后、操作人员进入货舱之前，任何气体的增加都可排放出货舱。

（五）膨胀性聚酯颗粒及塑料模塑化合物的装载

膨胀性聚酯颗粒是用来生产聚合物的半成品。当它作为发泡剂与易燃气体或液体混合的时候，有可能释放出少量的易燃气体。净重不超过 100 千克的聚酯颗粒或可塑性材料，可以装载在飞机的任何密闭舱内。

（六）作为交运行李的轮椅或其他电池驱动的代步工具的装载

1. 装有非防漏型电池的轮椅/代步工具

（1）必须始终能以直立方式装载、放置、固定或卸机，电极须绝缘，如将

电池封闭在电池盒内,以防止意外短路,并且电池牢固地附于轮椅或代步工具上。航空公司及地面操作代理须保证轮椅或其他电动代步工具的装载方式能够防止意外启动,且须防止由于行李、邮件、供应品或货物的移动而导致电动轮椅/代步工具的受损。

(2)如果不能保证以直立方式装载、放置、固定或卸机,则须卸下电池,将轮椅或代步工具作为不受限制的托运行李运输,而卸下的电池则须装入坚固的硬质包装中运输,且其包装还应满足以下条件:

①包装须严密不漏,能阻止电池液渗漏;装载时应采取适当措施固定,如使用绑扎带、固定夹或支架,将包装固定在货板上或货舱内(不得用货物或行李支撑),以防翻倒。

②电池必须防止短路,直立固定于包装内,并用合适相容的吸附材料填满,且吸附材料应能吸收全部电池液;

③包装上必须标注"轮椅用湿电池(Battery, Wet, with Wheelchair)"或"代步工具用湿电池(Battery, Wet, with Mobility Aid)",并加贴"腐蚀性"标签和"方向性"标签。

地面服务保障工作人员必须通知机长装有非防漏型电池的电动轮椅或其他代步工具的装载位置,或已打包电池的装载位置。可要求旅客与每一经营人提前做好安排;且在条件允许时,给非防漏型电池装上防漏盖。

2. 装有防漏型电池的轮椅/代步工具

装有防漏型电池的轮椅或其他同类代步工具,电池必须符合特殊规定A67或包装说明872中的振动和压差测试,电池两极必须加以保护以防止短路。航空公司及地面操作代理须保证轮椅或其他电动代步工具的装载方式能够防止意外启动,且须防止由于行李、邮件、供应品或货物的移动而导致电动轮椅/代步工具的受损。同时,可要求旅客与每一经营人提前做好安排。

3. 装有锂电池的轮椅/代步工具

供因残疾、健康、年龄原因或暂时(腿部骨折)行动不便的旅客使用的装有锂离子电池驱动的轮椅或其他同类代步工具,在装载时须满足以下条件:

(1)电池型号必须通过联合国《试验和标准手册》UN38.3要求的系列测试。

(2)电极须绝缘,以防止意外短路,并且电池牢固地附于轮椅或代步工具上。

（3）航空公司及地面操作代理须保证轮椅或其他电动代步工具的装载方式能够防止意外启动，防止由于行李、邮件、供应品或货物的移动而导致电动轮椅/代步工具的受损。

（4）必须通知机长电动轮椅的装载位置。同时，可要求旅客与每一经营人提前做好安排。

另外，为了便于操作装有电池的轮椅或移动辅助工具，可以使用标签来帮助识别是否已经取出了轮椅中的电池，如前文图6-15所示。

（七）自反应物质和有机过氧化物的装载

在装载过程中，对装有4.1项自反应物质或5.2项有机过氧化物的包装件或集装箱，应避免阳光直射，远离热源，且通风良好，切勿与其他物质一起存放。

（八）放射性物质的装载

1. 一般要求

放射性物质的装载除了需遵循隔离原则外，还应满足以下一般要求：

（1）装机时，不得倒放或侧放，避免将重货压在上面；装机后，应设法予以固定，防止移动或翻滚。

（2）小件包装物可用手提，但不要肩扛、背负或抱揽；大件包装物要使用扛抬等办法进行搬运和装卸。

（3）进行装卸作业时应戴手套，严禁吸烟、饮食和在货件上坐卧休息，要轻拿轻放，不得撞击、翻滚；作业完毕要洗手。

2. 与人员的隔离要求

为使人体的接触辐射尽可能低，放射性物质包装件应装在尽量远离旅客和机组成员的位置，如下货舱或主货舱后部。粘贴Ⅰ级白色的放射性物质包装件，可以装在任何型号飞机的货舱，无数量限制和特殊要求，它的运输指数（TI）为零。粘贴Ⅱ级黄色与Ⅲ级黄色的放射性物质包装件、合成包装件或放射性专用货箱，必须与人员隔离，适用于客机、货机的最小隔离距离（由标签上所标出的运输指数TI决定）如表10-4和表10-5所示。在飞机装载区或其

他区域，如在货运大厅、货运仓库等区域临时存放时，都应遵循此规定。

如果飞机上装有一个以上的放射性物质的包装件、合成包装件或放射性专用货箱，每个包装件、合成包装件或放射性专用货箱与人员的最小隔离距离，必须依据它们的运输指数总和按表10-4及表10-5确定。另外，如果将放射性物质的包装件、合成包装件或放射性专用货箱分组码放，每组至客舱或驾驶舱墙板或地板最近表面的最小距离应根据每组的运输指数之和来计算；但前提是，组与组之间的隔离距离必须至少是运输指数之和较大的那一组对应的隔离距离的三倍以上。

表10-4　适用于客、货机运输的放射性物质的隔离距离

（T.I.）总和	最短距离	
	m	ft.in.
0.1~1.0	0.30	1′0″
1.1~2.0	0.50	1′8″
2.1~3.0	0.70	2′4″
3.1~4.0	0.85	2′10″
4.1~5.0	1.00	3′4″
5.1~6.0	1.15	3′10″
6.1~7.0	1.30	4′4″
7.1~8.0	1.45	4′9″
8.1~9.0	1.55	5′1″
9.1~10.0	1.65	5′5″
10.1~11.0	1.75	5′9″
11.1~12.0	1.85	6′1″
12.1~13.0	1.95	6′5″
13.1~14.0	2.05	6′9″
14.1~15.0	2.15	7′1″
15.1~16.0	2.25	7′5″
16.1~17.0	2.35	7′9″
17.1~18.0	2.45	8′1″
18.1~20.0	2.60	8′6″
20.1~25.0	2.90	9′6″
25.1~30.0	3.20	10′6″
30.1~35.0	3.50	11′6″
35.1~40.0	3.75	12′4″
40.1~45.0	4.00	13′1″
45.1~50.0	4.25	13′11″

表 10-5 仅限货机运输的放射性物质的隔离距离

（T.I.）总和	最短距离	
	m	ft.in.
50.1~60	4.65	15′4″
60.1~70	5.05	16′8″
70.1~80	5.45	17′10″
80.1~90	5.80	19′0″
90.1~100	6.10	20′0″
100.1~110	6.45	21′2″
110.1~120	6.70	22′0″
120.1~130	7.00	23′0″
130.1~140	7.30	24′0″
140.1~150	7.55	24′10″
150.1~160	7.80	25′8″
160.1~170	8.05	26′6″
170.1~180	8.30	27′2″
180.1~190	8.55	28′0″
190.1~200	8.75	28′10″
200.1~210	9.00	29′6″
210.1~220	9.20	30′2″
220.1~230	9.40	30′10″
230.1~240	9.65	31′8″
240.1~250	9.85	32′4″
250.1~260	10.05	33′0″
260.1~270	10.25	33′8″
270.1~280	10.40	34′2″
280.1~290	10.60	34′10″
290.1~300	10.80	35′6″

举例说明，如图 10-7 所示。

包装件 1：TI = 5.5。根据表 10-4，需要 1.15 米的最小隔离距离。因此，包装件 1 距离客舱地板的最小距离为 1.15 米。

包装件 2：TI = 4.2。根据表 10-4，需要 1.0 米的最小隔离距离。因此包装件 2 距离客舱地板的最小距离为 1 米。

由于包装件 1 具有较大的 TI 值，因此包装件 1 和包装件 2 之间的最小距离为 3.45 米（1.15×3）。

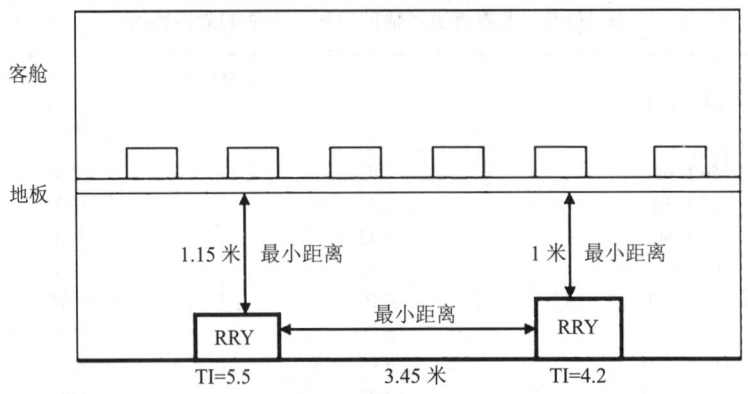

图 10-7　放射性物质包装件间隔最小距离示例

3. 放射性专用货箱的装载

放射性专用货箱的装载以及包装件、合成包装件和放射性专用货箱的码放必须按以下规定进行控制：

（1）除专载运输外，每架飞机上所装载的放射性物质包装件、合成包装件和放射性专用货箱的总数量必须受到限制，以保证飞机上的运输指数不超过表10-6 所列的数值。对于低比活度放射性 I 级（LSA-I）的货物，无运输指数总和的限制。

表 10-6　放射性专用货箱及机型的 TI 及 CSI 限制

放射性专用货箱种类或机型	运输指数（TI）的最大总和				临界安全指数（CSI）的最大总和	
	非专载运输		专载运输		非专载运输	专载运输
	非易裂变物质	易裂变物质	非易裂变物质	易裂变物质		
小型放射性专用货箱	50	50	—	—	50	—
大型放射性专用货箱	50	50	不限制	100	50	100
客　　机	50	50	—	—	50	—
货　　机	200	50	不限制	100	50	100

（2）当货物作为专载运输时，无单机运输指数总和的限制，但须满足表10-4 与表 10-5 所规定的最小间隔要求。

（3）在正常运输的情况下，飞机外表面任何一点上的辐射水平不得超过 2 毫希沃特/小时（mSv/h）；距飞机外表面 2 米处，任何一点上的辐射水平不得超过 0.1 毫希沃特/小时（mSv/h）。

（4）易裂变物质在放射性专用货箱内以及机上的临界安全指数，不得超过表 10-6 中的限值。

另外，需注意，任何运输指数大于 10 的包装件或合成包装件，或是临界安全指数大于 50 的货物，必须按照专载方式运输。

4. 与未冲洗的胶卷或底片之间的隔离要求

放射性物质必须与未冲洗的胶卷或胶片充分隔离。隔离距离必须保证未冲洗胶卷或胶片与放射性物质一同运输时，装有胶片的每件货物接触的辐射低于 0.1 毫希沃特（mSv）。

在无法确定辐射量时，适用于贴有 II 级黄色和 III 级黄色标签的包装件的最小隔离距离，如表 10-7 所示。表中的距离是指从放射性物质包装件、合成包装件和专用货箱的表面至未冲洗的胶卷或底片的最近表面之间的距离，此距离随着运输时间的增加而加大。

表 10-7　放射性物质与胶卷或底片之间的隔离距离

运输指数	载运的持续时间									
	小于或等于 2h		2~4h		4~8h		8~12h		12~24h		24~48h
	m	ft.in.	m	ft.in.	m	ft.in.	m	ft.in.	m	ft.in.	m	ft.in.
1	0.4	1'4″	0.6	2'0″	0.9	3'0″	1.1	3'8″	1.5	5'0″	2.2	7'2″
2	0.6	2'0″	0.8	2'8″	1.2	4'0″	1.5	5'0″	2.2	7'2″	3.1	10'2″
3	0.7	2'4″	1.0	3'4″	1.5	5'0″	1.8	5'10″	2.6	8'6″	3.8	12'6″
4	0.8	2'8″	1.2	4'0″	1.7	5'8″	2.2	7'2″	3.1	10'2″	4.4	14'6″
5	0.8	2'8″	1.3	4'4″	1.9	6'2″	2.4	7'10″	3.4	11'2″	4.8	15'10″
10	1.4	4'8″	2.0	6'6″	2.8	9'2″	3.5	11'6″	4.9	16'0″	6.9	22'8″
20	2.0	6'6″	2.8	9'2″	4.0	13'2″	4.9	16'0″	6.9	22'8″	10.0	32'10″
30	2.4	7'10″	3.5	11'6″	4.9	16'0″	6.0	19'8″	8.6	28'2″	12.0	39'4″
40	2.9	9'6″	4.0	13'2″	5.7	18'8″	6.9	22'8″	10.0	32'10″	14.0	45'10″
50	3.2	10'6″	4.5	14'10″	6.3	20'8″	7.9	25'10″	11.0	36'0″	16.0	52'6″

第五节　与危险品有关的航空器应急处置程序

在航空危险品运输过程中出现的紧急情况通常可分为两种类型：危险品事故与危险品事故征候。其中，危险品事故是指与危险品运输有关联，造成致命或严重人身伤害或财产损失的事故。而危险品事故征候是指不同于危险品事故，但与危险品航空运输有关联，不一定发生在航空器上，但造成人员受伤、财产损失、起火、破损、溢出、液体或放射性物质渗漏或包装未能保持完好的其他情况。任何与危险品航空运输有关并严重危及航空器或机上人员的事件（类似隐瞒、遗漏、错误申报但未发生不安全事件的）也视为危险品事故征候。为了能够有效应对航空危险品运输过程中出现的紧急情况，DGR 制定了较为完善的应急处置程序与操作方法。

一、应急处置的一般要求

发生危险品事故或危险品事故征候后，在采取适当的应急处置时，不论所涉及的航空器运载的是旅客、货物或客货，都需要考虑以下因素。

（1）始终应该考虑尽快着陆。如果情况允许，应该按照 TI 中的规定，通知有关的空中交通服务部门：机上载有危险品。

（2）始终应该执行该型号航空器获准使用的适当的灭火或排烟应急程序。飞行机组人员氧气罩和调节器必须打开，并选至 100% 氧气位置以防止吸入烟或烟雾。使用适当的排烟应急程序应能降低污染浓度，并有助于避免受污染空气的再循环。空气调节系统应开到最大功率，所有的舱内空气应排到舱外，以便降低空气的污染浓度，并避免受污染空气的再循环。

（3）降低高度将会降低液体的汽化速率，也可降低渗漏速率，但可能会加快燃烧速率；反之，提高高度可能会降低燃烧速率，但是可能加快汽化速率或渗漏速率。如果出现了结构损坏或爆炸危险，应该考虑保持尽可能低的压差。

（4）不应为了灭火而降低通风率，因为这将产生旅客致残的风险，而对灭火却起不到很大作用，旅客则可能在火被熄灭之前因缺氧而窒息。通过确保客舱最大的通风量，可显著增加旅客的幸存机会。

（5）在处理涉及火情或烟雾的事故或事故征候时，应时刻戴着气密呼吸设备，不应考虑使用带便携式氧气瓶的医疗面罩或旅客用降落式氧气系统去帮助处于充满烟或烟雾的客舱内的旅客，因为大量的烟或烟雾将通过面罩上的气门或气孔被吸入。帮助处于充满烟或烟雾的环境中的旅客，更加有效的方法是，使用湿毛巾或湿布捂住嘴和鼻子。湿毛巾或湿布可帮助过滤，且比干毛巾或干布的过滤效果更佳。如果烟或烟雾在扩散，客舱机组应迅速采取行动，将旅客从受影响区域转移；必要时提供湿毛巾或湿布，并指示旅客用其呼吸。

（6）一般而言，在对待溢出物时或在有烟雾存在的情况下，不应使用水，因为水可能使溢出物扩散，或加速烟雾的生成。当使用水灭火时，还应该考虑到电气组件存在的可能。

（7）除了机上必须携带的应急设备和一些经营人提供的应急响应包之外，还可以找到其他可利用的东西，包括：酒吧或配餐使用的箱子，烤炉抗热手套/抗火手套，聚乙烯袋子，毛毯、毛巾等。

（8）在触摸可疑包装件或瓶子之前，应该将手保护好。抗火手套或烤炉抗热手套罩上聚乙烯袋子，可以提供适当的保护。

（9）在擦干任何溢出物或渗漏物时，应该时刻谨慎小心，确保用来擦抹的物品与危险品之间不会产生反应。如果可能产生反应，就不应试图擦干溢出物，而应用聚乙烯袋子将其覆盖。如果没有聚乙烯袋子，则应注意确保盛装该物品的任何容器与该物品本身不会产生反应。

（10）如果已知或怀疑的危险品以粉末形式溢出，所影响的一切物品均应保持不动。不应该用灭火剂覆盖此类溢出，或用水加以稀释。应将旅客从受影响区域转移；应考虑关闭再循环风扇；应使用聚乙烯袋子或其他塑料袋和毯子覆盖有溢出物的区域；应将该区域隔离起来，着陆之后，应由合格的专业人员负责处理。

（11）如果火已扑灭，而且内包装显然完好无损，应考虑用水冷却包装件，从而避免再燃烧的可能性。

（12）当有烟雾或蒸气存在时，应该禁止吸烟。

（13）如果援救和消防人员在事故/事故征候中赶到航空器，无论危险品是造成事故/事故征候的原因，还是在航空器上载有危险品，但与事故/事故征候并不直接相关，都应规定一项程序，确保将机长的危险品通知单立即提供给援救和消防服务人员。

（14）如果一起事故/事故征候涉及某种可以查明的化学物质，在某些情况下或许可以从各国化学数据库中获取有用的信息。这些数据库通常保持电话24小时畅通，因此可以通过电话转接程序与之取得联系。如：美国CHEMTREC（www.chemtrec.com），加拿大CANUTEC（www.tc.gc.ca/eng/canutec/menu.htm）。

二、不同区域危险品的处置程序

（一）客舱内的危险品

除了特殊规定的情况以外，危险品不得放在客舱内。然而，危险品可能由于不了解或者故意忽视相关规定的旅客带入客舱。也有可能是，某物品是旅客有权合法携带的，如医疗用品，但却可能引起事故征候。对于这类危险品的处置，可参照书末附录中的"飞行中客舱内危险品事故征候客舱机组检查单"。

（二）舱板下货舱内的危险品

当危险品作为货物放在舱板下的货舱内载运时，在飞行中不太可能发现溢出或渗漏现象，除非其在客舱内或驾驶舱内产生明显的烟雾。如果出现渗漏，客舱内和驾驶舱内的空气可能变得易燃、有刺激性或有毒。此时，应关闭非必要的电气设备，并禁止吸烟。此外，机组成员还应使用全罩式面罩（100%氧气）或防烟面罩。只要有可能，就应为旅客提供湿毛巾或湿布，用来捂住鼻子和嘴。

舱板下货舱内的烟或火,可能并不是由货舱内所载的危险品引起的。但这些危险品可能会受到火情的影响。在处理烟或火时,应始终遵循标准的航空器应急程序。

在某些航空器内,可以从航空器内部进入舱板下的 D 级货舱。通常情况下,即便有可能进入,也不应进去,因为这将使空气进入该舱,可能使情况变得更糟。

如果在舱板下的货舱内发生事故/事故征候,应在试图打开货舱门之前,将旅客和机组成员撤离航空器;货舱门打开时,应有应急服务人员在场。

(三)客货混装航空器主舱内的危险品

在客货混装(COMBI)航空器的客舱或驾驶舱内产生烟雾时,发现的烟或火可能不是由货舱所载的任何危险品引发的,但是那些危险品可能会受到火情的影响。因此,应该始终遵循针对烟和火所建议采取的航空器应急程序。

此时如果可以从航空器内部进入货舱,在决定是否进入时应该格外小心谨慎,以免烟或烟雾进入客舱或驾驶舱。如果决定要进入货舱,并且发现危险品是造成事故/事故征候的原因,则应参考危险品一览表和相关的应急响应操作方法。

当烟或烟雾可能进入客舱或驾驶舱时,机组人员应假定航空器的环境可能已受到刺激性的、易燃的或有毒的烟雾污染,应采取适当行动,如使用全罩式面罩(100%氧气)或防烟面罩。只要有可能,就应为旅客提供湿毛巾或湿布,并指示他们用其捂住鼻子和嘴。同时,应关闭所有非必要的电气设备,并禁止吸烟,且尽快执行排烟应急程序,以使客舱通风量达到尽可能的最大程度。

如果在主舱货舱内发生事故/事故征候,则应在试图打开货舱门之前,将旅客和机组成员从航空器上撤离;货舱门打开时,应有应急服务人员在场。

(四)货机上的危险品

危险品可以放在货机舱板下的货舱或主舱内运载。

在货机的主舱内运载的危险品分为两大类：

（1）允许用客机运载的危险品或仅限货机（CAO）运载的危险品，或其数量不受TI附加装载要求限制的且仅限货机（CAO）运载的危险品。这些危险品可能是完全无法接近的，应根据其在主舱的位置、所用集装器的类型等情况确定航空器应急程序。

（2）仅限货机（CAO）运载的并受TI附加装载要求所限的危险品。这些危险品可能被要求具有可接近性，这意味着其装载方式必须使机组人员能够搬运这些物品，并在体积和重量允许的情况下，将此类包装件或合成包装件与其他货物分开。如果发生涉及这些危险品的事故/事故征候，必须对直接进行实际干预的可行性作出评估。无论如何，对可接近的和不可接近的危险品，都应始终遵循标准的航空器应急程序。

应该设法确定主舱内发生的事故/事故征候的原因。在此过程中，可以考虑采取以下行动：①设法找出事故/事故征候的起源，并确定是否有烟雾或烟，或是否有溢出或渗漏痕迹。②如果有烟雾或烟，采用适当的航空器灭火或排烟应急程序。③确定所涉及的危险品，并使用机长通知单来确认该物品的名称和/或联合国编号。④在确定了该危险品的特性之后，从按字母顺序排列的或数字顺序排列的危险品一览表内，找出为该特定物品指定的操作方法。⑤根据相应的应急响应操作方法所提供的指南，来处理事故/事故征候。

三、航空器应急响应操作方法

表10-8中所示的航空器应急响应操作方法，可为机组成员提供操作指南，用于处理在飞行中出现的与危险品包装件有关或可能有关的事故或事故征候。

第十章 危险品的操作

1. 完成相应的航空器应急响应程序。
2. 考虑尽快着陆。
3. 使用以下图表中的操作方法。

表 10-8 航空器应急响应操作方法

操作方法代号	固有危险	对航空器的危险	对乘员的危险	溢出或渗漏的处理程序	灭火程序	其他考虑
1	爆炸可能引起结构破损	起火和/或爆炸	操作方法字母所指出的危险	使用100%氧气，禁止吸烟	使用所有可用的灭火剂，使用标准灭火程序	可能突然失去增压
2	气体，非易燃，压力可能在火中产生危险	最小	操作方法字母所指出的危险	使用100%氧气，对于操作方法字母为"A"、"I"或"P"的物品，要建立和保持最大通风量	使用所有可用的灭火剂，使用标准灭火程序	可能突然失去增压
3	易燃液体或固体	起火和/或爆炸	烟、烟雾和高温，以及操作方法所指出的危险	使用100%氧气，建立和保持最大通风量，禁止吸烟，尽可能少地使用电气设备	使用所有可用的灭火剂，对于操作方法字母为"W"的物品，禁止使用水	可能突然失去增压
4	当暴露于空气中时，可自动燃烧发火	起火和/或爆炸	烟、烟雾和高温，以及操作方法所指出的危险	使用100%氧气，建立和保持最大通风量	使用所有可用的灭火剂，对于操作方法字母为"W"的物品，禁止使用水	可能突然失去增压；如果操作方法字母为"F"或"H"，尽可能最少地使用电气设备
5	氧化性物质，可能引燃其他材料，可能在火的高温中爆炸	起火和/或爆炸，可能的腐蚀损坏	刺激眼睛、鼻子和喉咙，接触造成皮肤损伤	使用100%氧气，建立和保持最大通风量	使用所有可用的灭火剂，对于操作方法字母为"W"的物品，禁止使用水	可能突然失去增压

续表

操作方法代号	固有危险	对航空器的危险	对乘员的危险	溢出或渗漏的处理程序	灭火程序	其他考虑
6	有毒物质*，如果吸入、摄取或被皮肤吸收，可能致命	被有毒*的液体或固体污染	剧毒，后果可能会延迟发作	使用100%氧气，建立和保持最大通风量，不戴手套不可接触	使用所有可用的灭火剂	可能突然失去增压；如果操作方法字母为"F"或"H"，尽可能最少地使用电气设备
7	从破损的/未防护的包装件中产生的辐射	被溢出的放射性物质污染	暴露于辐射中，并对人员造成污染	不要移动包装件，避免接触	使用所有可用的灭火剂	请一位有资格的人员登机
8	具有腐蚀性，烟雾如果被人吸入或与皮肤接触可能致残	可能造成腐蚀损坏	刺激眼睛、鼻子和喉咙，接触造成皮肤损伤	使用100%氧气，建立和保持最大通风量，不戴手套不可接触	使用所有可用的灭火剂	可能突然失去增压；如果操作方法字母为"F"或"H"，尽可能最少地使用电气设备
9	没有一般的固有危险	操作方法字母所指出的危险	操作方法字母所指出的危险	使用100%氧气，对于操作方法字母为"A"的物品，要建立和保持最大通风量	使用所有可用的灭火剂——对于操作方法字母为"Z"的物品，可以使用水（如白）；对于操作方法字母为"W"的物品，禁止使用水	如是操作方法字母为"Z"的物品，考虑立即着陆；否则，无
10	气体，易燃，如果有任何火源，极易着火	起火和/或爆炸	烟、烟雾和高温，以及操作方法字母所指出的危险	使用100%氧气，建立和保持最大通风量，禁止吸烟，尽可能最少地使用电气设备	使用所有可用的灭火剂	可能突然失去增压

续表

操作方法代号	固有危险	对航空器的危险	对乘员的危险	溢出或渗漏的处理程序	灭火程序	其他考虑
11	感染性物质，如果通过黏膜或外露的伤口吸入、摄取或吸收，可能会对人或动物造成影响	被感染性物质污染	对人或动物延迟发作的感染	不要接触，在受影响区域保持最低程度的再循环和通风	使用所有可用的灭火剂；对于操作方法字母为"Y"的物品，禁止使用水	请一位有资格的人员接机

操作方法字母	附加危险		操作方法字母	附加危险
A	有麻醉作用		N	有害
C	有腐蚀性		P	有毒（TOXIC）*（POISON）
E	有爆炸性		S	自动燃烧或发火
F	易燃		W	如果潮湿，释放有毒*或易燃气体
H	高度可燃		X	氧化性物质
i	有刺激性/催泪		Y	根据感染性物质的类别而定，有关国家主管部门可能需要对人员、动物、货物和航空器容器进行隔离
L	其他危险低或无		Z	航空器货舱灭火系统可能不能扑灭或抑制火情，考虑立即着陆
M	有磁性			

* Toxic 与 Poison（有毒）意思相同。

在查明引起事故或事故征候的危险品包装件后,应在机长的危险品通知单上查到相应的条目。通知单上可能列出了适用的操作方法代码;如果没有列出,可以按照通知单上的运输专用名称或联合国编号,查出对应代码,并参考《与危险品有关的航空器事故征候应急响应指南》(红皮书)中的危险品一览表,找出有关该物质造成的危险信息以及相对应的行动指南,进而采取有效措施。

 习题与思考

1. 什么时候需要对危险品包装件进行破损或泄漏检查?

2. 为什么含危险品的包装件需要固定装载在飞机上?

3. 为什么不相容的危险品在飞机上装载时需要进行隔离?

4. 粘贴"仅限货机"操作标签的危险品包装件是否可以装载在客机的货舱中?

5. "仅限货机"装载的危险品应遵守的可接近性原则的具体内容是什么?

6. 下列危险品包装件装载时是否需要隔离?

(1) 6.1项危险品和第3类危险品

(2) 4.3项危险品和第8类危险品

(3) 第3类危险品和第8类危险品

(4) 5.1项危险品和第3类危险品

7. 下列货物包装件装载时是否需要隔离?

(1) 第7类危险品和食品

(2) 干冰和鸡蛋

8. 请使用放射性危险品收运检查单找出以下危险品申报单、货运单及包装件上标记标签的错误,并改正。

（1）危险品申报单改错

SHIPPER'S DECLARATION FOR DANGEROUS GOODS

Shipper	
Advanced Chemical Co. 344 Main Street Reigate, Surrey England	Air Waybill No. 01234777888 Page 1 of 1 Pages Shipper's Reference Number *(optional)*

Consignee	
ABC Co. Ltd. 101 High Street Detroit, MI48174 USA	*For optional use for Company logo name and address*

Two completed and signed copies of this Declaration must be handed to the operator.

WARNING

Failure to comply in all respects with the applicable Dangerous Goods Regulations may be in breach of the applicable law, subject to legal penalties.

TRANSPORT DETAILS

This shipment is within the limitations prescribed for: *(delete non-applicable)*

| PASSENGER AND CARGO AIRCRAFT | ~~CARGO AIRCRAFT ONLY~~ |

Airport of Departure:

Airport of Destination:

Shipment type: *(delete non-applicable)*
NON-RADIOACTIVE | ~~RADIOACTIVE~~

NATURE AND QUANTITY OF DANGEROUS GOODS

UN or ID No.	Proper Shipping Name	Class or Division (Subsidiary Risk)	Packing Group	Quantity and Type of Packing	Packing Inst.	Authorization
2916	Radioactive material	7	PGIII	I-134 1 Type B(U) package×4TBq	3.1 II Dims: 30× 30× 50cm	Special Form Certificate No. B3453/D

Additional Handling Information

I hereby declare that the contents of this consignment are fully and accurately described above by the proper shipping name, and are classified, packaged, marked and labelled/placarded, and are in all respects in proper condition for transport according to applicable international and national governmental regulations. I declare that all of the applicable air transport requirements have been met.

Name/Title of Signatory
A. Brown, Manager
Place and Date
Reigate, 2016-09-08
Signature
(see warning above) A. Brown

（2）货运单改错

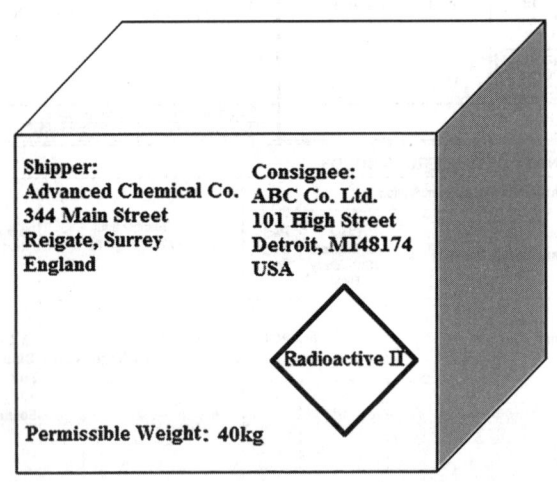

（3）包装改错

9. 使用非放射性危险品收运检查单找出以下危险品申报单、货运单及包装件上标记标签的错误，并改正。

第十章 危险品的操作

（1）危险品申报单改错

SHIPPER'S DECLARATION FOR DANGEROUS GOODS

Shipper	Air Waybill No. 01234777888
Advanced Chemical Co. 344 Main Street Reigate, Surrey England	Page 1 of 1 Pages Shipper's Reference Number *(optional)*

Consignee	
ABC Co. Ltd. 101 High Street Detroit, MI48174 USA	*For optional use for Company logo name and address*

Two completed and signed copies of this Declaration must be handed to the operator.

WARNING

Failure to comply in all respects with the applicable Dangerous Goods Regulations may be in breach of the applicable law, subject to legal penalties.

TRANSPORT DETAILS

This shipment is within the limitations prescribed for: *(delete non-applicable)*	Airport of Departure:
~~PASSENGER AND CARGO AIRCRAFT~~ / CARGO AIRCRAFT ONLY	Reigate

Airport of Destination:	USA	Shipment type: *(delete non-applicable)* NON-RADIOACTIVE / ~~RADIOACTIVE~~

NATURE AND QUANTITY OF DANGEROUS GOODS

UN or ID No.	Proper Shipping Name	Class or Division (Subsidiary Risk)	Packing Group	Quantity and Type of Packing	Packing Inst.	Authorization
2411	Butyronitrile	3	II	20L	352	
2681	Caesium hydroxide solution	8	II	40L All packed in one 4G	855	

Additional Handling Information

I hereby declare that the contents of this consignment are fully and accurately described above by the proper shipping name, and are classified, packaged, marked and labelled/placarded, and are in all respects in proper condition for transport according to applicable international and national governmental regulations. I declare that all of the applicable air transport requirements have been met.

Name/Title of Signatory
    A. Brown, Manager
Place and Date
    Reigate, 2016-09-08
Signature
(see warning above)   A. Brown

（2）货运单改错

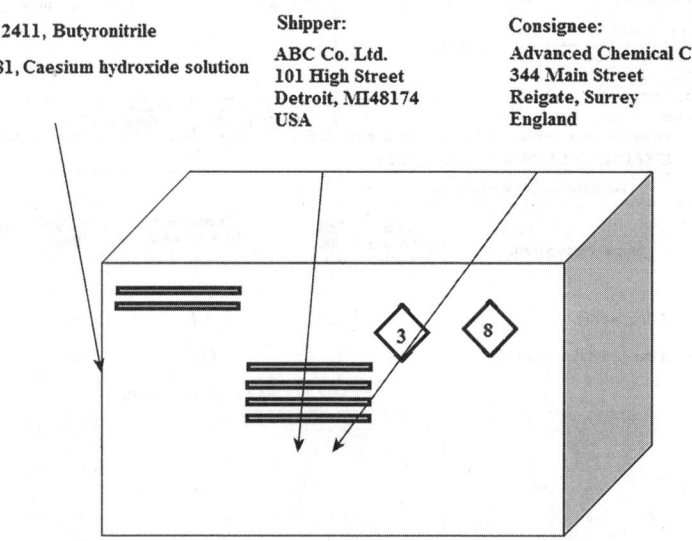

（3）包装改错

参考文献

1. IATA. Dangerous Goods Regulations [M]. 60th ed. Montreal，2019.
2. 王益友. 航空危险品运输 [M]. 北京：化学工业出版社，2013.
3. 肖瑞萍. 民用航空危险物品运输 [M]. 北京：科学出版社，2009.
4. 白燕. 民航危险品运输基础知识 [M]. 北京：中国民航出版社，2010.

附 录

附录1 收运检查单

2019
非放射性危险品收运检查单

下列推荐的检查清单用于始发站核实托运货物。在所有项目检查之前不得收运或拒收托运货物。

下列各项内容是否正确?

	是	否	不适用
托运人危险品申报单（DGD）			
1. 英文申报单一式两份按 IATA 格式填写	☐	☐	☐
2. 托运人和收货人名称及地址全称	☐	☐	☐
3. 如无航空货运单号，填上	☐	☐	☐
4. 共有的页数	☐	☐	☐
5. 删除不适用的飞机机型	☐	☐	☐
6. 如无起飞/目的地机场或所在城市的全称，填上此条目为可选项	☐	☐	☐
7. 删除"放射性"字样	☐	☐	☐
识别			
8. UN/ID 编号，编号前冠以 UN 或 ID 字样	☐	☐	☐
9. 运输专用名称及必要时写在括号内的技术名称	☐	☐	☐
10. 类别或项别，对于第 1 类，配装组代码	☐	☐	☐

附 录

11. 次要危险性，紧跟于类别/项别后的括号内　☐　☐　☐

12. 包装等级　☐　☐　☐

包装数量及类型

13. 包装件的数量及类型　☐　☐　☐

14. 每一包装件的含量及计量单位（净重或适用时的毛重）符合相关限制　☐　☐　☐

15. 当不同种类危险品包装在同一外包装中，符合以下规定：

——根据表 9.3.A 可包装在一起　☐　☐　☐

——装有 6.2 项危险品的 UN 包装件　☐　☐　☐

——"All packed in one（type of packaging）"字样　☐　☐　☐

——计算的"Q"值不得超过 1　☐　☐　☐

16. OVERPACK

——根据表 9.3.A 可包装在一起　☐　☐　☐

——"Overpack Used"字样　☐　☐　☐

——当使用 1 个以上 OVERPACK 时，标注识别标记及危险品的总量　☐　☐　☐

包装说明

17. 包装说明编号　☐　☐　☐

18. 对于符合 IB 部分的锂电池，"IB"跟随在包装说明后面　☐　☐　☐

批准

19. 如适用，相关特殊规定代码 A1、A2、A4、A5、A51、A81、A88、A99、A130、A190、A191、A201、A202、A211、A212 或 A331　☐　☐　☐

20. 指明附有政府批准证书，包括英文副本　☐　☐　☐

其他操作说明

21. 对于 4.1 项中的自反应物质及相关物质、5.2 项的有机过氧化物，或其样品、PBE、易燃黏稠物质以及烟火，强制性的文字要求　☐　☐　☐

22. 6.2 项感染性物质责任人的姓名及电话　☐　☐　☐

23. 签署者姓名及职务，地点及日期，托运人签字　☐　☐　☐

24. 更改或修订时有托运人签字　☐　☐　☐

航空货运单

25. 在操作信息栏显示"Dangerous Goods as per attached Shipper's Declaration"或"Dangerous Goods as per attached DGD" ☐ ☐ ☐

26. "Cargo Aircraft Only"或"CAO"字样，若适用 ☐ ☐ ☐

27. 包含非危险品时，标明危险品的件数 ☐ ☐ ☐

包装件和 OVERPACK

28. 包装符合包装说明，无破损和泄露 ☐ ☐ ☐

29. 交付的包装件及 OVERPACK 的数量及类型与危险品申报单中所注明的相同 ☐ ☐ ☐

标记

30. UN 规格包装，是否按要求做标记：

　　——符号和规格代码 ☐ ☐ ☐

　　——X、Y、Z 与包装等级/包装说明一致 ☐ ☐ ☐

　　——不超过最大毛重（固体、内包装或 IBCs[A179]） ☐ ☐ ☐

31. UN/ID 编号 ☐ ☐ ☐

32. 运输专用名称包括必要时的技术名称 ☐ ☐ ☐

33. 托运人及收货人的姓名和地址全称 ☐ ☐ ☐

34. 所有类别的货物（除 ID8000 和第 7 类），在多于一个包装件时，包装件上标注净数量或必要时后跟"G"所表示的毛重，除非内容相同 ☐ ☐ ☐

35. 固体二氧化碳（干冰），包装上标注净重 ☐ ☐ ☐

36. 对 6.2 项感染性物质，责任人的姓名及电话 ☐ ☐ ☐

37. 包装说明 202 所要求的特殊标记 ☐ ☐ ☐

38. 限制数量包装件标记 ☐ ☐ ☐

39. 环境危害物质标记 ☐ ☐ ☐

标签

40. 主要危险性标签，依据 4.2 节 D 栏 ☐ ☐ ☐

41. 依据 4.2 节 D 栏，次要危险性标签粘贴在主要危险性标签旁 ☐ ☐ ☐

42. 仅限货机标签，与危险性标签毗连且粘贴在同一侧面上 ☐ ☐ ☐

43. "方向"标签，如适用，粘贴在相对的两个侧面上 ☐ ☐ ☐

44. "冷冻液体"标签，如适用 □ □ □
45. "远离热源"标签，如适用 □ □ □
46. "锂电池"标签，如适用 □ □ □
47. 正确粘贴上述所有标签，且除去无关的标记及标签 □ □ □

关于 OVERPACK

48. 包装适用的标记、危险性标签及操作标签必须清晰可见，否则需重新书写或粘贴在 OVERPACK 的表面 □ □ □
49. 如果所有标记和标签不可见，则需有"OVERPACK"字样 □ □ □
50. 当交运的 OVERPACK 超过一个时，标识标记和危险品的总量 □ □ □

一般情况

51. 国家及经营人差异条款均符合 □ □ □
52. 仅限货机的货物，所有航段均由货运飞机运输 □ □ □
53. 对于 IB 的锂电池，"锂电池文件"与所需要的信息随附货物运输 □ □ □

意见：_____

_____

检查人：_____

地点：_____ 签字：_____

日期：_____ 时间：_____

如果任何一项检查为否，工作人员将不得收运该货物，并将一份填写好的检查单的副本交给托运人。

2019
放射性危险品收运检查单

下列推荐的检查清单用于始发站核实托运货物。在所有项目检查之前不得收运或拒收托运货物。

下列各项内容是否正确？

托运人危险品申报单（DGD）	是	否	不适用
1. 英文申报单一式两份按 IATA 格式填写	☐	☐	☐
2. 托运人和收货人名称及地址全称	☐	☐	☐
3. 如无航空货运单号，填上	☐	☐	☐
4. 共有的页数	☐	☐	☐
5. 删除不适用的飞机机型	☐	☐	☐
6. 如无起飞/目的地机场或所在城市的全称，填上此条目为可选项	☐	☐	☐
7. 删除"非放射性"字样	☐	☐	☐

识别

	是	否	不适用
8. UN 编号，编号前冠以 UN 字样	☐	☐	☐
9. 运输专用名称	☐	☐	☐
10. 第 7 类	☐	☐	☐
11. 次要危险性，紧跟于类别 7 后的括号内，及次要危险性的包装等级，如需要	☐	☐	☐

包装数量及类型

	是	否	不适用
12. 放射性核素符号或名称	☐	☐	☐
13. 对于其他形式，物理和化学形态描述	☐	☐	☐
14. "Special Form"（UN3332 或 UN3333 除外），"Low dispersible material"字样	☐	☐	☐
15. 包装件数量和类型，及每个包装件的活度值；对于裂变物质，可用总质量（g 或 kg）代替活度值	☐	☐	☐
16. 不同的单个放射性核素，注明每一放射性核素的活度值及"All packed in one"的字样	☐	☐	☐
17. A 型包装件（表 10.3.A）、B 型或 C 型包装件（参见主管部门证明）的活度值位于允许的限值内	☐	☐	☐
18. 危险品申报单中注明"Overpack Used"字样	☐	☐	☐

包装说明

	是	否	不适用
19. 包装件或 OVERPACK 的级别	☐	☐	☐

20. 对于Ⅱ级或Ⅲ级，包装件的运输指数和尺寸（按照长×宽×高 ☐ ☐ ☐
的顺序）

21. 裂变物质，应注明临界安全指数或"Fissile Excepted" ☐ ☐ ☐

批准

22. 对于下列文件，识别标记以及 DGD 附带的一份英文文件：
——特殊形式批准证书 ☐ ☐ ☐
——低弥散物质批准证书 ☐ ☐ ☐
——B 型包装件设计批准证书 ☐ ☐ ☐
——要求的其他批准证书 ☐ ☐ ☐

23. 附加操作说明 ☐ ☐ ☐

24. 签署者姓名及职务，地点及日期，托运人签字 ☐ ☐ ☐

25. 更改或修订时有托运人签字 ☐ ☐ ☐

航空货运单

26. 在操作信息栏显示"Dangerous Goods as per attached Shipper's ☐ ☐ ☐
Declaration"或"Dangerous Goods as per attached DGD"

27. "Cargo Aircraft Only"或"CAO"字样，若适用 ☐ ☐ ☐

28. 包含非危险品时，标明危险品的件数 ☐ ☐ ☐

包装件和 OVERPACK

29. 交付的包装件及 OVERPACK 的数量及类型与危险品申报单中 ☐ ☐ ☐
所注明的相同

30. 运输包装密封未破损并且适于托运 ☐ ☐ ☐

标记

31. UN 编号 ☐ ☐ ☐

32. 运输专用名称 ☐ ☐ ☐

33. 托运人及收货人的姓名和地址全称 ☐ ☐ ☐

34. 包装件的毛重超过 50 千克时允许的毛重（Permissible gross weight） ☐ ☐ ☐

35. A 型包装件，根据规定标记 ☐ ☐ ☐

36. B 型包装件，根据规定标记 ☐ ☐ ☐

37. C 型包装件、工业包装和含有裂变物质的包装件，根据规定标记　□　□　□

标签

38. 相对两面贴有正确的放射性标签　□　□　□

39. 适合的次要危险性的标签，毗邻放射危险性标签　□　□　□

40. 两个仅限货机标签如适用，分别与放射危险性标签毗连且粘贴在同一侧面上　□　□　□

41. 对于裂变物质，粘贴两个正确填写的临界安全指数（CSI）标签，与危险性标签位于同一侧面上　□　□　□

42. 正确粘贴上述所有标签，且除去无关的标记及标签　□　□　□

关于 OVERPACK

43. 包装适用的标记必须清晰可见或复制在 OVERPACK 的表面　□　□　□

44. 当交运的 OVERPACK 超过一个时，显示标识标记　□　□　□

45. 粘贴 OVERPACK 应贴的所有危险性标签　□　□　□

一般情况

46. 国家及经营人差异条款均符合　□　□　□

47. 仅限货机的货物，所有航段均由货运飞机运输　□　□　□

48. 内装固体二氧化碳（干冰）的包装件，要符合相应的标记、标签和文件的要求　□　□　□

意见：＿＿＿＿＿＿＿＿＿＿＿＿＿＿＿＿＿＿＿＿＿＿＿＿＿＿＿＿＿＿＿＿＿＿＿＿＿

＿＿＿

检查人：＿＿＿＿＿＿＿＿＿＿＿＿＿＿＿＿

地点：＿＿＿＿＿＿＿＿＿＿＿＿＿　　签字：＿＿＿＿＿＿＿＿＿＿＿＿＿

日期：＿＿＿＿＿＿＿＿＿＿＿＿＿　　时间：＿＿＿＿＿＿＿＿＿＿＿＿＿

如果任何一项检查为否，工作人员将不得收运该货物，并将一份填写好的检查单的副本交给托运人。

2019
干冰（固体二氧化碳）收运检查单
（在不需要托运人危险品申报单时使用）

　　托运所有的危险品都应当使用检查单，以确保进行正确的收运检查。当干冰为自带包装或与其他非危险品一起托运时，托运人和承运人可使用以下的检查单来收运干冰。
　　下列各项内容是否正确？

	是	否	不适用

文件

在航空货运单的"货物性质和数量"栏中应包含以下信息：

1. UN 编号，"1845"前面应冠以"UN"字样　☐　☐　☐

2. "固体二氧化碳"或"干冰"的字样　☐　☐　☐

3. 干冰包装件数量（当托运的货物中仅有干冰包装件时，件数可以是货运单件数栏内的）　☐　☐　☐

4. 以千克为单位的干冰的净重　☐　☐　☐

注：包装说明号"954"为可选。

数量

5. 每个包装件中的干冰在 200 千克以下　☐　☐　☐

包装件及 OVERPACK

6. 货运单上注明的交运的含有干冰的包装件的数量与实际相符　☐　☐　☐

7. 包装件无破损且适宜托运　☐　☐　☐

8. 包装件应符合包装说明 954，且包装件上有排气孔　☐　☐　☐

标记和标签

9. UN 编号，"1845"号码前应冠以"UN"字样　☐　☐　☐

10. "固体二氧化碳"或"干冰"的字样　☐　☐　☐

11. 托运人和收货人的全名和详细地址　☐　☐　☐

12. 每个包装件中干冰的净重　☐　☐　☐

13. 粘贴第 9 类标签　　　　　　　　　　　　□　□　□

14. 清除或涂去无关的标记和标签　　　　　　□　□　□

注：标记和标签不适用于含有干冰的 ULDs

关于 OVERPACK

15. 包装使用的标记、危险性标签及操作标签必须清晰可见，否则需重新书写或粘贴在 OVERPACK 的表面　　□　□　□

16. 如果所有标记和标签不可见，则需有"OVERPACK"字样　　□　□　□

17. 固体二氧化碳（干冰）的总净重标注在 OVERPACK 上　　□　□　□

注：标记与标签的要求不适应于含有干冰的集装器（ULDs）

国家和经营人差异条款

18. 符合国家和经营人差异条款　　　　　　　□　□　□

意见：＿＿＿＿＿＿＿＿＿＿＿＿＿＿＿＿＿＿＿＿＿＿＿＿＿＿＿＿＿＿＿＿＿
　　　＿＿＿＿＿＿＿＿＿＿＿＿＿＿＿＿＿＿＿＿＿＿＿＿＿＿＿＿＿＿＿＿＿

检查人：＿＿＿＿＿＿＿＿＿＿＿＿＿

地点：＿＿＿＿＿＿＿＿＿＿＿＿＿＿　　签字：＿＿＿＿＿＿＿＿＿＿＿＿＿＿

日期：＿＿＿＿＿＿＿＿＿＿＿＿＿＿　　时间：＿＿＿＿＿＿＿＿＿＿＿＿＿＿

如果任何一项检查为否，工作人员将不得收运该货物，并将一份填写好的检查单的副本交给托运人。

附录 2　飞行中客舱内危险品事故征候客舱机组检查单

飞行中客舱内危险品事故征候客舱机组检查单，涉及以下内容：

1. 电池、便携式电子装置（PED）起火、冒烟；
2. 机舱顶部吊箱电池、便携式电子装置（PED）起火、冒烟；
3. 涉及便携式电子装置（PED）的电池过热或电器气味——看不见火焰或烟雾；
4. 在电动调节座椅上不慎压碎或损坏便携式电子装置；
5. 涉及危险品的火情；
6. 危险品溢出或渗漏。

电池、便携式电子装置（PED）起火、冒烟检查单

步　骤	客 舱 机 组 的 行 动
1	查明物品［注：可能无法立即查明物品（起火源）。在这种情况下，先采取步骤2，然后再尝试查明起火源。］ 警告：为了避免被爆燃烧伤，不建议在发现冒烟或起火的任何迹象时打开所涉行李。
2	应用消防程序 a）拿到并使用适当的灭火器 b）找到和使用对该情况适用的防护设备 c）如果可能，将旅客从该区域撤走 d）通知机长、其他客舱机组成员 注：在有多名机组成员的情况下，应该同时采取这些行动。
3	切断电源 a）断开装置的电源，如果这么做是安全的话 b）关闭座椅电源（如有） c）核实其余电源插座保持断电（如有） 警告：不要试图从装置中取出电池。

续表

步骤	客 舱 机 组 的 行 动
4	在装置上洒水（或其他不可燃液体） 注：将液体洒在热电池上时液体可能变为蒸汽。
5	将装置放在原位，并监测重新发火现象 如果再次冒烟或起火，重复步骤2和步骤4 警告： — 不要试图拿起或移动装置 — 不要将装置盖住或对其进行包裹 — 不要使用冰或干冰冷却装置
6	在装置冷却后（10至15分钟后） a）拿到适当的空容器 b）在容器中装入足够的水（或其他不可燃液体），以便将装置浸在里面 c）使用防护设备将装置置于容器中，并将其完全浸在水（或其他不可燃液体）中 d）将容器存放起来并对其进行固定（如可能），以防止溢出
7	在剩余的飞行时间里对装置及其周围区域进行监测
8	在下一个目的地着陆后 应用经营人的事故征候后程序

机舱顶部吊箱电池、便携式电子装置（PED）起火、冒烟检查单

步骤	客 舱 机 组 的 行 动
1	应用消防程序 a）拿到并使用适当的灭火器 b）找到和使用对该情况适用的防护设备 c）如果可能，将旅客从该区域撤走 d）通知机长、其他客舱机组成员 注：在有多名机组成员的情况下，应该同时采取这些行动。
2	查明物品 如果装置显而易见并触手可及，或者如果装置放置在行李中且火焰显而易见： a）重复步骤1，以便扑灭火焰（如适用） b）采取步骤3-5 如果从机舱顶部吊箱冒出烟雾，但看不到或接触不到装置： a）将其他行李移出机舱顶部吊箱，以便接触到所涉行李、物品 b）查明物品 c）采取步骤3-5 警告： 为了避免被爆燃烧伤，不建议在发现冒烟或起火的任何迹象时打开所涉行李。

续表

步骤	客舱机组的行动
3	在装置（行李）上洒水（或其他不可燃液体） 注：将液体洒在热电池上时液体可能变为蒸汽。
4	在装置冷却后 a）拿到适当的空容器 b）在容器中装入足够的水（或其他不可燃液体），以便将装置浸在里面 c）使用防护设备将装置置于容器中，并将其完全浸在水（或其他不可燃液体）中 d）将容器存放起来并对其进行固定（如可能），以防止溢出
5	在剩余的飞行时间里对装置及其周围区域进行监测
6	在下一个目的地着陆后 应用经营人的事故征候后程序

涉及便携式电子装置（PED）的电池过热或电器气味
——看不见火焰或烟雾的检查单

步骤	客舱机组的行动
1	查明物品
2	指示旅客立即关闭装置
3	切断电源 a）断开装置的电源，如果这么做是安全的话 b）关闭座椅电源（如有） c）核实其余电源插座保持断电（如有） d）核实装置在剩余的飞行时间里保持关闭 警告： 不要试图从装置中取出电池
4	指示旅客将装置放在视线之内并密切监测 警告： 即便在装置被关闭后，不稳定的电池也可能引燃
5	如果出现烟雾或火焰 采用电池、便携式电子装置起火、冒烟检查单
6	在下一个目的地着陆后 应用经营人的事故征候后程序

在电动调节座椅上不慎压碎或损坏便携式电子装置的检查单

步骤	客 舱 机 组 的 行 动
1	通知机长、其他客舱机组成员
2	通过以下做法从旅客获得信息 a）请旅客指明物品 b）询问旅客物品可能掉落或滑入到哪里 c）询问旅客在物品掉了之后是否移动了座椅
3	找到和使用防护设备（如有）
4	找回物品 警告： 在尝试找回物品时不要通过电动或机械的方式移动座椅。
5	如果出现烟雾或火焰 采用电池、便携式电子装置起火、冒烟检查单
6	在下一个目的地着陆后 应用经营人的事故征候后程序

涉及危险品的火情检查单

步骤	客 舱 机 组 的 行 动
1	查明物品 注：可能无法立即查明物品（起火源）。在这种情况下，先采取步骤2，然后再尝试查明起火源。 警告： 为了避免被爆燃烧伤，建议在发现冒烟或起火的任何迹象时不要打开所涉行李。
2	应用消防程序 a）拿到并使用适当的灭火器、检查水的使用 b）找到和使用对该情况适用的防护设备 c）如果可能，将旅客从该区域撤走 d）通知机长、其他客舱机组成员 注：在有多名机组成员的情况下，应该同时采取这些行动。
3	监测重新发火现象 如果再次冒烟、起火，重复步骤2。
4	一旦火情被扑灭 如有要求，采用危险品溢出或渗漏检查单
5	在下一个目的地着陆后 应用经营人的事故征候后程序

危险品溢出或渗漏检查单

步 骤	客 舱 机 组 的 行 动
1	通知机长、其他客舱机组成员
2	查明物品
3	取出应急响应包或其他有用的物品
4	戴上橡胶手套和防烟面罩
5	将旅客从该区域撤走,并分发湿毛巾或湿布
6	将危险品装入聚乙烯袋子中
7	存放聚乙烯袋子
8	采用处理危险品的方式来处理被污染的座椅垫、座椅套
9	覆盖地毯、地板上的溢出物
10	定期检查所存放的物品、被污染的陈设
11	在下一个目的地着陆后 应用经营人的事故征候后程序

现代航空物流管理系列教材

适应我国航空物流业快速发展的需要
重视教材的基础性、系统性及应用性
助力现代航空物流人才培养教育工程
助力培养具有新思维、新视野的航空物流人才

《集装箱与国际多式联运》
ISBN：978-7-5637-3641-6
作者：姚红光

《航空货运代理》
ISBN：978-7-5637-3640-9
作者：李智忠

《民航配载平衡理论与实务》
ISBN：978-7-5637-3636-2
作者：林彦

《航空货运市场营销》
ISBN：978-7-5637-3982-0
作者：林彦　朱卫平

敬请期待更多图书：

《民航危险品运输》
ISBN：978-7-5637-4167-0
作者：肖恢翚　姚红光　韦薇

《航空物流导论》

《航空物流法律法规》

现代交通运输管理研究书系

《航空网络特征分析与航班延误扩散机理》
ISBN：978-7-5637-3726-0
作者：姚红光

《长三角机场群协调运行管理关键理论与方法》
ISBN：978-7-5637-3875-5
作者：韦薇

《城市道路交通事件影响分析与疏导策略》
ISBN：978-7-5637-3850-2
作者：肖恢翚

《认识飞机》
ISBN：978-7-5637-3858-8
作者：魏鹏程　何法江

全国空中乘务专业规划教材

书 名：民航概论（第 4 版）
ISBN：978-7-5637-1081-2

书 名：空乘服务概论（第 5 版）
ISBN：978-7-5637-1523-7

书 名：民航旅客运输（第 5 版）
ISBN：978-7-5637-1521-3

书 名：民航法律法规与实务
（第 5 版）
ISBN：978-7-5637-1029-4

书 名：客舱设备运行及管理
（第 5 版）
ISBN：978-7-5637-1028-7

书 名：客舱服务技能与训练
（第 4 版）
ISBN：978-7-5637-1779-8

书 名：民航地勤服务（第 5 版）
ISBN：978-7-5637-1080-5

书 名：民航服务心理与实务
（第 5 版）
ISBN：978-7-5637-1518-3

书 名：空乘服务沟通与播音技巧
（第 5 版）
ISBN：978-7-5637-1514-5

书 名：航空卫生保健与急救
（第5版）
ISBN：978-7-5637-1516-9

书 名：空乘人员形体及体能
训练（第5版）
ISBN：978-7-5637-1515-2

书 名：空乘人员化妆技巧与
形象塑造（第5版）
ISBN：978-7-5637-1520-6

书 名：空乘人员仪态与服务
礼仪训练（第4版）
ISBN：978-7-5637-2123-8

书 名：民航乘务英语会话
（第5版）
ISBN：978-7-5637-1517-6

书 名：民航乘务英语视听
（第3版）
ISBN：978-7-5637-2408-6

书 名：民航服务实用韩国语：
从零开始 一本就通
（第2版）
ISBN：978-7-5637-2998-2

书 名：空乘人员形体及体态实训
ISBN：978-7-5637-4078-9

书 名：空乘地勤英语一本通：
应试＋工作
ISBN：978-7-5637-3400-9